알이랑 고개를 넘어 예루살렘으로

❈ 일러두기

1. 본서는 「또 하나의 선민 알이랑 민족」의 후편입니다. 아직 이 책을 읽지 못하셨다면 부록으로 실은 글 "아리랑의 비밀과 한국인의 정체성"(306쪽)을 먼저 읽으십시오. 그것은 「또 하나의 선민 알이랑 민족」의 핵심내용을 일부 요약한 것입니다.

2. 본서에서는 성경에 계시된 유일신의 신명(神名)을 "하느님"으로 표기하였습니다. 왜냐하면 문법적으로나, 어원상의 의미로나, 신학적으로나 "하느님"이 타당하기 때문입니다. 자세한 것은 「또 하나의 선민 알이랑 민족」 31~41쪽을 참조하십시오.

3. 그러나 개역개정판 성경에서 성경구절을 인용한 경우나 여타 기독서적에서 발췌한 인용문의 경우는 통례대로 "하나님"으로 표기하였습니다. 현재 "하나님"으로 표기된 성경을 읽고 있는 성도들과 인용한 책의 저자들을 존중한다는 의미입니다.

＊ 사이트 : cafe.daum.net/ALILANG (알이랑민족회복운동)

알이랑 고개를 넘어 예루살렘으로

유 석 근

알이랑 고개를 넘어 예루살렘으로

초판 1쇄 발행 2009. 01. 30.
　　　5쇄 발행 2020. 08. 20.

지은이　유석근
펴낸이　박성숙
펴낸곳　도서출판 예루살렘
주　소　10252 경기도 고양시 일산동구 고봉로 776-92
전　화　031-976-8970
팩　스　031-976-8971
이메일　jerusalem80@naver.com
출판등록 1980년 5월 24일(제16-75호)

ISBN　978-89-7210-485-8 03230
책값은 뒤표지에 있습니다.

ⓒ이 출판물은 저작권법에 의해 보호를 받는 저작물이므로
무단 전재와 무단복제를 할 수 없습니다.

도서출판 예루살렘은 말씀과 성령 안에서 기도로 시작하며
영혼이 풍요로워지는 책을 만드는 데 힘쓰고 있으며,
문서선교 사역의 현장에서 하나님의 비전을 넓혀가고 있습니다.

나의 힘이신 여호와여 내가 주를 사랑하나이다(시 18:1)

여호와로 자기 하나님을 삼은 나라
곧 하나님의 기업으로 빼신 바 된 백성은 복이 있도다.

− 시편 33:12 −

머 리 말

성경에는 코리아를 향한
특별계시가 있다는 사실을 재확인하게 될 것

　이 책은 「또 하나의 선민 알이랑 민족」의 후편이다. 그러나 본래의 계획은 「또 하나의 선민 알이랑 민족」안에 수록하여 한 권의 책으로 출간하는 것이었다. 하지만 그렇게 하면 책의 부피가 너무 커졌다. 그리하여 부득불 일부 내용을 나누어 「알이랑 고개를 넘어 예루살렘으로」라는 제목으로 분리해 출판하게 된 것이다. 그러므로 이 책의 집필 동기와 목적은 「또 하나의 선민 알이랑 민족」의 머리말에 기술한 것과 동일하다.

　본서의 전편인 「또 하나의 선민 알이랑 민족」은 한국인은 누구이며, 무엇을 해야 하는 존재인지, 곧 우리 겨레의 정체성과 구원사적 사명이 무엇인지를 다루었다. 후편인 이 책은 우리 겨레의 사명에 관한 부분을 요한계시록 7장 1절~8절을 중심으로 좀 더 상세히 설명하였다.

　전편인 「또 하나의 선민 알이랑 민족」을 읽은 독자들은 본서를 통해 하느님의 말씀인 성경에는 우리나라를 향한 특별 계시가 엄연히 있다는 사실을 재확인하게 될 것이다. 그것은 밭에 감추인 보화와 같은 것으로 오랜 세월동안 덮여져 있었다. 그러나 이제 때가 차므로 드러난 것이다.

한국교회는 이 놀라운 계시에 반응해야 한다. 그리고 우리나라를 향하신 하느님의 계획에 순종해야 한다. 하느님은 한국교회가 그렇게 응답하기를 기다리고 계신다. 그래야만 우리 겨레를 향한 하느님의 계획이 하늘에서와 같이 이 땅에서도 이루어질 수 있기 때문이다.

국·내외에서 이 책이 조속히 출간되기를 고대하며 기도해 주신 "알이랑민족회복운동"의 신실한 동역자들에게 감사를 드린다. "알이랑민족회복운동"의 러시아 대표로서 해외에서 디아스포라 한국인들을 깨우고 계시는 박형서 선교사님, 대안학교인 "천재단 홈스쿨"의 정규과목으로 "알이랑의 비밀과 성경적 민족사"라는 강좌를 맡겨주신 페트라성경원어연구원의 김선기 목사님, "화요알이랑기도모임"에서 찬양과 강의로 섬겨주시는 "셈의 장막" 워십리더인 손해석 목사님과 김영승 목사님, 아름다운 라이브 카페인 모리아 홀을 "화요알이랑기도모임" 장소로 내어주신 "무궁화"의 국민가수 심수봉 집사님께 깊은 감사를 드린다. 또한 본서를 탈고하기까지 힘껏 지원해준 사랑하는 가족(금숙, 수진, 수경)에게도 감사의 마음을 전한다.

"주님, 이 책을 사용하시어 이 땅 가운데 민족의 본질이 변하는 영적부흥의 역사가 일어나게 하소서!" 이것이 나의 간절한 기도이다. 모든 찬양과 영광을 주 예수님께 올려드리며...

알이랑 **유 석 근**

목 차

머리말
성경에는 코리아를 향한 특별계시가 있다는 사실을 재확인하게 될 것   6

제1장
온 이스라엘이 구원을 받으리라   11

제2장
14만 4천 인 맞은 자   25

    1. 인 치는 대상 … 29
    2. 인친 자의 수 … 48
    3. 인 치는 의의 … 49
    4. 인 치는 행위 … 53
    5. 인 치는 시기 … 54
    6. 인 치는 결과 … 64
    7. 인 치는 사역자 … 74
    8. 인 치는 사역자의 출처 … 79

제3장
위급한 때를 위하여 태어난 형제   141

제4장
첫 것은 실패하고 둘째 것이 승리하는 성경의 원리 161

제5장
건축자의 버린 돌과 집 모퉁이의 머릿돌 171

제6장
동방박사들의 고국과 마지막 세기의 동빙박사들 183

제7장
'시납'의 군대란 없다 211

제8장
이스라엘의 시기심을 일으킬 동방의 코리아 235

맺는말
알이랑 고개를 넘어 예루살렘 땅 끝까지 300

부록
아리랑의 비밀과 한국인의 정체성 306

"내가 보기엔 한국은 자신의 참모습에 대한 기억을 잃어버린, 흡사 기억상실증 환자와 같은 인상을 준다. 만일 우리가 진정 하나님을 믿는다면 하나님께서 한국 백성에게 공동의 선(善)에 기여할 수 있도록 어떤 특별한 역할을 부여하셨다는 사실을 모를 리 없다. 그러니만큼 한국으로서의 가장 긴급한 과제는 스스로를 재발견하고 본연의 모습을 회복하는 일이다. 교회의 우선적 과제가 그리스도를 한국에 소개하는 데 있다는 것은 두 말 할 나위가 없다. 그러나 한국에 대한 하나님의 목적이 무엇인지, 한국의 진정한 사명이 무엇인지, 그리고 세계무대에서 한국이 담당할 역할이 무엇인지 깨닫지 못하는 한 –다시 말해서 스스로를 자각하지 못하는 한– 그런 한국에 그리스도를 소개한다는 것은 무익한 일이다."

- R. A. 토레이 (예수원 설립자) -

제1장

온 이스라엘이 구원을 받으리라

"유대민족의 대추수(Great harvest)를 위하여
내가 한국 사람을 쓸 것이라!"

"내가 기도할 때 환상을 봤습니다.
하느님(하나님)께서 한국 땅 가운데
하느님의 숨결을 불어내시는 것을 보았습니다.
그 주님의 숨결이 강력한 바람이 되어서
차이나까지 계속 나아가는 것을 봤습니다.
모든 아시아의 대륙을 그 바람이 덮는 것을 보았습니다.
예루살렘까지 가는 것을 보았습니다.

오늘 하느님께서 말씀하시는 것을 예언하기를 원합니다.
주께서 말씀하시기를, 우리가 마지막 추수의 때에 들어가고 있노라.
누군가가 내가 선택한 유대 나라의 백성을 위하여
이 말씀을 선포하는 자들을 내가 찾고 있노라.

내가 한국 사람들을 기름부어 줄 것이고,
유대민족의 대추수(Great harvest)를 위하여 내가 한국 사람을 쓸 것이라.
하느님께서 내게 보여주셨습니다.
한국 선교사들이 전 세계에 있는 유대인들에게
복음을 전하는 것을 보여주셨습니다.
그리고 수천수만의 유대인들이 거듭났습니다.
아주 큰 한국 선교사들의 군대가 미국과 캐나다에서
유대인들에게 복음을 전하는 것을 보았습니다.

하느님의 바람, 곧 성령의 바람이 이 나라에 불기 시작할 때,
그 바람이 무엇으로 구성되어 있는지 보기시작 했어요.
그 바람 안에 있는 것은 모두 사람들이었어요.
한국 선교사들이었습니다!

이 땅 가운데 굉장히 작은 수가 유대인들에게 마음을 열고 있습니다.
그런데 주님이 보여주셨습니다.
오늘 저녁에 유대인을 향한 하느님의 아픈 마음을
여러분의 심령에 심고 있습니다...

하느님의 문이 많은 나라들에 열릴 것인데,
한국 안에 예루살렘으로 돌아가는 운동들이
막강하게 열리는 것을 우리가 보게 될 것입니다!"

- 신디 제이콥스 -

　2006년 5월 8일(월)부터 11일(목)까지 서울 올림픽공원 내 올림픽홀에서는 "대적의 문을 취하라"는 콘퍼런스가 개최되었다. 이 성회에서 주강사인 세계적인 예언사역자 신디 제이콥스(Generals International 대표)는 "유대민족은 한국인을 통해 구원을 받을 것"이라고 아주 놀라운 예언을 했다.

　집회 첫날 밤 찬양과 경배의 시간이 끝나고 등단한 신디 제이콥스 목사는, "기도할 때에 한국에서 큰 바람이 일어나 서쪽의 차이나로 가고 이어서 온 아시아를 덮고 마침내 예루살렘까지 들어가는 환상을 보았다"면서, 하느님은 마지막 때에 한국인 선교사들을 이스라엘로 보내어 유대민족을 구원하실 것이라고 선포했다.

신디 제이콥스

과연 그럴까? 신디의 예언을 100% 신뢰해도 좋은가? 그렇다! 왜냐하면 그의 예언은 성경의 지지를 받는 것이기 때문이다. 성경은 하느님께서 마지막 때에 동방의 코리아에서 복음전도자들을 이스라엘로 파송하시어 유대민족을 구원하실 것이라고 분명히 예언하고 있다.

기록된 계시인 성경의 증거는 신자의 체험이나 간증보다 훨씬 중요하다. 성경은 '최종권위'이다. 이제 성경을 펼쳐놓고 밭에 숨겨진 보화와 같은 그 놀라운 계시들을 자세히 살펴보자.

이스라엘의 현재 상태

유대 그리스도인들 사이의 가장 큰 관심사는 "하느님이 자기 백성을 버리셨는가?"라는 것이었다. 사도 바울은 이에 관해 로마서 11장 1~7절에서 다음과 같이 진술한다.

> 1 그러므로 내가 말하노니 하나님이 자기 백성을 버리셨느냐 그럴 수 없느니라 나도 이스라엘인이요 아브라함의 씨에서 난 자요 베냐민 지파라
> 2 하나님이 그 미리 아신 자기 백성을 버리지 아니하셨나니 너희가 성경이 엘리야를 가리켜 말한 것을 알지 못하느냐 그가 이스라엘을 하나님께 고발하되

3 주여 그들이 주의 선지자들을 죽였으며 주의 제단들을 헐어 버렸고 나만 남았는데 내 목숨도 찾나이다 하니
4 그에게 하신 대답이 무엇이냐 내가 나를 위하여 바알에게 무릎을 꿇지 아니한 사람 칠천명을 남겨 두었다 하셨으니
5 그런즉 이와 같이 지금도 은혜로 택하심을 따라 남은 자가 있느니라
6 만일 은혜로 된 것이면 행위로 말미암지 않음이니 그렇지 않으면 은혜가 은혜 되지 못하느니라
7 그런즉 어떠하냐 이스라엘이 구하는 그것을 얻지 못하고 오직 택하심을 입은 자가 얻었고 그 남은 자들은 우둔하여졌느니라

여기에서 바울은 하느님이 자기 백성을 버리시지 않았다는 살아 있는 증거로 자기 자신을 제시한다. "나도 이스라엘인이요." 이 말은 바울이 "하느님이 자기 백성을 영원히 버리셨다는 가정을 받아들인다면, 나 또한 이스라엘 백성 중의 하나이므로 나도 하느님 왕국에서 제외되게 된다"라는 것을 의미한다.

그리고 이스라엘이 버림받지 않았다는 역사적 증거도 제시한다. 곧 엘리야 시대의 남은 자 7천 명을 예로 들어 이스라엘이 현재 은혜로 택하심을 따라 예수 그리스도를 믿는 소수의 남은 자가 있으며, 나머지 대다수의 유대인들은 완악하여졌다고 말한다.

그는 이 예들을 본보기로 삼아 이스라엘의 역사 가운데에는 엘리야 시대의 남은 자 7천 명처럼 항상 남은 자가 있었으며, 바로 이것이 하느님께서 자기 백성을 버리지 아니하신 보증이라고 역설한다.

그리하여 바울은 이스라엘에 대한 하느님의 거부는 '전체적'인 것

이 아니라 '부분적' 인 것이라고 강조하고 있는 것이다. 이 진술 가운데서 우리는 이스라엘의 현재 상태가 소수의 선택된 남은 자(11:5)와 대다수의 완악한 나머지 사람들(11:7)로 나뉘어져 존재한다는 사실을 알 수 있다.

지금도 대다수의 유대인들은 완고하게 예수 그리스도를 배척하면서 불신앙 가운데 있지만 메시아 예수를 믿는 극소수의 유대인들(Messianic Jews)이 있다. 그들도 오늘날 은혜로 택하심을 따라 존재하고 있는 '남은 자(remnant)' 인 것이다(11:5).

이스라엘의 장래 운명

그러나 바울은 소수의 선택된 남은 자와 대다수의 완악해진 나머지 사람들로 분리된 이스라엘의 이와 같은 현재 상태는 '영구적' 이 아니며 '일시적' 인 것이라고 강조하고 있다.

롬 11:
25 형제들아 너희가 스스로 지혜 있다 하면서 이 신비를 너희가 모르기를 내가 원하지 아니하노니 이 신비는 이방인의 충만한 수가 들어오기까지 이스라엘의 더러는 우둔하게 된 것이라
26 그리하여 온 이스라엘이 구원을 받으리라 기록된 바 구원자가 시온에서 오사 야곱에게서 경건하지 않은 것을 돌이키시겠고
27 내가 그들의 죄를 없이 할 때에 그들에게 이루어질 내 언약이 이것이라 함과 같으니라

여기서 바울은 장차 있을 한 신비에 대해서 말하고 있다. 대다수를 차지하고 있는 이스라엘의 "완고한 마음" 은 분명히 한계가 있다는 것

이다. 영생을 주시기로 작정된 이방인들의(행 13:48) 충족수가 정점에 이를 때가 되면(그 수는 하느님만이 아실 것이다) 이스라엘의 완고한 마음은 사라질 것이고 종국엔 "온 이스라엘"이 구원을 받게 된다는 것이다. "온 이스라엘"(26절)은 25절에서 "더러는"이라고 표현된 일부 사람들과는 대조적으로 하느님 백성의 전체를 뜻한다.

영국의 세계적인 신약신학자 F. F. 부르스는 그가 쓴 로마서 주석에서 본문 26절을 다음과 같이 설명한다:

> "이방세계의 대규모적 회심 다음에는
> 이스라엘의 대규모적 회심이 따라올 것이다."

'온 이스라엘(pas Israel)'의 범위는 무엇인가? 그것은 집단적 의미에서 "전체로서의 이스라엘"을 의미한다. 그것은 하나도 예외 없이 모든 유대인들을 의미하는 것이 아니라 집단적인 뜻으로 '이스라엘 전체'를 의미하는 것이다. 그것은 개개인의 총계를 뜻하지는 않는다. 따라서 이를 유대인은 한 사람도 빠짐없이 모두 구원받는다고 볼 필요는 없다. 이스라엘은 늘 전체적(국민적)으로 취급된다. 그러므로 "온 이스라엘이 구원을 받으리라"는 말은 이스라엘이 전체적으로 구원을 받을 것이라는 뜻이다. 이것은 장차 온 유대인들이 복음을 믿게 될 것임을 말해 준다.

복음에 대한 그들의 거부는 부분적이고 또한 일시적인 것이다. 당분간은 완악해져 있는 이스라엘 백성(국가적 차원의 이스라엘)이 궁극적으로 하느님께 돌아와 구원을 받게 될 것이다. 그리하여 "선택된 남은 자"(11:5)와 "완악해졌던 그 밖의 나머지 사람들"(11:7)로 분리되었던 구분은 사라지게 되는 것이다.

이방인의 충만한 수가 차면 이스라엘의 완악은 해소되고 온 이스라엘, 즉 신실한 남은 자가 아니라 이스라엘 민족 전체가 하느님의 구원을 보게 될 것이다. 바로 이것이 이스라엘의 장래 운명이다. 그들은 예수께서 자기들에게 약속하신 메시아이심을 깨달을 것이다.

이스라엘의 회심이 이루어져 이방인과 유대인의 수가 모두 충만해질 때 하느님의 구원의 역사는 완성되는 것이다. 이때에 비로소 교회는 충분히 성장한 아름다운 처녀로서 신랑을 맞이할 수 있는 신부가 될 수 있다. 충분히 발육되지 않은 미숙한 어린 소녀는 신랑을 맞이할 수 없다. 그러므로 최종적으로 온 이스라엘이 복음을 믿고 구원을 받아야 한다. 이스라엘이 회복될 때까지 예수님의 재림은 지연될 것이며 교회는 신랑을 맞이하지 못할 것이다(마 23:39; 호 5:15).

언제까지 이스라엘의 일부가 완고한 채로 있게 되는가? "이방인들의 충만함이 차기까지"이다. 유대인들의 완고함은 부분적이며 또 어떤 시기까지만 지속될 것인데, 그때가 되면 전국적인 회심이 있게 되고 마침내 온 이스라엘이 구원을 받을 것이다. 이 유대인들의 회심은 일부 특수한 사람들만의 것이 아니라 비록 그 민족에 속하는 모든 사람의 회심은 아니라 할지라도 전민족에 걸치는 회심이 될 것이다.

박형룡은 그의 『교의신학』 제7권에서 재림 전의 대사변들 가운데 하나로 이스라엘 전국의 회심을 든다.

> "구약과 신약이 다 이스라엘의 장래 회심을 말한다(슥 12:10~14, 13:1~6, 고후 3:15,16). 특히 '온 이스라엘이 구원을 얻으리라'(롬 11:26)는 말씀은 그들의 회심이 전체적일 것을 강조한다. 여기서 '이스라엘'은 영적 이스라엘을 가리킨 것이 아니다. 민족으로서의 이스라엘을 의미한다는 것이 전 문맥에서 명백히 표시되며 특히 25, 28절에 의하여 입증된다. 이것은 이스라엘이 민족적으로 영적 구원을 얻을 때가 장차 이른다는 것을 의미한다."(박형룡, 『교의신학』 제7권, 보수신학서적 간행회, 1973, 186~187)

이스라엘의 장래 운명은 멸망이 아니다. 한 민족이 개심할 때가 예정되어 있는 것이다. 역사의 마지막에 이스라엘은 하느님에게로 회복될 것이다. 이스라엘의 구원의 확실성은 성경의 말씀에 근거한다(26절 하반절, 27절).

복음의 능력으로 성취될 구원

"온 이스라엘이 구원을 받으리라"는 계시가 기록된 로마서 11장 25~27절을 상고하면서 우리가 한 가지 꼭 주의해야 할 부분이 있다. 그것은 26절 하반절에 있는 "기록된 바 구원자가 시온에서 오사 야곱에게서 경건치 않은 것을 돌이키시겠고"라는 말씀이다.

많은 성경 연구가들이 이 구절에 나오는 "구원자가 시온에서 오사"라는 말씀을 예수님의 재림을 가리키는 것으로 보고, 따라서 "온 이스라엘이 구원을 받으리라"는 약속은 예수 그리스도께서 재림하실 때에 성취된다고 해석하고 있다. 그리하여 그들은 이스라엘의 구원은 그리스도인의 선교에 의해서 일어나는 것이 아니라 예수 그리스도께서 직접 오심으로써 성취된다고 한다.

다시 말하면 예수님이 오시는 것을 보고 즉각 회심이 이루어진다는 것이다. 그렇다면 하느님이 세상을 구원하는 그 구원의 길이 '복음'인데, 복음의 권세로 안하고 반 물리적으로 하는 것이 된다. 공평하신 하느님은 유대민족에게만 그런 특혜를 주시지 않는다. '재림을 보고'가 아니라 '복음의 능력'으로 회심을 해야 한다. 이게 바른 것이다.

지금이 은혜의 때요 구원의 날이다. 유대인의 회심은 이 '은혜의 시대'가 종결된 이후에 오는 어떤 특별한 국가적(민족적) 구원의 형식을 띠는 것이 아니다. 성경은 오로지 하나의 공통된 구원에 대해서만 말하며(롬 1:16), 바로 이 하나의 구원이 모든 인종과 지역으로 확장되는 것이다. 유대인들도 그들의 짝이 되게 된 이방인들과 똑같은 발걸음으로 '은혜에 의한 택함 받은 자들'(롬 11:5) 속에 걸어들어 와야 하는 것이다. 현재 효력을 발휘하고 있는 그 '은혜의 수단'을 도외시하고는 유대인에게는 과거든 현재든 미래든 다른 아무 소망이 없다. "예수 그리스도를 믿음으로 말미암아 모든 믿는 자에게 미치는 하나님의 의"를 떠나서는 제2의 기회란 전혀 없는 것이다. 그러므로 거기에는 '차별'(곧 아무런 차이점)이 없다(롬 3:22).

따라서 26절 하반절의 "구원자가 시온에서 오사"라는 말씀을 예수님의 재림을 가리키는 말로 해석하는 것은 옳지 않다. 그 말은 예수님의 재림을 가리키는 말씀이 아니라 초림을 뜻하는 것이다. 로마서 11

장 26절 하반절은 이사야 59장 20절에서, 27절은 이사야 27장 9절에서 인용한 구절이다. 26절은 칠십인역 헬라어 성경에서 인용한 것인데, 바울은 70인역 헬라어 성경에 "시온을 위하여 오사"라는 말씀을 "시온에서 오사"라는 말로 바꾸어 시편 14편 7절 말씀과 상응하도록 했다. 왜 바울은 "시온에서 오사"라는 말로 바꾸었는가? 바울은 이렇게 바꿈으로써 첫 번째 강림과 두 번째 강림에 관한 혼동을 방지한 것이다.

그리스도의 두 번째 강림은 하늘로부터 오시는 것이요 시온에서 오시는 것이 아니다. 따라서 구속자 그리스도는 이미 오셨으므로 그 부분의 예언은 이미 성취되었으나 복음의 장래 효과는 유대민족의 구원이 다음의 두 가지 방법으로 실현된다는 것이다.

⑴ 그들을 불경건한 불신으로부터 돌아서게 함으로써(26절하)
⑵ 그들의 죄를 용서함으로써(27절)

바로 이것이 로마서 11장 26절 하반절 말씀이 의미하는 것이다. 26절은 예수님이 재림하실 때 유대민족이 구원받는다는 말이 아니다. "내 언약이 이것이라" 등의 말씀은 나의 약속은 이루어질 것이니 곧 내가 그들의 죄를 없이 할 때, 즉 그들의 죄를 용서할 때라는 것을 의미한다.

전하는 자 없으면 구원도 없다

유대민족도 오직 복음으로만 구원을 받는다. 따라서 이스라엘의 회심을 위해 그들에게도 복음을 전할 전도자가 꼭 필요하다. 왜냐하면 믿음은 들음에서 나며 들음은 그리스도의 말씀으로 말미암기 때문이다(롬 10:17). 이것은 유대인이나 이방인이나 '차별'이 없는 구원의 과정이다.

> "성경에 이르되 누구든지 저를 믿는 자는 부끄러움을 당하지 아니하리라 하니 유대인이나 헬라인이나 차별이 없음이라"(롬 10:11~12).

> "내가 복음을 부끄러워하지 아니하노니 이 복음은 모든 믿는 자에게 구원을 주시는 하나님의 능력이 됨이라 먼저는 유대인에게요 그리고 헬라인에게로다"(롬 1:16).

그리하여 바울은 유대인도 구원을 받으려면 반드시 그들에게도 복음전도자가 보내심을 받아야 한다면서 다음과 같이 말한다:

> "그런즉 저희가 믿지 아니하는 이를 어찌 부르리요 듣지도 못한 이를 어찌 믿으리요 전파하는 자가 없이 어찌 들으리요 보내심을 받지 아니하였으면 어찌 전파하리요 기록된 바 아름답도다 좋은 소식을 전하는 자들의 발이여 함과 같으니라"(롬 10:14~15).

이 구절은 죄인이 구원받을 수 있는 조건을 가르쳐 준다. 첫째, 무엇보다 먼저 복음전도자가 파송받아야 한다. 주님께서는 복음을 전하도록 그리스도인을 보내신다. 둘째, 파송받은 자는 복음을 전해야 한다. 주님은 보내시고, 전도자는 복음을 전한다. 그 결과 죄인이 믿고 구원을 받는 것이다. 오직 이러한 방식만이 유대인에게나 헬라인에게나 구원의 역사가 일어나는 조건이다.

따라서 "온 이스라엘이 구원을 받으리라"는 로마서 11장 26절의 약속은 그리스도인들의 복음전도에 의해 성취될 것이 틀림없다. 그렇다면 과연 언제 누구를 통해 그것이 실현될 것인가? 바울은 우리가 이 사건의 경과 과정을 머릿속에 그려보거나 그 시점을 계산해 볼 수 있는 아무런 지시도 주지 않는다. 왜냐하면 바울은 거기까지는 계시를 받지 못했기 때문이다.

그 다음 단계에 관한 계시는 성경의 마지막 책을 쓴 사도 요한이 받았다. 요한계시록 7장 1~8절은 로마서 11장 26절에 기록된 "온 이스라엘이 구원을 받으리라"는 약속의 구체적인 성취의 때와 방법을 예언하고 있는 말씀이다. 마지막 때에 관한 계시의 책인 요한계시록에 말일에 회개하고 수님 앞에 돌아올 유대민족의 구원에 대한 계시가 없을리 없다. 이제 다음 장으로 넘어가서 장차 실현될 이 놀라운 계시를 자세히 살펴보자.

제 2장

14만 4천
인 맞은 자

"또 보매 다른 천사가 살아 계신 하나님의 인을 가지고 해 돋는 데로부터 올라와서 땅과 바다를 해롭게 할 권세를 받은 네 천사를 향하여 큰 소리로 외쳐 이르되 우리가 우리 하나님의 종들의 이마에 인치기까지 땅이나 바다나 나무들을 해하지 말라 하더라 내가 인침을 받은 자의 수를 들으니 이스라엘 자손의 각 지파 중에서 인침을 받은 자들이 십사만 사천이니"(계 7:2~4).

언제나 이단들은 해석이 어려운 요한계시록을 이용하여 하느님의 말씀을 왜곡하고 양무리들을 흑암의 처소로 미혹한다. 그리고 그들이 가장 많이 이용하는 것이 계시록 7장의 인 맞은 자에 대한 예언이다. 실로 이 예언만큼 오해되고 왜곡되는 구절은 없을 것이다.

러셀의 추종자들(여호와의 증인)은 이 14만4천이 끝까지 충성을 다하는 자기네 교파의 교인들 중에서 "이기는 자"로 선택받게 될 자라고 가르친다. 제7일 안식일 재림교 역시 14만4천은 자기네 교인들 중 충성된 사람들이라고 주장한다. 통일교 또한 그들의 교주를 따르는 신도들이 14만4천이 된다고 미혹한다. JMS 집단도 그렇게 가르친다.

정통교회 내에서도 다양한 해석들이 있어 성도들의 혼란을 가중시킨다. 이제 여기에서 이 예언이 실제로 교훈하는 바가 무엇인지를 자세히 살펴보고 오랜 혼돈에 종지부를 찍자. 앞서 지적하였듯이 이 예언은 이스라엘 백성의 종말론적 구원에 관한 계시이다.

본문으로 들어가기 전에 우선 계시록의 구조에 대한 기초상식이 필요하다. 계시록은 구조상 본 계시와 중간 계시가 번갈아 나오는 가운데 진행된다. 본 계시란 일곱 인, 일곱 나팔, 일곱 대접의 내용을 말하는데, 이들 범주에 들지 않으면서 이들과 전후 관계를 가진 독자적인 계시가 '중간 계시'이다. 일명 '삽경(interlude)'이라고 하는데, 이것은 본 계시와 관계를 가지면서도 본 계시의 전후 순서에 지배되지 않는 독자적인 계시이다.

계시록 7장은 바로 이러한 '중간 계시'의 하나이다. 즉 6장에서 여섯째 인을 떼었으니 7장에서는 이어 일곱째 인을 떼어야 하겠으나 일곱째 인은 8장에 가서 떼고, 6장과 8장 사이에 일곱째 인의 순서와 관계없는 중간 계시가 나온 것이다. 여기에서는 연속해서 일어나던 사건들이 잠시 중단되면서 하느님의 백성, 곧 이스라엘 자손에게로 시선이 돌아간다.

이 중간 계시의 계시록 7장 1~8절은 바울이 말한 바 "온 이스라엘이 구원을 얻으리라"(롬 11:26)는 약속의 구체적 성취의 때와 방법에 관한 예언이다. 다시 말하면 유대민족이 마지막 때에 어떠한 과정을 통해 구원을 받을 것인가를 구체적으로 계시한 것이다.

그런데 이 계시는 이사야 46:10~13, 52:7~10, 41:25~27, 55:1~9과 짝으로서, 이스라엘의 구원은 선지자 이사야의 예언처럼 하느님께서 "해 돋는 곳", 곧 동방에서 복음전도자들을 보내셔서 이루신다는 예언이다. 그러니까 하느님은 오래 전에 선지자 이사야를 통해 하신 말씀을 마지막 기록의 선지자인 사도 요한을 통해 계시록에서 재확인해 주신 것이다.

하느님은 1세기에도 동방에서 일단의 현자들을 예루살렘으로 보내시어 유대인의 왕, 곧 메시아가 탄생했다는 복된 소식을 이스라엘 백성에게 전하게 하셨다(마 2:1~12). 실로 그것은 주객이 전도된 기이한 사건이었다. 바로 그 때와 동일한 양상의 사건이 다시 한 번 마지막 세기에 "해 돋는 데", 곧 동방의 한 나라에 의해 극적으로 재연될 것이다(전 1:9,10).

1세기의 이스라엘은 동방의 현자들이 전한 메시아 예수를 거부했지만, 마지막 세기의 이스라엘은 동방의 사자들이 전하는 복음을 믿고 마침내 구원을 받게 될 것이다.

1. 인치는 대상

"내가 인 맞은 자의 수를 들으니 이스라엘 자손의 각 지파 중에서 인 맞은 자들이 십사만 사천이니…"(계 7:4~8)

인침을 받은 자들은 누구일까? 본장 전체의 교훈을 바로 이해하기 위해서 가장 먼저 다루어야 할 문제는 인 맞은 자들은 누구인가 하는 것이다. 만일 이 문제를 잘못 이해하고서 본장을 해석해 나가게 되면 마치 의복의 첫 단추를 잘못 채운 것과 같아 본 장 전체의 교훈을 전혀 그릇되게 해석하게 될 것이다.

많은 성경학자들이 본문의 '이스라엘'이라는 용어를 상징으로 해석하여 인 맞은 사람들은 소위 영적 이스라엘이라고 하는 전 인류의 모든 신자들로 구성된 교회라고 설명한다. 그러한 해석은 오류다. 본문 말씀을 자세히 살펴보면 이 사람들이야 말로 혈통적 유대인이라는 사실이 다음과 같은 몇 가지 이유들을 통해 명백히 밝혀지고 있다.

첫째, 이스라엘은 12지파를 가지고 있다. 그러나 교회는 오직 하나밖에 없다. 어떻게 교회가 열두 지파로 나뉘어질 수 있겠는가? 본장이 열거하고 있는 열두 지파의 이름들은 오직 이스라엘 자손들에게만 적용되는 것이다. 만일 그것이 모든 교회를 상징하는 것이라면 어떤 성도가 어느 지파에 소속할 것인지 과연 누가 말할 수 있겠는가? 그와 같은 구분은 불가능할 뿐만 아니라 불필요한 것이다. 왜냐하면 교회는 오직 하나이기 때문이다.

그러므로 본문의 '이스라엘'은 교회를 상징하는 말로 해석되어서는 안 된다. 본문에 등장하는 '이스라엘'은 단순히 혈통적 유대인을 말하는 것이다. 그들은 의문의 여지없이 한 민족인 역사적 이스라엘 백성인 것이다. 더욱이 7장 9절에서 '모든 나라'를 말하고 있음으로, 7장 4절에서 말하고 있는 '이스라엘'은 한 나라인 이스라엘을 말하고 있음에 틀림없다. 주석가 벵겔(J. A. Bengel)은 본문 4절의 '이스라엘 자손'을 다음과 같이 설명한다:

"말 그대로의 엄격한 의미에서 이스라엘 자손이다. 왜냐하면 어떤 사람들은 상징적인 의미로 받아들이기도 하지만 이 책에서는 이스라엘에 관해서 많은 것을 문자적으로 선언하고 있기 때문이다"(벵겔 신약주석 요한계시록, 도서출판 로고스, P.126, 1991).

그렇다. 계시록에서는 이스라엘에 관해서 많은 것을 문자적으로 기술하고 있다. 가령 계시록 2장 14절에 나오는 '이스라엘 자손'이 문자적으로 설명되어야 한다면, 본문 7장 4절의 '이스라엘 자손'도 역시 문자적으로 해석되어야 마땅하다. 또한 5장 5절에 언급된 '유다 지파'란 말이 문자적으로 이해된 것처럼, 7장 5절에 언급된 '유다 지파'도 문자적으로 이해되어야 할 것이다.

둘째, 요한은 이 큰 무리가 어디로부터 오고 있는지 몰랐기 때문에 "내 주여 당신이 알리이다"라고 장로 중 하나에게 대답했던 것이다 (7:13,14). 그러나 7장 4~8절에 나오는 사람들에 대해서는 어떤 의문의 여지가 없었다. 왜냐하면 그들이 누구인지 이미 확실히 알고 있었기 때문이다.

셋째, 7장 9절에 나오는 큰 무리는 감히 수를 헤아릴 수 없을 정도였다. 그러나 7장 3,4절에 언급된 이마에 인 맞은 사람들은 14만4천 명이라고 특정한 수를 밝히고 있다. 그러므로 이 두 무리는 같은 사람들을 말하고 있는 것이 아님이 분명하다. 즉 7장 9절에 나오는 수를 헤아릴 수 없는 큰 무리는 전 세계의 교회 가운데서 구원받은 성도들을 말하고 있는 반면, 7장 3,4절에 나오는 인 맞은 14만4천 명은 교회가 아니라 이스라엘 자손인 것이다.

이상 살펴본 바처럼 여기에 등장하는 '이스라엘'은 결코 교회를 상징하는 말이 아니다. 그러므로 인침을 받은 자들은 역사적 이스라엘 백성들, 곧 혈통적 유대인이다.

키워드, '이스라엘 자손의 각 지파'

본문은 인 맞은 자들을 "이스라엘 자손의 각 지파 중에서"라고 명시하고 있다. 그렇다면 논란의 여지없이 인침을 받은 자들은 교회를 비유하는 것이 아니다. 교회는 '이스라엘 자손'이 아니기 때문이다. 교회는 영적으로 믿음의 조상 '아브라함의 자손'일 수는 있다. 그러나 '이스라엘 자손'은 절대로 아닌 것이다. 신약성경 어디에도 교회를 가리켜 이스라엘 자손이라고 말한 곳은 없다. 그러므로 인 맞은 사람들은 '혈통적 유대인'이 틀림없다.

인 맞은 사람들이 교회를 의미한다는 이론은 본문의 '이스라엘'을 영적으로 해석하였기 때문이다. 그러나 '이스라엘'이라는 용어에 대한 상징적 해석 자체가 난센스다. 만약 본문이 열두 지파의 이름들은 열거하지 않은 채 단순히 인 맞은 자들에 대해 다음과 같이 기록하고 있다고 가정해 보자.

"내가 인 맞은 자의 수를 들으니
이스라엘의 인 맞은 자들이 십사만 사천이니…"

그렇다면 '이스라엘'을 상징으로 해석하여 인 맞은 자들을 이른바 영적 이스라엘이라고 하는 교회를 뜻한다고 해석할 여지가 있을지도 모르겠다. 그러나 본문은 인 맞은 자들에 관하여 "이스라엘 자손의 각 지파 중에서"라고 기술하고 있다.

본문에서 '이스라엘'이라는 명칭은 '자손의 각 지파'라는 말과 결합되어 있다. 따라서 '이스라엘'이라는 나라 이름만을 분리하여 인 맞은 자들을 소위 영적 이스라엘인 교회를 의미한다고 상징적으로 해석하는 것은 애초에 접근방식부터 그릇된 것이다.

우리가 인침을 받은 사람들이 누구인가라는 질문에 정확히 대답하기 위해서는 "이스라엘 자손의 각 지파"라는 문구 전체에 주목해야 한다. 즉, '이스라엘'이라는 말과 '자손의 각 지파'라는 말은 하나로 연결되어 있기 때문에 이 두 부분을 동시에 함께 해석해야 한다는 것이다. 이 두 문구를 따로 분리해 놓고 각각 별도의 해석을 시도하는 것은 타당하지 않다.

우리가 이 점을 명백히 한다면 본문이 자세히 열거하고 있는 열두 지파의 이름들은 혹시 간과해버려도 인 맞은 14만4천이 이른바 영적 이스라엘인 교회를 상징한다는 해석은 있을 수 없다. 왜냐하면 앞서 지적했듯이 교회는 전혀 '자손의 각 지파'라는 것이 없기 때문이다.

그러나 "이스라엘 자손의 각 지파"라는 구절 가운데서 '자손의 각 지파'라는 문구를 도외시하고 앞부분인 '이스라엘'에만 주목한다면 본문의 '이스라엘'이 교회를 상징한다고 해석할 여지가 있게 된다. 그들은 교회가 이스라엘을 대치한 새 이스라엘이라고 믿고 있기 때문이다. 그 다음엔 '자손의 각 지파'라는 부분과 본문이 자세히 열거하고 있는 '열두 지파의 이름'은 거기에 맞추어 재해석해야 할 별도의 문제가 되고 만다.

하지만 그들에게도 '이스라엘'이라는 명칭에 부속된 '자손의 각 지파'라는 문구 및 본장이 자세히 열거하고 있는 '열두 지파의 이름들'이 심히 난해한 문제가 아닐 수 없다. 왜냐하면 그들도 역시 교회는 결코 열두 지파로 나뉘어져 있지 않다는 것과, 열두 지파의 이름들은 무엇보다도 혈통적 이스라엘 자손들에게만 적용이 될 수 있다는 사실을 잘 알고 있기 때문이다.

대체 신학의 교묘한 해석 방식

그리스도인들 가운데 교회가 유대민족을 대신하는 새 이스라엘이라는 '대체 신학(Replacement Theology)'을 신봉하는 사람들이 많이 있다. 하지만 그들도 본문을 해석할 때 '이스라엘 자손의 각 지파'인 열두 지파의 이름들을 교회에 가져다 맞추기가 용이한 일이 아니다. 그리하여 인침을 받은 14만4천 명이 소위 영적 이스라엘인 교회를 상징한다고 해석하는 성경연구가들은 본장이 열거하고 있는 '열두 지파의 이름들'을 교회에다 적용시키기 위해 결국 베드로후서 3장 16절 말씀처럼 예언을 '억지로'(원문은 '교묘하게'라는 뜻도 있음) 해석할 수밖에 없게 된다. 아래는 그 대표적 사례이다.

"옛날 개인의 이름은 흔히 그 개인의 성격을 표시했다. 오직 그 품성만이 하나님의 인을 받는 데 결정적 요소가 된다. 우리도 우리의 성품 여하에 따라 이스라엘 열두 지파 중 하나에 속하는 자로서 하나님의 인을 받게 될 것이다. 열두 지파의 이름에 나타난 뜻은 다음과 같다. 1)유다: 찬양(praise), 2)르우벤: 아들을 낳다(bear a son), 3)갓: 복됨(blessing), 4)아셀: 기쁨(rejoice), 5)납달리: 씨름(wrestlings), 6)므낫세: 내 모든 수고를 잊다(forget all my toil), 7)시므온: 주께서 들으시다(the Lord has heard), 8)레위: 연합하다(joined), 9)잇사갈: 값(price), 10)스불론: 나와 함께 거하다(dwell with me), 11)요

셉: 주께서 내게 더하시리라(the son of right hand)."(일곱 우레의 비밀, 목회자료사, 1966, p. 87)

위와 같은 해석에 의하면 필자는 '찬양'을 좋아하므로 열두 지파 중에 '유다 지파'에 속하는 자로서 말세에 하느님의 인을 맞게 되는 것이다. 만일 당신이 '기쁨'이 충만한 신자라면 당신은 '아셀 지파'에 속하는 사람이 된다. 그런데 필자는 '찬양'을 좋아하지만 '기쁨'도 있으며, 주님의 말씀에 순종하며 살고자 날마다 '씨름'하고 있다. 그렇다면 나는 '유다 지파' 사람도 되고, '아셀 지파'의 사람도 되고, '납달리 지파'에 속하는 사람도 되는 셈이다. 아마도 필자는 하느님의 인을 적어도 세 개 이상 받을 것 같다. 이 무슨 괴이한 성경 해석인가?

도대체 왜 단순한 성경을 이렇게 복잡하게 만드는가? 위와 같은 해석은 '해석을 위한 해석'이다. 그것은 본문이 실제로 의도하는 바가 아니며 예언을 억지로, 곧 '교묘하게' 해석한 것의 전형이다(벧후 3:16).

교회가 '영적 이스라엘'이고 '참 이스라엘'이라고 하는 넓게 퍼진 생각은 성경에 어떤 명확한 언급에 의해서 지지되어 있지 않다. 바울은 교회를 가리켜서 영적 이스라엘이라거나 참 이스라엘이라는 용어를 사용한 적이 전혀 없다. 이스라엘이라는 말은 이방인에 대해서는 결코 성경에 사용되어 있지 않으며, 인종적 이스라엘 혹은 야곱의 자손에 대해서만 쓰여지고 있는 것이다. 따라서 '영적 이스라엘' 또는 '참 이스라엘'이라는 용어는 '예수 믿고 거듭난 유대인들'을 지칭할 때에만 사용되어야 옳다.

성경 본문이 인 맞은 사람들에 관하여 "이스라엘 자손의 각 지파"라고 말하고 있고 더욱이 열두 지파의 이름들까지 자세히 열거하고 있는 이상, 인침을 받은 사람들은 어디까지나 '혈통적 유대인'이다. 만일 인 맞은 사람들이 전 인류의 모든 신자들로 구성된 이른바 영적 이스라엘이라고 하는 교회라면, 그들을 지적하기 위해 "이스라엘 자손의 각 지파"라고 기술하고, 게다가 '열두 지파의 이름들'까지 상세히 열거했다는 것은 이상하다고 말하지 않을 수 없는 것이다. 인침을 받은 자들은 역사의 마지막에 하느님에게로 회복될 육체적 이스라엘 백성이다.

종말에 구원받을 온 이스라엘 자손

유대인은 지금까지 그들의 메시아 예수를 거부하고 있다. 하느님의 택함 받은 민족인 이스라엘의 운명은 이렇게 멸망으로 끝날 것인가? 성경은 그와 같은 가능성을 부인한다. 사도 바울은 로마서에서 8장까지 구원의 도리를 설명한 후 9장부터 11장까지 세 장에 걸쳐 이스라엘의 구원에 관한 문제를 논하고 있다. 그는 이스라엘이 복음을 믿지 아니하므로 하느님의 버림을 당하였는가 하면 그럴 수 없다고 말했다(롬 11:1). 그리고 종국적으로 온 이스라엘이 구원을 받을 것이라고 말하고 있다.

> "이방인의 충만한 수가 들어오기까지 이스라엘의 더러는 완악하게 된 것이라 그리하여 온 이스라엘(주= 집단적 의미에서 전체로서의 이스라엘)이 구원을 받으리라"(롬 11:25,26).

그리고 이 구원은 언약에 의한 것이며(롬 11:27), 이 언약은 조상들로 인하여 택함을 받았기 때문이라고 진술하고 있다. 즉 여호와 하느님은 아브라함, 이삭, 야곱에게 주신 언약을 하느님 자신의 진실하심으로서 파기하지 아니하신다. 한 때는 유대인들의 완악함을 인하여 구원이 이방인에게 옮겨졌으나 하느님이 정하신 이방인의 충족수가 그 정점에 이르게 되면 구원의 경륜은 또 다시 유대민족에게 옮겨오는 것이다.

마지막 때의 비밀을 예언하는 계시록에 이스라엘의 구원에 관한 하느님의 계획이 계시되지 않을 리가 없다. 그것이 바로 7장 1~8절 말씀이다. 계시록 7장 1~8절은 로마서 11장에 약속된 이스라엘의 종말론적 구원에 관한 예언으로서, "온 이스라엘이 구원을 받으리라"(26절)는 약속의 성취인 것이다.

장차 유대민족 가운데 늦은 비 성령의 강력한 사역, 성령과 하느님 말씀의 강력한 역사가 있을 것이다. 이른 비는 사도행전 2장에서 풍성하게 내린 바 있고, 앞으로 늦은 비가 쏟아지게 될 것이다(욜 2:28,29). 때가 차면 유대인들이 지금까지는 전혀 목도할 수 없었던 규모로 회개하고 메시아 예수 앞으로 돌아올 것이며, 예수 안에서 하느님께 열납되기 위하여 분투하게 될 것이다. 온 이스라엘이 구원을 받을 것이다.

계시록 7장의 12지파가 구약의 12지파와 다른 이유

인침을 받은 자 14만4천에 대하여 기록하고 있는 계시록 7장 4~8절까지를 숙독해 보면 여기 이 열두 지파는 구약의 열두 지파와는 조금 다르다는 것을 알게 된다. 왜 그런지 그 이유를 살펴보자.

첫째, 서열에 관한 것인데 유다 지파가 첫 번째로 기록되어 있다.

유다는 야곱의 넷째 아들이다. 그런데도 왜 사도 요한은 유다를 첫 번째로 기록한 것일까? 이는 그 자손에서 구주 예수 그리스도가 나심으로 첫째에 놓인 것이다. 광야에서 진을 치고 자리를 배치할 때(민 2:3 이하) 외에는 유다 지파가 이스라엘 열두 지파의 명단에서 맨 앞에 나오는 경우는 구약 성경 어디에서도 찾아볼 수 없다. 이 예외는 유다 지파에서 나신 메시아의 우선권을 강조한 것이 분명하다(계 5:5).

둘째, 단과 에브라임 지파가 없는 반면 요셉과 레위 지파가 첨가되어 있다.

창세기 46장 16절에 보면 야곱이 요셉의 두 아들을 축복하는데, 그 뒤로부터 요셉의 가족은 에브라임과 므낫세로 칭하게 되었다. 에브라임은 요셉의 둘째 아들이었으나 야곱은 에브라임을 므낫세보다 위에 두어 에브라임이 요셉이라는 이름을 대표하게 하였다(창 48:18~20). 그런데 여기는 에브라임이 누락되어 있고, 대신 요셉이 첨가되어 있다. 또 구약에는 레위 지파가 열두 지파에 있지 아니한데, 이는 하느님께서 레위 지파를 택하셔서 성직을 맡기셨기 때문이다(민 1:47~54; 3:11~13). 그런데 여기서는 단 지파가 누락되었고, 그 대신에 레위 지파가 첨가되어 있다. 그러면 단과 에브라임 두 지파는 왜 인침을 받는 데서 빠졌는가? 그 이유는 단과 에브라임 지파는 특별히 우상과 관계가 있기 때문이다.

"단 자손이 자기를 위하여 그 새긴 신상을 세웠고 모세의 손자 게르손의 아들 요나단과 그 자손은 단 지파의 제사장이 되어 이 백성이 사로잡히는 날까지 이르렀더라. 하나님의 집이 실로에 있는 동안에 미가의 지은 바 새긴 신상이 단 자손에게 있었더라"(삿 18:30,31).

"이에 계획하고 두 금송아지를 만들고 무리에게 말하기를 너희가 다시는 예루살렘에 올라갈 것이 없도다. 이스라엘아 이는 너희를 애굽 땅에서 인도하여 올린 너희 신이라 하고 하나는 벧엘에 두고 하나는 단에 둔지라. 이 일이 죄가 되었으니 이는 백성들이 단까지 가서 그 하나에게 숭배함이더라"(왕상 12:28~30).

"에브라임은 우상과 연합하였으니 버려두라"(호 4:17).

요한계시록은 성도들이 짐승, 곧 적그리스도의 우상에게 경배할 것을 강요당하지만, 성도는 환난 가운데서도 인내와 믿음으로 짐승의 우상에게 절하지 않고 어린양의 피와 자기들의 흘린 피로 결국 사탄을 이길 것임을 말씀하고 있는 책이다. 계시록의 주제는 '환난에서의 도피'가 아니라 '이기는 것'이며, 우리는 우리 자신의 생명을 사랑할 것이 아니라 우리 생명을 버림으로서 사탄과 적그리스도와 거짓 선지자들을 이길 준비를 해야 한다는 것이다.

이 같은 이유로 인 맞은 열두 지파의 이름 가운데서 역사적으로 우상 숭배의 오점을 갖고 있는 단과 에브라임 지파를 빠뜨린 것이다. 여호와 하느님은 우상 숭배를 가장 가증하게 여기신다. 그러므로 이들 두 지파는 우상 숭배의 악한 전력이 있으므로 장차 환난 중 당신의 충성된 백성들이 짐승과 그의 우상에게 경배하지 않고 어린양의 피와 자기들의 흘린 피로 싸워 승리하는 모습을 기록하여 이 책을 읽는 성도들로 하여금 힘과 용기와 믿음을 북돋아 주려는 책인 요한계시록에서는 이들 두 지파를 누락시킨 것이다.

이와 같이 우상숭배 죄 때문에 이름이 누락된 예가 성경의 다른 곳에도 있다. 마태복음 1장의 예수님의 족보 가운데 3,4대 빠진 이름이 있다. 그것은 마태복음 1장 8절의 '요람'과 '웃시야' 사이다.

* 마 1:8~9

여호사밧 - **요람** - **웃시야** - 요담

3대 누락

역대상 3장 10절에 의하면 '요람'과 '웃시야' 사이에는 '아하시야', '요아스', '아마샤' 세 사람이 들어가 있어야 한다.

* 역대상 3:10

여호사밧 - **요람** - 아하시야 - 요아스 - 아마샤 - **아사랴** - 요담

3대 (웃시야와 아사랴는 동일 인물임)

역대기상의 족보와 마태복음의 족보 사이에는 엄연히 3대의 차이가 난다. 곧 마태복음에는 아하시야, 요아스, 아마샤의 3대가 누락된 것이다. 왜 빠졌을까? 그 까닭은 역대기하 18장부터 25장에 나타난 말씀 가운데서 찾아야 한다. 그 내용의 중대한 몇 가지는 다음과 같다.

1) 유다 왕 여호사밧이 그 아들 **여호람**(요람과 여호람은 동일 인물임)을 북방 이스라엘 왕 아합의 딸 아달랴와 결혼케 한다(아달랴의 어머니는 북국 이스라엘에 우상 숭배를 가져온 아합 왕의 아내 이세벨임).

2) 그로 인하여 유다의 예루살렘 성전에 바알신의 우상이 들어선다.

3) 여호람(요람)의 처 아달랴는 6년간 스스로 왕이 되어 우상을 숭배한다.
4) 그로 인한 자녀들은 아합의 집의 교도로 인하여 성전에서 바알신을 섬긴다.
5) 다같이 원수의 손에 죽임을 당한다.
6) 다같이 다윗의 묘 곁에 장사지내지 못한다.

이와 같은 역사적 오점 때문에, 즉 우상 숭배의 가증한 죄 때문에 아하시야, 요아스, 아마샤 3대는 예수님의 족보에 못 오르고 누락된 것이다. 제2계명은 우상 숭배를 금하고 있다. 그 우상 숭배 금지 계명에서 하느님은 아비의 죄를 갚되 3,4대까지 이르게 하거니와 은혜는 천대까지 베푸신다고 말씀하셨다. 이 조목에 유의하여야 한다. 예수님의 족보에 누락된 자들은 하느님의 계명에서 족보에 못 오를 중대한 죄(우상숭배)를 범했던 것이다.

족보에 빠진 자들은 엄밀히 말하면 4대요 법적 대수로는 3대이므로 계명의 말씀과 같이 3,4대까지 은혜의 족보에 참여하지 못한 것이다. 우상 숭배는 가장 무서운 죄다. 하느님은 우상 숭배를 제일 가증히 여기시는 바, 성령은 마태로 하여금 우상 숭배의 악한 전력이 있는 자들을 예수님의 족보에서 누락되도록 했던 것이다.

이러한 사실을 깨달았다면 14만4천 인 맞은 자들 가운데 '단'과 '에브라임' 지파가 누락된 이유가 그들의 우상 숭배 죄 때문이라는 사실을 충분히 이해할 수가 있다. 성령께서는 사도 요한에게도 우상 숭배의 역사적 오점이 있는 '단'과 '에브라임' 지파를 빠뜨리도록 했던 것이다. 그리고 그들 대신에 '요셉'과 '레위' 지파를 첨가시킨 것이다. 바로 이것이 계시록 7장에서 단과 에브라임 지파가 빠진 것에 대한 타당한 설명이다.

단지파가 누락된 이유에 대한 기독교계의 통속적 해석 가운데 적그리스도가 단 지파에서 나올 것이기 때문이라는 이론이 있다(이레니우스, 어거스틴…). 즉 세계를 파멸로 몰고 갈 사악한 적그리스도는 유대인 중 한사람이라는 것인데, 유대인 적그리스도에 대한 이와 같은 이론은 순전히 선입견으로서, 유대인을 나쁘게 평가하려는 이방인들의 반유대적 성향에 의하여 나온 것이다. 다니엘서의 적그리스도에 대한 종말론적 개념은 명확히 이방인을 묘사하고 있다.

어떤 성경연구가들은 계시록 7장의 12지파가 구약의 12지파와 다르다는 이유를 들어서 계시록 7장의 인 맞은 14만4천을 문자적 이스라엘 백성이 아닌 이른바 영적 이스라엘인 교회라고 해석하고 있다. 그러한 해석은 결국 성경에 대한 지식이 부족한 데서 나온 것이다. 계시록 7장의 12지파가 구약의 12지파와 조금 다르다는 사실이 인 맞은 14만4천을 문자적 이스라엘 백성이 아니라고 주장할 수 있는 증거가 되는 것은 전혀 아니다.

7장에 기록된 14만4천과 14장에 기록된 14만 4천

이 항목을 마치기 전에 한 가지 더 짚고 넘어가야 할 문제가 있다.

그것은 계시록 14장에 나오는 14만4천 명과 계시록 7장의 14만4천 명이 동일한 사람들인가 하는 것이다. 적지 않은 성경연구가들이 이 두 무리가 모두 14만4천 명이라는 사실과 둘 다 그 이마에 무엇이 표시되어 있다는 이 두 가지 공통점 때문에 이들을 같은 사람들이라고 생각한다. 그러나 본문을 자세히 살펴보면 이 두 무리 사이에는 현격한 차이점이 발견된다. 따라서 계시록 14장에 언급된 14만4천 명과 7장의 14만4천 명은 각기 다른 부류의 사람들임을 알 수 있다. 그것을 아래와 같이 대조해 볼 수 있다.

7장에 기록된 14만4천과 14장에 기록된 14만4천의 비교

계시록 7 : 1~9의 14만 4천		계시록 14 : 1~5의 14만 4천	
1~3절	땅 위의 장면	1절	하늘의 장면, 어린 양이 그들과 함께 시온산 위에 섰음
3절	하나님의 종으로 이마에 하나님의 인 맞은 자들	1절하반	"그 이마에 그의 이름과 아버지의 이름을 기록한 자들"
4절	이스라엘 각 지파에서 나온 14만4천	3절	장로들과 네 생물 앞에서 그들만이 아는 새 노래를 부름
5~8절	각 지파에서 나온 12,000명	3절하반	"땅에서 구속을 입은 자들" 12,000명
		4절	"여자로 더불어 더럽히지 않은 정절이 있는 자"
		4절	"어린 양이 어디로 인도하든지 따라가는 자들"
		4절중반	"사람 중에서 구속을 입은 자들"
		4절하반	"처음 익은 열매로 하나님과 어린 양에 속한 자"
		5절	"그 입에 거짓말이 없고"
		5절하반	"하나님의 보좌 앞에 흠이 없는 자"

1. 계시록 7장은 유대인을 가리킨다. 열두 지파 중 각 지파에서 12,000명씩이다. 계시록 14장은 이 무리들이 "땅에서" 혹은 "사람 가운데서" 왔다고 말하고 있다. 전자는 "이스라엘 자손들 가운데서" 구원받은 사람들이라고 한다면(7:4), 후자는 "사람들 가운데" 구속함을 받은 자들이다(14:1).

2. 계시록 7장의 무리는 하느님의 인을 받은 자들이다. 그들은 곧 아버지의 인을 받은 것이다. 그러나 14장의 무리는 아버지와 아들의 이름을 둘 다 가지고 있다. 게다가 7장에 나오는 사람들에 대해서는 '하느님의 종'이라는 호칭을 하였다. 이 호칭은 특히 이스라엘 백성에게 적합한 호칭이다(사 41:8, 44:1,2, 65:8). 그러나 14장 1절에 언급된 사람들에게는 '하느님의 자녀'로 말한 것처럼 보인다(이런 결론은 '아버지의 이름'이란 말로부터 추론될 수 있다). 게다가 그들은 '사람들 가운데' 구속함을 받은 자들이다(14:1). 그러므로 계시록 7장의 무리는 하나의 특정한 민족인 유대인을, 14장의 무리는 유대인과 이방인이 모두 포함된 교회로부터 나온 사람들을 묘사하고 있음이 틀림없다.

3. 7장 3절에 기록된 장면은 구원의 예정이라면, 14장에 기록된 장면은 구원의 결과이다. 전자는 이스라엘과 관계되고, 후자는 땅의 모든 성도(교회)와 관계된다.

4. 7장에 기록된 장면은 땅 위의 사건이라면, 14장에 기록된 장면은 하늘의 사건이다.

5. 14장의 무리 중에 일원이 되기 위해서는 4절과 5절에 기록된 것과 같이 조건이 있다:

① 여자로 더불어 더럽히지 않은 정절이 있는 자.
(여기에서 여자란 17장의 음녀, 즉 배도교회를 상징 한다)
② 어린 양이 어디로 인도하든지 따라가는 자.
③ 그 입에 거짓말이 없는 자.
④ 흠이 없는 자.

그러나 7장의 무리는 그와 같은 조건이 없다. 왜냐하면 14장에 언급된 무리는 이미 구원받은 교회 성도들 중에서 승리를 거둔 자들에 대한 묘사인 반면, 7장에 언급된 무리는 한 민족인 이스라엘의 종말론적 구원 방식에 관한 계시이기 때문이다. 죄인을 구원하는 데 필요한 조건은 단 한 가지 복음 전도, 곧 선교이다.

6. 14장 1절과 7장 4절에 나오는 14만4천명 앞에 붙은 관사가 모두 부정관사로 사용되었다는 사실이다. 그러므로 그것은 일반적 용법으로 사용된 것이지 14장에 언급된 무리들이 앞에 나왔던 7장에 언급된 그 사람들을 특별히 지정해서 말한 것이 아니다. 이렇게 볼 때 두 곳에 나오는 14만4천 명은 동일한 무리가 아니며 분명히 서로 다른 부류의 사람들인 것이다.

그렇다면 14장에 나오는 14만4천 명은 누구인가? 그들은 전 인류의 모든 신자들로 구성된 교회(유대인과 이방인의 구분이 없다) 가운데서 특별하게 선별된 가장 충성된 성도들을 말한다. 이와 같은 결론에 대한 이유는 다음과 같다.

첫째 14장 4절을 보면 이 사람들을 가리켜 처음 익은 열매라고 했다. 모든 교회를 가리켜 처음 익은 열매라고 말하기는 어렵지 않겠는가?

둘째 모든 교회가 다 정절을 지키리라고 기대하기는 힘든 일이다.

셋째 14장 5절 말씀은 이 사람들의 특별한 성품을 묘사하고 있다. 모든 중생한 사람들이 다 그와 같이 아름다운 성품을 소유하게 되리라고 말하기는 어렵다.

따라서 계시록 14장에 언급된 시온산(하늘의 시온산을 말함, 히 12:22)에 서있는 14만4천 명은 교회의 이긴 자들을 묘사하고 있는 것이다. 즉 계시록 14장에 기록된 14만4천은 복음이 전파된 이래로 교회 가운데서 가장 충성된 성도들의 영광된 천상의 모습을 보여 줌으로써 환난당하는 지상 교회를 위로하고 격려하기 위한 중간계시(interlude)의 한 장면인 것이다.

14만4천이라는 숫자가 같다는 사실은 아무런 중요성이 없다. 숫자가 같다는 것이 이 두 무리가 같은 사람들이라는 증거가 될 수는 없는 것이다. 이 두 무리가 갖고 있는 차이점들은 이 두 무리를 같은 무리로 보지 못하도록 제약을 준다. 특히 14장은 하늘에서 벌어지는 광경이고 그들이 사람 가운데서 택함을 입은 자라는 사실, 즉 이들이 유대인이 아닌 세계 각 나라에서 온 자임을 나타내고 있다는 것을 마음속에 두게 될 때 더욱 그러하다.

따라서 여기서 한 가지 꼭 지적해 두어야 할 것이 있다. 계시록 7장의 14만4천 인 맞은 자에 대한 주해를 하는 과정에서 계시록 14장에서 언급된 14만4천의 일원이 되기 위한 조건들을 계시록 7장의 인 맞은

14만4천에게 소급하여 적용시키는 성경연구가들이 있는데 이는 난센스라는 것이다. 14장에 기록된 14만4천 인 맞은 자들이 되기 위한 조건들은 다만 14장에 나오는 무리에게만 해당되는 것이기 때문이다.

이상 자세히 살펴본 바처럼 계시록 7장의 14만4천 인 맞은 자들은 문자적 이스라엘 백성들을 의미하며 교회가 아니다. 혹시 하느님께서 교회의 일을 계시하고자 의도하셨다면 그분은 결코 사도 요한으로 하여금 "이스라엘 자손의 각 지파"라는 말이나 열두 지파의 이름을 기술하도록 하지 않으셨을 것이다. 그리스도의 몸인 교회는 이스라엘 자손도 아니며, 더욱이 12지파로 구분될 수도 없기 때문이다.

어떤 학자는 원형적인 이스라엘 열두 지파는 벌써 지상에서 소멸된 지 오래임을 들어서 계시록 7장의 14만4천은 문자적 이스라엘 백성일 수 없다고 주장한다. 그러나 하느님의 관점에서는 명확하게 어느 지파도 잃어버리고 있지 않다. 계도는 잃어버렸지만 현대의 유대인들은 자기가 아브라함의 자손에 속한다고 확신할 수가 있다. 그래서 하느님은 그들이 어느 지파에 속하여 있는가를 알고 계신다. 오늘 이스라엘 자손은 그들이 어느 지파에 속하고 있는가 보통의 경우 모르지만 하느님의 마음에서는 그것은 문제가 아니다.

우리들의 주님께서 지상에 계실 무렵, 이스라엘의 열두 지파가 존재한 것에 관한 언급이 있다(참조, 약 1:1; 벧전 1:1). 따라서 요한에게 주어진 환상은 하느님이 혈통적 이스라엘을 위하여 계속되는 계획을 갖고 계심을 가리키고 있는 것이다.

14만4천 인 맞은 사람들은 누구인가? 그들은 마지막 때에 회심하고 예수님께 돌아올 육체적 이스라엘 백성이다(롬 11:12; 25,26).

2. 인친 자의 수

"내가 인침을 받은 자의 수를 들으니 이스라엘 자손의 각 지파 중에서 인침을 받은 자들이 14만4천이니…"(계 7:4).

인침을 받은 자의 수는 14만4천이다. 이 수는 실제적인 수인가, 상징적인 수인가? 이것은 총체적이고 충만한 수를 의미하는 상징적인 수이다. 14만4천이라는 수는 12(이스라엘을 가리킴)의 제곱수와 10(완전수)의 세제곱 수가 곱하여 된 수이다. 그러므로 이 수는 완전, 즉 이스라엘의 완벽한 총체를 가리킨다. 곧 로마서 11장 26절에서 말한바 "온 이스라엘(all Israel)"을 의미하는 것이다.

$12 \times 12 \times 1,000 = 144,000$
12는 3(하느님의 수) × 4(땅의 수) = 12(완전수 또는 이스라엘의 열두 지파 수)

그리하여 우리는 이 계시가 로마서 11:25,26에 기록된 "온 이스라엘이 구원을 받으리라"는 약속의 구체적 성취 방식에 관해서 예언하고 있는 말씀이라는 것을 알 수 있다.

이 같은 사실은 왜 성령께서 사도 요한으로 하여금 구태여 각 지파의 이름들을 다 열거하도록 하는 것이 필요했는지를 묵상해 보면 더욱 자명해진다. 사도 요한은 이스라엘의 12지파의 이름을 상세히 열거하면서 각 열두 지파에서 균등하게 12,000명씩 인침을 받았다고 기록하고 있다. 왜 성령께서는 각 지파의 이름을 모두 열거하도록 했을까?

이스라엘은 야곱의 열두 아들인 열두 부족으로 이루어진 민족이다. 그러므로 '각 지파에서 모두' 인 맞았다는 것은 '온 이스라엘' 이 인 맞았음을 묘사하는 것이다. 바로 이와 같은 방식을 통해 성령께서는 계시록 7:1~8절이 로마서 11:25~26절에 기록된 "온 이스라엘이 구원을 받으리라"는 약속의 구체적 성취의 때와 방법에 관한 계시라는 것을 드러내고자 하신 것이다.

이스라엘의 12지파들로부터 각각 12,000명의 인 맞음은 사도 바울이 선포한 "온 이스라엘이 구원을 받으리라"(롬 11:26)는 계시와 동일한 내용의 메시지를 회화적 표현방식으로 기록한 것이다. 따라서 14만4천이라는 수는 상징적인 수이다. 14만4천이라는 수는 실수가 아니며 하느님이 만족해하시는 수로서 '이스라엘의 완벽한 총체', 곧 '온 이스라엘'을 가리킨다. 장차 때가 되면 온 이스라엘이 성령의 인침을 받고 구원을 얻을 것이다.

3. 인치는 의의

"우리가 우리 하나님의 종들의 이마에 인치기까지 땅이나 바다나 나무나 해하지 말라 하더라"(계 7:3).

이 하느님의 인은 적그리스도의 표와 상대되는 것이다(계 13:6). 이마에 인을 치는 것은 노예들이 이마에 주인의 인으로 인침을 받는 것과 관련된다. 로마 시대에 노예들은 이마에 주인의 인을 쳤다. 이것은 주인에게 있어서 소유권의 표시였고, 노예에게 있어서는 자신이 누구의 소유라는 소속의 표시였다. 따라서 이 노예들은 그 주인의 보호를 받으며 주인의 권위로 인정된 자들이다. 누구든지 그 주인의 허락 없이 이 노예들을 취급하는 것은 그 주인에 대한 도전이 된다.

14만4천이 하느님의 인침을 받는 것은 바로 이와 같은 의미이다. 하느님께서 인치셨으니 이들은 하느님의 소유가 된 자들이며 이에 따른 하느님의 권위와 보호가 있다. 인이란 소속을 밝히는 것, 권위로 인정한다는 것, 안전이 보장되었다는 것 등을 의미한다.

그러면 14만4천이 맞은 하느님의 인이란 어떤 것인가? 신약성경은 하느님의 인이란 '성령' 그 자체임을 가르쳐 주고 있다. 사실 에베소서 1장 13절과 14절에 '인'이라고 사용되는 말이 '성령'을 설명하는데 사용된다. 이 말은 또 에베소서 4장 30절과 고린도후서 1장 22절, 5장 5절에도 같은 뜻을 나타내고 있다. 예수님께서는 이와 같은 하느님의 인, 곧 성령을 자신이 가지고 계셨다(요 6:27).

신약성경은 하느님의 인이 '성령'을 뜻한다고 명확히 말하고 있다. 성령은 하느님께서 당신의 백성들에게 그의 소유됨과 구원의 보증으로 그 심령에 인친 '하느님의 인'인 것이다. '성령의 인'이 '하느님의 인'이다.

그런데 '하느님의 인'과 '성령의 인'을 구분하는 자들이 있다. 그들은 성령의 인과 하느님의 인은 완연히 구별된다고 하면서 성령의 인과 하느님의 인을 동일시하는 자들을 성경종말론에 무식한 자들로 여긴다. 그들의 주장은, 전자 '마음'에 인을 치지만 후자는 '이마'에 인을 친다는 것이다(계 7:3). 그러나 우리가 기억해야 할 것은 성경의 어떤 비유나 상징을 해석할 때에 우리는 너무 세세한 점에 있어서 진리를 찾는 것이 아니다. 그렇게 하면 성경의 원뜻을 곡해하기 쉽다. 만일 우리가 상징의 모든 부분에 대하여 각기 할당된 의미를 찾는데 열중한다면 우리는 혼돈에 빠져 본문이 실제로 의도하고 있는 계시를 놓치게 될 것이다. 꽃을 분석한답시고 너무 세밀히 만지다보면 그만 꽃이 망가지게 된다. 이와 같은 오류에 빠져서는 이니 될 것이다.

14만4천의 이마에 인치는 일은 비유로서 이렇게 인치는 일은 성령으로 그들의 '심령에' 인치심을 의미하는 것이다. 문자대로 이마에 가시적인 인을 치는 것이 아니다. 하느님은 레위기 19장 28절에 몸에 문신을 새기지 말 것을 명하셨는데, 그분은 당신의 말씀에 배치되는 행동을 절대로 하시지 않는다.

14만4천의 인 맞음은 어디까지나 영적인 사실이며 육체적인 눈으로 볼 수 있는 현상이 아니다. 이것은 모든 그리스도인들의 성령에 의한 영적인 인 맞음과 동일한 인 맞음인 것이다(엡 1:14, 고후 1:22, 엡 4:30). 신자들에 대한 이러한 인침은 하느님의 소유권에 근거한 영적인 확증으로서 이 인침은 육체적인 눈으로 발견될 수 없는 내적이고 영적인 사실이다.

14만4천이 그들의 이마에 하느님의 인을 맞은 것도 바로 그것과 동일한 것이다. 즉 성령으로 그들의 심령에 인을 친 내적이고 영적인 사실을 상징한 것이다. 그런즉 14만4천이 맞은 인은 곧 구원의 인이다.

그러나 어떤 학자는 그들이 인침을 받기 전에 이미 "하느님의 종"(계 7:3)이라고 불리워지고 있음을 들어, 계시록 7장의 14만4천은 문자적 이스라엘 백성의 구원을 말하고 있는 것이 아니라고 주장한다. 14만4천은 이른바 영적 이스라엘이라고 하는 전인류의 모든 신자들을 대표하며, 그들을 환난에서 보호하기 위하여 심령에 인치는 성령의 인과는 구별되는 하느님의 인이라는 것을 성도들의 이마에 다시 친다는 것이다. 이와 같은 견해는 성경의 통일성의 원칙에도 어긋나는 아주 그릇된 해석이다. 하느님의 인은 그들의 심령에 인친 성령의 인을 비유한 것으로서 곧 구원의 인이다.

그렇다면 14만4천명이 인 맞기 전에 벌써 '하느님의 종들'이라고 불리어진 이유는 무엇인가? 그것은 그들의 구원이 확실히 예정되어 있는 사실이기 때문이다. 또한 무엇보다도 그들은 혈통적 유대인이기 때문이다. 이스라엘 백성은 "하느님의 종"이라고 불리어졌으며, 심지어 그들이 불신앙으로 말미암아 이방 나라에 포로가 되어 있을 때까지도 "하느님의 종"이라고 불리어졌다(사 41:8; 44:1; 26; 65:8).

14만4천은 살아계신 하느님의 인을 맞았다. 살아계신 하느님의 인이라는 말은 계시문학에 자주 보이는 표현으로 죽은 신인 이교의 우상과 대조되는 것이다. '인'이 그 친자의 권위를 뜻한다 해도 그 인의 소유자가 생존하지 않았다면 아무 효력을 발생하지 못할 것이다. 그러나 우리 하느님은 살아계신 하느님이시니 그 인이야말로 무상의 효력을 발생시켜 한번 선택되어 성령의 인침을 구원의 보증으로 받는 성도는 영원히 멸망하지 않음을 보여 주는 것이다.

성령은 모든 신자들의 심령에 인친 표가 되어 있는 바, 이것은 살아계신 하느님의 인으로서 성도가 영원히 하느님의 소유가 되며, 하느님의 보호 가운데 그 생애를 향유하며, 그 구원이 누구도 빼앗을 수 없는 영원한 것임을 보증하는 것이다.

미지막 때에 구원받을 온 이스라엘 백성을 상징하는 14만4천, 그들은 전 세계의 모든 성도들처럼 바로 이와 같은 인침을 받는 것이다.

4. 인치는 행위

하느님의 인인 성령의 인치심은 어떻게 받는가? 복음의 말씀을 듣고 믿어 구원의 보증으로서 받게 된다.

"그 안에서 너희도 진리의 말씀 곧 너희의 구원의 복음을 듣고 그 안에서 또한 믿어 약속의 성령으로 인치심을 받았으니"(엡 1:13).

"믿음은 들음에서 나며 들음은 그리스도의 말씀으로 말미암았으니라" (롬 10:17).

"이런즉 저희가 믿지 아니하는 이를 어찌 부르리요, 듣지도 못한 이를 어찌 믿으리요, 전파하는 자가 없이 어찌 들으리요, 보내심을 받지 아니하였으면 어찌 전파하리요, 기록된 바 아름답도다. 좋은 소식을 전하는 자들의 발이여 함과 같으니라"(롬 10:14, 15).

그렇다면 14만4천명도 예외일 수 없다. 그들도 역시 전도자들이 전하는 복음을 듣고 믿어 마침내 구원의 보증으로서 살아계신 하느님의 인, 곧 성령의 인치심을 받은 것이다. 따라서 14만4천의 이마에 인치는 행위는 마지막 때에 회개하고 메시아 예수 앞으로 돌아올 유대인들에게 대한 복음전도자들의 전도 행위를 상징한다(롬 11:12~15, 마 23:39).

여기에 있는 날인(捺印) 행위는 복음 전파를 통하여 택한 백성에게 성령을 주심을 비유한 것이다. 우리가 복음을 전하면 듣는 자가 믿고 성령의 인치심을 받아 주님의 소유가 된다. 그러므로 인친다는 것은 복음을 전하여 믿게 한다는 뜻이다. 즉 선교를 의미한다. "복음전도운동은 하나님의 인치시는 행동이다." (박윤선 요한계시록 강해)

5. 인치는 시기

"땅 사방의 바람을 붙잡아 바람으로 하여금 땅에나 바다에나 각종 나무에 불지 못하게 하더라"(계 7:1).

구약성경에 보면 '바람'은 하느님의 심판을 상징하는 것으로 여러 번 나타난다. 예를 들어 요나 시대에 하느님이 대풍을 바다 위에 내리시매 바다 가운데 폭풍이 불어 대작했다(참조, 욘 1:13, 사 11:15, 렘 13:24; 22:22; 49:36; 51:1). 더구나 마태복음 7장 25절에 나타나고 있는 "바람이 불어"라는 표현은 일종의 시련을 뜻하는 것이다. 즉 바람은 전쟁과 재난의 상징이다.

그러나 바람을 붙잡아 바람으로 하여금 땅에나, 바다에나, 각종 나무에 불지 못하게 했음을 보아 이 땅 위에는 고요함이, 또 바다 위에는 잔잔함이, 그리고 나무 위에는 나뭇잎이 흔들리는 소리 한 점 들리지 않았음을 우리는 깨닫게 된다. 즉 인치는 사건이 환난이 임하기 전에 있을 것임을 보여준다.

더욱이 "땅 사방의 바람"을 붙잡아 불지 못하게 했다고 했는데 "땅 사방"이란 동서남북을 가리키는 것으로서 전 세계를 의미하며, 이는 14만4천을 인치는 시기가 지구상에 전 세계적인 큰 환난이 오기 전에 있을 것임을 가르쳐 주는 것이다.

그러나 어떤 학자는 인치는 시기가 대환난이 지구상에 이미 시작된 상황 아래서 그 환난을 잠시 멈추고 인을 치는 것으로 생각한다. 이것은 오해이다. 그렇게 잘못 생각하는 이유는 무엇보다 6장에 나타난 인 재앙에 대한 그릇된 이해와 함께 본서 구조의 특징 가운데 하나인 삽경군(揷景群)의 존재에 대한 이해가 없기 때문이다.

종말의 예비적 사건들을 묘사하고 있는 계시록 6장

인치는 시기가 대환난이 전 세계에 개시된 와중에 그 환난을 잠시 동안 멈추고 인을 치는 것으로 오해하는 까닭은 무엇일까? 계시록 6장의 인 재앙을 이미 대환난이 시작된 상황이라고 생각하기 때문이다. 그리고 그 6장에서는 여섯째 인 재앙까지 떼어졌고, 이제 7장에서는 이어 일곱째 인을 떼어야 할 차례이나 일곱째 인은 8장에서 떼어지고 6장과 8장 사이에는 14만4천 인치는 환상이 나타난다.

그런데 이 환상은 "이 일 후"라는 말로 시작되므로(7:1), 그 말을 6장의 여섯째 인 재앙이 떼어진 후를 의미하는 말로 생각하여서 7장은 6장의 계속, 즉 여섯째 인의 연속적 사건으로 보는 것이다. 그리하여 결국 인치는 사건은 대환난이 지구상에 시작된 상황 아래 잠시 동안 재앙을 멈추고 14만4천에게 인을 치는 것으로 해석하는 것이다.

그러나 "이 일후"라는 말은 단지 "새로운 환상에로의 전환"을 가리키는 말이지 사건의 진행 순서를 표현하는 말이 아니다. "이 일후"라는 말은 계시문학의 일반적 관용구로서 "환상의 새 국면"을 의미하는 말로서 사용되는 것이다. 계시록 4장 1절의 "이 일후"라는 말도 같은 뜻으로 2장과 3장의 교회 시대가 끝난 후를 말하는 것이 아니며 단지 새로운 제목의 시작을 표시하는 말인 것이다. 계시록에는 "이 일후"라는 말이 여섯 번 나온다(4:1, 7:1,9, 15:5, 18:1, 19:1).

그리고 무엇보다 중요한 것은 계시록 6장은 대환난의 시기와 관련된 사건이 아니라는 것이다. 계시록 6장의 여섯 가지 인 재앙을 대환난의 시기와 관련된 것으로 보는 사람들이 많다. 그러나 6장에서 떼어지는 첫째 인에서 여섯째 인까지는 실제적인 종말의 이야기가 아니라 마지막 때까지 이르는 이 시대의 전반적인 특성을 표시하는 것이다.

그것은 예수님께서 말씀하신 재림의 여섯 가지 징조를 밝힌 것으로서, 종말의 예비적 사건들을 묘사하고 있는 것이다. 그리고 신자나 불신자나 공동뇌게 다루고 있는 하느님의 일반적 심판 역사를 취급한 것이다.

실제적인 종말의 이야기는 8장에서 떼어지는 일곱째 인(일곱 나팔, 일곱 대접)에서 시작된다. 일곱째 인을 뗄 때 일곱 천사들의 일곱 나팔이 나오며, 그 천사들이 각각 나팔을 불 때 대재앙이 땅에 임한다. 이 부분이 실제적인 종말의 이야기로서 대환난의 시기와 관련된다. 일곱째 인은 특히 불신자에 대한 하느님의 특수한 심판 역사를 취급하고 있다.

6장에서 떼어지는 첫째 인에서 여섯째 인까지는 종말의 예비적 사건들로서 역사의 종말에 이르기까지의 이 시대의 특성을 계시한 것이다. 이들은 대환난의 일부가 아니며 대환난에 대한 준비로서 예비적인 것이다. 6장의 첫 번째 여섯 인들은 주님께서 말씀하신 세상 끝이 올 때까지를 특징짓는 이 시대의 일반적 특성, 곧 재림의 여섯 가지 징조와 맞먹는다. 이를 복음서의 소계시록과 비교하면 다음과 같다.

	계시록 (계6:2~17)	소계시록 (눅21:8~26, 마24:3~9, 막13:5~9,24,25)
1. 첫째 인	(메시아 사칭자, 흰말)	(메시아 사칭자)
2. 둘째 인	(전쟁, 붉은말)	(국제 전쟁)
3. 셋째 인	(기근, 검은말)	(지진,기근)
4. 넷째 인	(질병과 죽음, 청황색말)	(질병,온역)
5. 다섯째인	(핍박, 순교자)	(핍박)
6. 여섯째인	(하늘의 이상)	(하늘의 이상)

순서상 약간의 차이가 있는 외에는 거의 동일하다. 이 여섯 인은 예수님의 말씀하신 바와 같은 종말의 사건의 예비적인 것으로서, 주님의 재림 때까지 이 시대의 과정을 특징짓는 것을 묘사하는 것이다. 그것은 곧 메시아 사칭자들의 출현, 전쟁과 기근과 지진과 믿는 자들에 대한 핍박과 성도의 순교 등이다.

계시록 제6장에서 떼어지는 첫 번째 여섯 인들은 종말 자체의 사건이 아니며 이 시대의 성격과 이 시대의 종말에 이르기까지의 특성을 표현하는 것으로서, 예수님의 말씀하신 바 "재난의 시작"(마 24:8)에 해당하며 "끝은 아직 아닌" 것이다(막 13:7,8). 그러므로 계시록 6장을 세상 끝인 대환난의 시기와 관련되는 것으로 보는 것은 오해이다. 실제적인 종말의 사건은 8장에서 떼어지는 일곱째인(일곱 나팔, 일곱 대접)에서 시작되는 것이다.

계시록 6장의 여섯 가지 인 재앙을 대환난의 시기와 관련된 것으로 오해하는 이유는 계시록 2~3장을 '교회시대'로 보고, 4장 1절의 "이 일후"라는 말을 그 '교회시대가 끝난 후'를 가리키는 말로 해석하고, 요한이 들은 나팔 소리 같은 음성을 '교회의 휴거의 나팔소리'로 해석하며, 요한이 성령 안에서 영으로 하늘 보좌로 올라 간 것을 '교회의 휴거'로 해석하기 때문이다. 이렇게 해석을 하다 보니 6장 이후의 모든 사건은 대환난의 시기와 관련되고 마는 것이다. 그들의 생각으로는 교회는 이미 환난 전에 휴거했기 때문이다.

그러나 4장 1절의 "이 일후"라는 말은 교회시대가 끝난 후를 가리키는 말이 아니고 앞서 지적한대로 단지 "새로운 환상으로의 전환"을 의미하는 말이다. 또한 요한이 들은 깃은 나팔소리가 아니라 그가 이미 1장 10절에서 경험한 "나팔소리 같은" 음성이었다. 요한은 "나팔소리 같은" 음성을 들었지, 휴거의 나팔소리인 하느님의 "마지막 나팔" 소리(고전 15:51,52)를 들은 것이 아니었다. "나팔소리 같은 음성"과 "나팔소리"는 엄연히 다르다.

사도 요한이 성령의 감동으로 그의 영이 하늘 보좌로 올라간 것을 교회의 휴거로 해석하는 것은 터무니없는 것이다. 그것은 어디까지나 사도 요한 개인의 영적인 체험이었다. 사도 요한은 성령의 감동으로(in the Spirit = 성령 안에서) 그의 육체는 땅에 그대로 있는 상태에서 영으로 하늘 보좌로 올라간 것이다. 그는 변화되어 휴거된 것이 아니었다. 요한이 장차 될 일을 계시 받으려고 올라간 곳은 24장로와 네 생물이 있는 "하늘보좌"였다. 그러나 교회가 예수님이 재림하실 때 휴거하는 곳은 공중(메슈라네마)이지, 하늘보좌(드로노스)가 아닌 것이다.

계시록 4장 1절 이하를 전부 교회의 휴거 이후 사건으로 해석하는 것은 비성경적인 '환난 전 비밀 휴거설'을 신봉하는 세대주의 종말론자들의 엉터리 해석일 뿐이다. 그들은 말하길 2장과 3장에는 교회가 등장하지만 4장 이후에는 교회라는 말이 없으므로 교회시대는 2장과 3장에서 끝났다고 한다. 그리하여 4장 이후의 기록들은 전부 교회가 휴거된 이후 이른바 '7년 대환난' 동안 지상에서 일어날 사건들이라는 것이다. 그러나 4장 이후에 '교회'라는 용어는 나오지 않지만 '성도'가 존재하는 것을 볼 수 있다. 성도가 있으면 곧 교회가 있는 것이다.

하지만 그들은 4장 이후에 나오는 성도들은 휴거되지 못한 소위 '이삭줍기'로 구원받는 성도들이라고 한다. 그것은 아주 비성경적인 교훈이다. 노아의 때와 롯의 때에, 그리고 열 처녀의 비유에도 소위 '이삭줍기'로 구원받은 자들은 아무도 없었다.

4장 1절 이하는 교회의 휴거 이후에 일어날 사건들을 계시한 것이 아니다. 따라서 14만4천이 인침을 받는 계시록 7장의 사건은 대환난이 시작된 상황 아래서 그 환난을 잠시 멈추고 일어날 사건이 아닌 것이다. 지구상에 대환난이 임하기 전, 곧 실제적인 종말이 오기 전에 일어날 사건이다.

삽경군(挿景群)에 속한 중간 계시인 계시록 7장

요한계시록 구조의 특성 가운데 하나는 '삽경군'의 존재이다. 계시록 7장의 14만4천 인 맞은 자에 대한 말씀을 바로 이해하기 위해서는 이 '삽경군'에 대한 이해가 먼저 필요한데, 이는 계시록 7장에 기록된 예언이 삽경군 가운데 하나이기 때문이다.

삽경(interlude)이란 본 계시와 본 계시 막간에 나오는 중간 계시로서, 일곱 인, 일곱 나팔, 일곱 대접의 내용을 본 계시라 할 때(5:1), 이들 범주에 들지 않으면서 이들과 전후 관계를 가진 독자적인 계시를 말한다. 요한계시록은 이러한 본 계시와 중간 계시가 서로 번갈아 나오는 가운데 진행되어 간다. 이러한 중간 계시는 본 계시와 관계를 가지면서도 본 계시의 전후 순서에는 지배되지 않으며, 앞에 나온 본 계시 혹은 뒤에 나올 본 계시의 어떤 사건을 보다 구체적으로 설명해 주는 것이다.

예컨대 제6장에서 여섯째 인을 떼었으니, 7장에서는 이어 일곱째 인을 떼어야 하겠으나 일곱째 인은 8장에 가서 떼고, 6장과 8장 사이에 일곱 인의 순서와는 관계가 없는 중간 계시가 나온다. 그렇지만 이런 중간 계시는 본 계시와 순서와는 관계가 없지만 그 내용면에서는 관련성이 있는 것이다. 즉 7장은 6장 17절의 해답을 주기 위한 것이며, 동시에 8장부터 전개되는 일곱 나팔을 면할 자를 보이는 것이다(7:3; 9:4).

이런 면에서 볼 때, 이는 보충 계시라고도 할 수 있다. 7장, 10장, 11장, 12장, 13장, 14장은 다 이런 중간 계시, 즉 삽경에 속한다. 전체적으로 보아 본서의 삽경들은 교회를 위로하고 격려하기 위한 것이라고 하겠다. 한편으로는 하느님의 진노와 심판이 진행되고 한편으로는 성도들의 위로와 승리가 전개됨을 보인 것이다. 이 같은 삽경에 대한 이해는 본서 이해에 매우 중요하다.

계시록에는 적어도 3개의 큰 삽경군이 나온다. 그리고 이들은 여섯째 인과 일곱째 인 사이(7장), 여섯째 나팔과 일곱째 나팔 사이(10; 11:4), 일곱째 나팔과 일곱 대접 사이(12; 14:20)에 위치한다. 이런 삽경군들은 각각 두 개, 혹은 그 이상의 삽경들로 구성되어 있으며 자기들끼리 관련을 맺고 있다.

7장 1~17절은 이 중 그 첫째이다. 이 삽경군은 여섯째 인의 개봉 결과, 6장 17절의 질문, "그들의 진노의 큰 날이 이르렀으니 누가 능히 서리요"에 대한 답을 하기 위한 것이고, 동시에 앞으로 있을 일곱 나팔 재앙을 면할 자는 어떤 자인 것을 보이는 것이다. 즉 왕들과 왕족들과 장군들과 부자들과 강한 자들과 모든 종과 자유인이 무서워 떠는 그 진노의 날(6:15,16)에 "능히 설 자", 곧 구원을 얻을 자가 어떠한 사람인가를 보여 주는 것이다.

두 무리들이 나오는데 첫 번째 무리는 이스라엘 열 두 지파의 각각 1만2천 명으로 구성되어 있는 집단이고, 두 번째 무리는 각 나라와 족속과 백성과 방언에서, 곧 전 인류로 구성되어 있는 수를 헤아릴 수 없을 정도로 많은 집단이다. 이렇게 첫째 삽경은 두 장면으로 되어 있다. 첫째는 이스라엘 자손에서 인 맞은 자의 광경이고(1~8절), 둘째는 이방에서 구원받은 자의 광경이다(9~17).

계시록 7장은 이상과 같이 살펴본 대로 요한계시록 구조의 특성 가운데 하나인 삽경군 중에 하나로서, 6장과 8장 사이의 일곱 인의 순서와는 관계가 없는 독립된 계시인 것이다. 7장은 6장과 8장 사이의 막간에 삽입되어 있는 중간 계시로서 6장과 8장의 전후 순서에 지배되지 않는 독자적인 계시이다.

계시록 7장은 다만 내용상으로 전후 순서에 관련이 있는 중간 계시인데, 6장 끝의 "누가 능히 서리요"라는 물음에 대한 해답으로서, 진노의 큰 날인 심판의 날에 능히 설자를 보여 주기 위한 계시인 것이다.

능히 설 수 있는 자는 예수 그리스도를 믿고 구원받은 선택된 백성 외에는 없다. 왜냐하면 '진노'는 하느님의 백성에게 내려지는 것이 아니라 불신 세상에 쏟는 것이기 때문이다. '진노'와 '환난'은 다르다. 성도는 '진노'는 당하시 않지만 '환난'은 당한다. 노아는 하느님이 주시는 '진노'는 받지 않았지만, 악인들로부터 '환난'은 당했다. 성도는 세상에서 환난을 당하나 진노의 큰 날에 능히 설 수 있으니, 죄악 세상에 쏟아지는 재앙으로부터 하느님의 보호를 받기 때문이다.

7장은 이 능히 설 수 있는 자를 보여 주기 위한 중간 계시인 것이다. 바로 이 독자적인 계시를 통하여 하느님은 이스라엘 자손의 14만4천인 맞은 자로 묘사된 온 이스라엘의 종말론적 구원에 대하여 말씀하시는 것이다. 즉 "온 이스라엘이 구원을 받으리라"(롬 11:26)는 약속이 마지막 때에 어떠한 과정을 통해 성취될 것인지를 구체적으로 계시한 것이다. 그리고 동시에 이들을 통하여 구원받은 하느님의 모든 백성이 8장부터 전개되는 대환난(일곱째 인)중에 어떻게 능히 서는가를 보이는 것이다(7:3; 9:4).

계시록 6장은 대환난의 시기와 관련된 계시가 아니며, 7장은 6장과 8장의 전후 순서에 지배되지 않는 독자적인 중간 계시(삽경)라는 것을 이해해야 한다. 그래야만 14만4천에 대한 인치는 사건이 대환난이 이미 시작된 상황 아래서 있을 것이라는 오해가 불식된다. 14만4천이 인침을 받는 시기가 대환난의 와중에 그 환난을 잠시 멈추고 있을 것이라는 해석은 6장과 7장에 대한 올바른 이해가 없는 데서 비롯된 것이기 때문이다.

계시록 7장은 14만4천에 대한 인치는 사건이 전 지구상에 대환난이 오기 전에 있을 것이라고 말한다. 그들이 인 맞기까지 지구는 해를 받지 않는 것이다. 14만4천, 그들은 언제 하느님의 인 곧 성령의 인침을 받는가? 대환난이 온 지구상에 임하기 전, 곧 세상에 실제적인 종말이 오기 전이다. 하느님은 온 이스라엘이 구원을 받기 까지 역사의 커튼을 닫으려 하지 않으신다.

6. 인치는 결과

"오직 이마에 하나님의 인침을 받지 아니한 사람들만 해하라 하시더라"(계 9:4).

우리는 앞서 '인' 이란 소유권의 표시오, 보호와 안전을 보증하는 표시임을 깨달았다. 이와 같이 14만4천은 하느님의 인침을 받은 결과 대환난의 날에(일곱째 인 재앙) 보호를 받게 되고, 어린양의 진노의 날에는 능히 서게 된다(계 6:15~17).

하느님께서는 일곱째 인이 떼어진 후에 진노 가운데 지상에 찾아와서 불신자들과 반역적인 사회에 가공스러운 재앙이 임하게 하실 것이다. 그런데 이 반역적인 사회 가운데 하느님의 택한 백성이 존재한다. 하지만 14만4천은 적그리스도와 그의 추종자들에 대한 하느님의 진노를 표시하는 재앙들로부터 인 맞은 결과 보호를 받는 것이다. 하느님의 진노는 그들에게는 임하지 않는다.

마치 애굽 전역에 하느님의 진노가 임할 때 이스라엘 백성들도 그곳에 있었지만, 애굽 사람이 당하는 하느님의 진노를 겪지 않고 보호를 받음과 같다. 당시 애굽에 살던 모든 이스라엘 백성들은 문설주에 양의 피를 바름으로써, 피를 바르지 않은 가정에 임했던 사망의 재앙을 피해서 살아남을 수 있었다. 그들이 발랐던 양의 피는 곧 하느님의 인의 표상이었다. 그 피로 인해 이스라엘 백성들은 환난을 통과 하면서도 하느님의 진노를 당하지 않았던 것이다.

이와 같이 하느님의 소유된 백성은 유대인이든 이방인이든 진노를 당하지 않으며 구원을 받는다. 그 이유는 하느님의 인친 성도는 이미 그들이 받아야 할 진노를 예수 그리스도께서 십자가상에서 대신 받으셨기 때문이다.

대환난의 때에 성령의 인침을 받은 전 세계의 모든 성도들은 유대인이나 이방인이나 하느님의 보호를 받을 것이다. 그것은 인 맞은 14만4천이 보호를 받게 되는 사실로 미루어 볼 때 자명한 것이다.

이렇게 하느님의 소유된 택한 백성은 일곱째 인의 재앙들 가운데서 보호를 받으며, 어린양의 진노의 날에 능히 서는 것이다. 즉 진노의 날에 구원을 받는 것이다. 성경에 이르기를, "하나님이 우리를 세우심은 노하심에 이르게 하심이 아니요 오직 우리 주 예수 그리스도로 말미암아 구원을 받게 하심이라"(살전 5:9) 함과 같다. 하느님의 백성은 대환난 시에 짐승과 그의 추종자들에게 쏟아지는 재앙들로부터 해를 받지 않으며, 하느님의 진노를 당하지 않는다(계 16:2, 14:9~10). 성령의 인침을 받았기 때문이다.

어린양의 진노 VS 짐승의 핍박

그러나 이러한 하느님의 진노에서의 보호가 짐승(적그리스도)의 분노에서의 구출과 동일시되는 것은 아니다. 성도는 인 맞은 결과 짐승과 그의 추종자들에게 쏟아지는 하느님의 진노를 표시하는 가공할 재앙들로부터는 보호를 받으나, 그 시기에 짐승과 그의 추종자들로부터는 환난과 박해를 당한다. 환난과 진노는 엄연히 다르다. 성도는 진노는 당하지 않지만 환난은 언제나 당한다.

요한계시록은 대환난 기간 동안 여러 나라들의 수를 헤아릴 수 없을 정도로 많은 사람들이 어린양에 대한 충성으로 인해 순교당하는 것을 분명히 보여 주고 있다(계 7:9~17).

사실상 환난, 곧 박해는 이 세상에서 교회가 당해야 하는 일상적인 것이다(요 16:33; 행 14:22; 롬 8:35). 종말의 때에 있을 환난의 특이성은 단지 그 정도가 극심하다는 것이다. 그것은 역사상 교회가 존재하면서 경험하였던 하느님의 백성에 대한 사단의 적대감의 집약에 불과할 뿐이며 전혀 새로운 것이 아니다. 적그리스도(짐승)에 의해 가해질 하느님의 백성에 대한 대환난과 고난들이 이전에 교회가 경험했던 어떤 것보다도 더 무서울지라도, 그것은 종류상 이 세대의 모든 환난이나 핍박과 다르지 않은 것이다.

평상시의 그리스도인들이 세상에서 감당하고 있는 정상적인 역할과 대환난시에 감당할 역할 사이의 유일한 차이는 그 핍박의 강도에 불과한 것이며, 근본적으로 핍박을 받아야 한다는 것에는 아무런 차이가 없다. 예수님께서도 이렇게 말씀하셨다.

> "그 날들을 감하지 아니하면 모든 육체가 구원을 얻지 못할 것이나 그러나 택하신 자들을 위하여 그날들을 감하시리라"(마 24:22).

하느님의 백성은 그의 보호 가운데 극심한 하느님의 진노의 시기를 안전하게 통과하게 될 것이지만 그러나 환난과 핍박을 피하게 되는 것은 아니다. 하느님의 백성은 순교하기까지 환난을 당하는 것이다(계 13:7~10, 14:12). 그러나 오히려 그런 박해 중에서 순교를 당하게 될지라도 결국은 큰 환난에서 능히 벗어나 하느님의 보좌 앞에 승리자로 서게 되는 것이다(계 7:14). 하느님은 당신의 인친 소유된 백성을 한 사람도 잃어버리지 아니하시는 것이다.

하느님께서는 당신의 백성을 인치셨으므로 그 순교 중에서도 안전하게 보호하실 것이다. 예수님께서는 이렇게 말씀하셨다.

> "심지어 ... 너희 중의 몇을 죽이게 하겠고 ...
> 너희 머리털 하나도 상하지 아니하리라"(눅 21:16~18).

머리가 베어지는데 어찌 머리털이 상하지 않겠는가? 그 의미는 이런 것이다.

> "몸은 죽여도 영혼을 능히 죽이지 못하는 자들을 두려워하지 말고
> 오직 몸과 영혼을 능히 지옥에 멸하실 수 있는 이를 두려워하라"(마 10:28).

영원의 관점에서는 내가 얼마나 오래 사는지, 언제 어떻게 내 육신이 죽게 될지는 중요하지 않다. 중요한 것은 예수 그리스도에 대한 내 영혼의 관계이다. 그러므로 하느님께서는 혹독한 박해와 순교의 기간에서 조차도 우리의 (영적)안전을 지키실 것이다. 그리하여 하느님은 당신의 소유된 백성을 하나도 잃어버리지 않는 것이다. 하느님의 백성은 하나하나 모두 보존되는 것이다. 택한 백성은 모두 구원을 받는 것이다.

하느님의 구원은 환난에서 피신하게 하는 구원이 아니라 환난 중에서 승리하게 하시는 구원이다. 환난을 면하게 하는 구원이 아니라 환난을 이겨나가게 해주는 구원인 것이다.

그렇기 때문에 계시록 7장의 두 번째 환상에서 나타나는 "능히 셀 수 없는 큰 무리"는 땅에서 큰 환난을 통과한 성도들이나, 승리와 기쁨의 표시로 종려 가지를 들고 큰 소리로 외치기를, "구원하심이 보좌에 앉으신 우리 하나님과 어린양에게 있도다"라고 구원의 노래를 부르고 있는 것이다(계 7:9~17).

성도는 자기 목숨을 버리기까지 어린양에게 충성함으로써 짐승과 그의 우상을 이기고, 그 환난에서 벗어나 하느님의 보좌 앞에 승리자로 서는 것이다. 계시록의 주제는 "승리"이며, 우리 자신의 생명을 사랑할 것이 아니라 우리의 목숨을 버림으로서 사탄과 적그리스도와 거짓 선지자를 이길 준비를 해야 한다는 것이다.

하느님께서 중간 계시인 계시록 7장의 두 번째 무리를 통하여 승리와 기쁨의 환상을 보여 주시는 이유는, 대환난에 들어갈 지상의 성도들에게 그들이 받을 하늘의 복을 미리 보여 주심으로서, 그들의 믿음을 굳세게 하여 환난 가운데 능히 참아(계 14:12) 승리하도록 하기 위한 것이다.

비성경적 환난 도피사상의 근원

교회는 계시록 4장에서 환난 전에 휴거했으며, 따라서 4장 이후로는 지상에 더이상 교회는 존재하지 않으며, 계시록 가운데서 환난당하는 '성도'는 모두 휴거되지 못하고 지상에 남은 성도들과 유대인 성도이며, 또한 환난기에 비로소 전도를 받고 뒤늦게 예수를 믿게 된 이방인 성도들(이삭줍기)이라는 세대주의자들의 이론은 비성경적인 것이다.

계시록 4장 이후에도 지상에는 교회가 존재한다. 왜냐하면 교회는 4장에서 휴거되지도 않았을 뿐만 아니라, 4장 이후 19장까지 교회라는 말이 비록 한 번도 나타나지 않아도 '성도'라는 말이 있기 때문이다(계 13:7, 14:12, 13:10, 18:4). 성도가 있는 곳이면 곧 교회가 있는 것이다. 엄격히 말하자면 계시록 4장 이후에는 교회가 없는 것이 아니라 '교회 이름'이 없는 것이다.

또한 사실상 대환난기는 전도활동이 기독교 역사 가운데 가장 어려운 때이다. 왜냐하면 적그리스도가 하느님의 백성을 크게 박해하는 때이기 때문이다. 그런고로 계시록 7장 9~17절의 환난을 통과한 "아무라도 그 수를 능히 셀 수 없는 큰 무리"를 환난 전 휴거에 참여하지 못하고 환난기에 비로서 유대인의 전도를 통해 구원을 받은 "이삭줍기 성도" 운운하는 세대주의자들의 기발한 이론은 철저한 허구이다.

유대인이 환난기에 복음을 전한다는 말씀이 계시록 어디에 있다는 말인가? 또한 "이삭줍기 구원"은 성경 어디에 있는 교훈인가? 노아의 때와 롯의 때에 이삭줍기 구원이 있었는가? 예수님의 열 처녀의 비유 중에 이삭줍기 구원이 있는가? 전혀 없다. 구원의 문은 한번 닫히면 더 이상 열리지 않는다. 지금이 구원의 날이요 지금이 은혜의 때이다. 이 은혜의 때가 종결된 후에는 유대인이든 이방인이든 또다시 구원의 기회는 전혀 없는 것이다. 소위 이삭줍기 구원이라는 것은 없다.

짐승(적그리스도)으로부터의 박해를 무서워하여 환난 전 휴거를 주장하는 현대의 일부 복음주의자들은 교회가 그 근본적인 성격에 있어서 항상 순교적인 교회라는 성경의 가르침을 망각하고 있는 것이다.

사단은 하느님의 말씀을 늘 변개하고 왜곡시킨다. 그는 하와에게 말하기를 선악과를 먹어도 "너희가 결코 죽지 아니하리라"(창 3:4)고 했다. 그러나 하느님의 말씀은 본래 무엇이었던가? 먹는 날에는 "정녕 죽으리라"(창 2:17)는 것이었다. 거짓의 아비인 사단은 인류를 멸망시키기 위해 하느님의 말씀을 정반대로 변개시켰다.

이 악한 마귀가 오늘날 그와 똑같은 일을 하고 있는데, 성도는 "환난을 당한다"라는 것이 하느님의 말씀인 성경의 일관된 가르침이나(요 15:20; 마16:9; 요16:33; 마24:9; 행14:22; 롬8:35; 살전1:6~10; 눅21:16~18; 마10:28, 39; 계13:7~10,15, 14:12), "너희가 결코 환난을 당하지 아니하리라"라고 기록된 말씀과 정면으로 배치되는 소리를 하고 있는 것이다. 곧 환난 전 휴거설을 퍼뜨려 놓은 것이다. 이는 거짓의 아비인 마귀로부터 온 사상이다. 왜냐하면 성경은 결코 그렇게 말하지 않기 때문이다. 환난 도피사상은 악한 마귀로부터 온 거짓 교훈이다.

디모데전서 4장 1절에 나오는 '미혹케 하는 영'은 거짓 교리의 원천 곧 타락한 천사인 초자연적 귀신의 영들을 가리킨다. 이 영들은 우리를 오류로 인도한다. 미혹하는 영의 역사는 에덴동산으로까지 거슬러 올라가는데, 사단은 하와를 미혹하여 가장 좋은 과실에 손을 대지 못하도록 하느님이 자기를 속이고 계신다고 믿게 만들었다(창 3:1~6). 사단은 여자를 속여 하느님의 지시에 불순종하게 만들었다. 그러한 미혹은 요한계시록에 이르기까지 성경 전체에 나타난다.

거짓 교사들은 '귀신의 가르침'으로 사람들을 유혹한다. 하느님의 말씀에 어긋나는 것은 궁극적으로 모두 귀신의 가르침이다. 거짓 가르침은 영리한 사람에게서부터 나오는 것이 아니다. 그것은 귀신들로부터 온다. 환난 도피사상의 원천도 미혹의 영이다.

대환난 후에 단 한번 있을 재림과 휴거

성경은 성도들의 휴거가 언제 있다고 말씀하는가? 예수님께서는 휴거의 시기에 관해 이렇게 명확히 말씀하셨다.

"그 날 환난 후에 즉시 해가 어두워지며 달이 빛을 내지 아니하며 별들이 하늘에서 떨어지며 하늘의 권능들이 흔들리리라. 그 때에(즉 환난 후) 인자의 징조가 하늘에서 보이겠고 그 때에(즉 환난 후) 땅의 모든 족속들이 통곡하며 그들이 인자가 구름을 타고 능력과 큰 영광으로 오는 것을 보리라 그가 큰 나팔소리와 함께 천사들을 보내리니 그들이 그의 택하신 자들을 하늘 이 끝에서 저 끝까지 사방에서 모으리라(휴거)"(마 24:29~31).

예수님은 "그날 환난 후에"라고 했지, 환난 전에 택하신 자들을 모은다고 하시지 않았다. 환난 후(after the tribulation)는 결정적으로 대환난 후를 말하는 것이다. 그런고로 위의 말씀 가운데 있는 "큰 나팔 소리"는 고린도전서 15장 51~52절의 바울이 말한 바 "마지막 나팔" 소리이며, 데살로니가전서 4장 16~18절의 "하느님의 나팔" 소리인 것이다. 또한 예수님은 일곱째 나팔이 불어야 오시기 때문에(계 10:7, 11:15) 그것은 곧 일곱째 천사의 나팔 소리이다. 그러니까 휴거는 세대주의자들이 말하는 것처럼 은밀하게 소리 없이 일어날 사건이 아니다. 데살로니가전서 4장 16절의 이 표현을 주목해 보자.

"주께서 친히 호령과 천사장의 소리와 하나님의 나팔소리로
친히 하늘로부터 강림하시리니"

이것은 "성경 가운데서 가장 요란한 구절"이라고 불리워 온 구절이다. 이것은 결코 환난 전 휴거를 주장하는 자들의 이른바 7년 환난 전

에 오시는 비밀스런 재림(공중재림)과 은밀한 휴거(secret rapture)를 말하는 것이 아니다. 오히려 주님의 재림이 공개적(公開的)으로 있을 것이라는 사실, 곧 그 위엄의 광경을 세상 만민이 보고 들을 것이라는 사실을 지적해 주고 있는 것이다. 그리스도의 재림은 단 1회적으로 환난 후에 정정 당당히 온 세상의 모든 족속들이 분명히 볼 수 있도록 이루어지는 것이다(계 1:7, 19:11~16).

환난 전 휴거설은 공중 재림 1회, 환난 후 지상 재림 1회로 그리스도의 재림에 대해 공중과 지상으로의 이중 재림론을 펼치고 있는 바, 성경 어느 구절에 두 번으로 나누어 재림한다고 했는가? 또 7년 동안 공중에서 혼인잔치 한다는 말은 어디에 있는가?

초림 이후에 예수 그리스도가 그 몸을 나타내시는 장면은 계시록 19장 11~16절밖에 없다. 그리스도의 재림이 두 단계이며(하나는 공중으로 은밀하게, 또 하나는 지상으로 공개적으로), 교회는 환난을 겪지 않는다는 세대주의자들의 이론은 전혀 성경적 교훈이 아닌 것이다. 예수님의 재림은 이중 재림이 아니다(히 9:27, 28).

선악과를 먹는 날에는 "정녕 죽으리라"는 하느님의 말씀을 "결코 죽지 아니 하리라"라고 정반대로 변개시켰던 마귀가, 오늘날 또다시 성도는 "환난을 당한다"는 하느님의 말씀을 성도는 "결코 환난을 당하지 않는다"고 거짓말을 하고 있다. 교회는 뱀의 말에 속지 말라! 환난 도피사상은 거짓의 아비인 마귀로부터 온 사상이다. 그것은 성경의 교훈이 아니다.

14만4천 명은 인 맞은 결과 환난기에 가공할 재앙들로부터 하느님의 보호를 받는다. 그러나 그리스도를 위하여 환난과 박해와 순교까지 당하는 특권과 영광은 전 세계의 모든 충성된 성도들과 더불어 빼앗기지 아니할 것이다.

"이것을 너희에게 이르는 것은 너희로 내 안에서 평안을 누리게 하려 함이라 세상에서는 너희가 환난을 당하나 담대하라 내가 세상을 이기었노라"(요 16:33).

7. 인치는 사역자

"또 보매 다른 천사가 살아 계신 하나님의 인을 가지고 해 돋는 데로부터 올라와서 땅과 바다를 해롭게 할 권세를 받은 네 천사를 향하여 큰 소리로 외쳐 이르되 우리가 우리 하나님의 종들의 이마에 인치기까지…(계 7:2,3).

인치는 사역자는 동방으로부터 올라온 천사로 묘사되고 있다(2절). 본문의 이 '다른 천사'는 땅 네 모퉁이에서 사방의 바람을 붙잡고 있는 '네 천사'(1절) 외에 다른 천사를 뜻한다. 이스라엘 자손들에게 인을 치기 위해 동방으로부터 올라온 이 "다른 천사"는 누구인가?

'워즈워드'(wordsworth)는 '다른 천사'를 그리스도가 아니면 그리스도께서 보내신 사자(messenger)를 의미한다고 하였다. '비트링가(vitringa)'는 이 천사를 성령이라고 하였다. '빅토리누스(victorinus)'는 선지자 엘리야라고 한다. '비더 울프(william E. Biederwolf)'는 여기의 다른 천사는 그리스도도 아니고 천사장도 아니며 성령을 가리키는 것도 아니고 단지 한 천사를 가리킬 뿐이라고 하였다. 우리나라의 조성근 목사는 이 천사를 "복음을 전하는 전도자"라고 하였다. "복음을 전하는 전도자"라는 해석이 타당하고 바른 해석이다. 그 이유는 다음과 같다.

첫째, 앞서 고찰했듯이 14만4천이 그들의 이마에 맞은 하느님의 인이라는 것은 육체의 눈으로 볼 수 있는 가시적인 표시가 아니라 영적인 사실로서 그들의 심령에 인친 성령의 인을 비유한 것이다. 그리고 이 성령의 인은 복음의 말씀을 듣고 믿을 때 받는 것이다(엡 1:13; 롬 10:7,14,15). 따라서 그들의 이마에 인치는 행위는 예수님의 재림 직전에 회개하고 그리스도께 돌아올 유대인들에 대한 전도행위를 상징한다.

그렇다면 본문에서 인치는 사역자로 묘사된 '다른 천사'는 문자적인 천사를 가리키는 것이 아니라, "복음을 전하는 전도자"를 뜻하는 것으로서 해석 되어야 마땅하다. 곧 본문의 '다른 천사'는 마지막 때에 이스라엘의 구원을 위해 해 돋는 데, 곧 동방에서 예루살렘으로 보내심을 받을 복음전도자를 대신하여 사용된 것이다.

하느님께서는 천사들에게 복음의 메시지를 선포할 특권을 부여하지 않으셨다. 하느님께서는 이 위대한 임무를 오직 성도들에게 맡기셨다. 다만 천사들은 하느님의 부리시는 영으로서 구원 얻을 후사들을 섬기라고 보내심을 받았으니, 복음을 전파하는 사역자를 돕는 임무를 맡고 있는 것이다(히 1:14).

둘째, 14만4천의 이마에 친 하느님의 인이란 실제로 그들의 이마에서 볼 수 있는 가시적인 현상이 아니라 그들의 심령에 인친 성령의 인을 상징한 것이다. 즉 하느님의 인이란 곧 '성령의 인'인 것이다. 성령은 삼위 하느님의 한 분이시다. 그러나 천사는 하느님의 피조물이다. 피조물인 천사가 하느님이신 성령을 가지고 인을 친다는 것이 있을 수 있는 일인가? 그것은 거룩하신 하느님을 모독하는 신성모독적인 사상이다.

하느님의 인인 성령의 인은 오직 하느님만이 치신다. 그것은 불신자가 복음의 말씀을 전해 듣고 예수 그리스도를 믿을 때 하느님께서 친히 치시는 구원의 인인 것이다. 따라서 인치는 사역자로 묘사되고 있는 천사들은 "복음을 전하는 전도자"로 간주되어야 타당하다. 박윤선 박사는 "복음전도운동은 하나님의 인치는 운동이다"라고 설명한다 (박윤선, 요한계시록 주석).

셋째, 인치는 사역자인 천사들은 "해 돋는 데", 곧 '동방'으로부터 올라왔기 때문이다. 본문에서 인치는 사역자로 등장하고 있는 '다른 천사'가 성령을 가리키거나, 그리스도이거나, 천사장이거나, 아니면 단지 한 천사라면 "해 돋는 데(from the rising of the sun)"로부터 "올라오는" 까닭은 왜인가? 오히려 "하늘로부터", 즉 "천상으로부터" "내려와야" 할 것이다.

성경 어디에도 "해 돋는 데" 곧 '동방'이 천사들이 집결해 있는 특정 지역이라고 교훈한 곳은 없다. 단 동방의 어느 한 나라가 기독교가 왕성한 복음의 나라라면 그 동방 땅에는 지구상의 어떤 지역보다 많은 천사들이 활동하고 있을 것이다. 천사들은 섬기는 영으로서 구원 받을 상속자들을 위하여 섬기라고 보내심을 받은 존재들이기 때문이다(히 1:14).

넷째, 계시록에서 천사(angel)라는 말이 항상 문자적으로만 사용되지 않으며, 사람을 대신하여 사용되고 있다. 계시록 1장 20절에 "네 본 것은 내 오른손에 일곱 별의 비밀과 일곱 금 촛대라. 일곱 별은 일곱 교회의 사자요 일곱 촛대는 일곱 교회니라"는 말씀 가운데, 주님의 오른손의 일곱 별들이 일곱 교회의 사자들과 동일시되고 있다.

그런데 헬라 원문에는 '사자'라는 말이 '천사'(앙겔로이, angels)라고 되어 있다. 그리고 계시록 2:1부터 그 일곱 교회의 "천사들"에게 보내는 편지가 기록되어 있다. 어찌 그 편지의 수신자가 '천사'일 수 있겠는가? 그 '천사'는 문자적 천사가 아니라 각 교회의 지도자, 또는 사자(messenger)를 뜻하는 것이다. 그러므로 본문의 인치는 사역자로 묘사된 '천사' 역시 사람을 대신하여 사용된 것이라고 간주할 수 있다.

다섯째, 계시록 21:17에 보면 천성의 성곽이 144규빗인데 "사람의 척량이 천사의 척량"이라고 하였으니, 이 말은 곧 "천사의 척량이 사람의 척량"이라고 할 수 있으므로 인치는 사역자인 천사들은 사람과 동일시될 수 있다. 사실 천사의 사역이 곧 주의 종들의 사역이다. 모든 천사들은 하느님의 부리시는 영으로서 구원 받을 상속자들을 섬기라고 보내신 사역자들이니(히 1:14), 천사들은 마지막 때에 동방에서 파송된 복음 전도자들의 유대인 전도사역을 도울 것이다.

여섯째, 계시록 자체에서 천사가 복음전도자를 대신하여 사용되고 있다. 계시록 14:6에 "또 보니 다른 천사가 공중에 날아가는데 땅에 거하는 자들 곧 여러 나라와 족속과 방언과 백성에게 전할 영원한 복음을 가졌더라"는 말씀이 있는데, 이 구절 가운데 있는 영원한 복음을 전할 '천사'를 실제적인 천사로 해석할 수는 없다. 천사가 직접 사람들에게 나타나 복음을 전하는 일은 있을 수 없기 때문이다. 복음을 전하는 위대한 임무는 하느님께서 오직 성도들에게 맡기신 사역이지 천사들에게 부여한 일이 아니다. 따라서 이 구절에 나오는 영원한 복음을 전할 '천사'는 분명히 사람을 대신해 사용된 말인 것이다. 그렇다면 계시록 7장의 인치는 사역자인 천사들 역시 복음전도자를 대신해 사용된 것으로 간주될 수 있다. 어디까지나 계시록 안에서 천사가 복음전도자를 대신하여 묘사되고 있기 때문이다.

일곱째, 다음 항의 "인 치는 사역자의 출처"에서 자세히 설명할 것인 바, 구약의 대선지자 이사야도 마지막 때에 유대인들에게 복음을 전할 전도자들이 "해 돋는 데"로부터 시온으로 보내심을 받을 것이라고 예언하였다(사 41:25~27; 46:1~13; 52:7; 55:1~9). 계시록 7장 1~8절은 바로 그 이사야서에 기록된 이스라엘의 구원에 관한 예언들의 짝인 것이다.

이상과 같이 살펴본 대로 본문의 인치는 사역자인 천사들은 "복음을 전하는 전도자"를 가리킨다. 곧 그들은 마지막 때에 회개하고 그리스도께 돌아올 유대인들에게 구원의 복음을 가져갈 전도자들을 의미하는 것이다. 그렇기 때문에 인치는 사역자인 천사는 "우리들"(계 7:3)이라고 주격 복수로 자신들을 부르고 있는 것이다.

8. 인치는 사역자의 출처

"또 보매 다른 천사가 살아 계신 하나님의 인을 가지고 해 돋는 데로부터 올라와서 ... (계 7:2).

인치는 사역자의 출처는 "해 돋는 데"로 묘사되고 있다. "해 돋는 데"는 흠정역(KJV)과 NIV는 "동방"(from the east)으로, NASB과 개역(R.A)에는 "해 돋는 데"(from the rising of the sun)로 번역하였다. 이 말은 팔레스틴의 동쪽 방향을 가리킨다.

하지만 인치는 사역자의 출처인 "해 돋는 데"를 해석함에 있어 성경주석가들은 이 말을 문자적으로 해석하느냐, 아니면 상징적 해석을 취하느냐 하는 두 가지 문제에 직면하게 된다. 계시록에는 상징과 비유로 사용된 용어들이 아주 많기 때문이다. 그런데 주석가들은 여기서 대부분 문자적 해석을 기피하고 있으며 상징적 해석을 취하고 있다.

그들은 시편 84편 11절에 기록된 "여호와 하나님은 해요 방패시라"는 말씀을 인용하면서, "해 돋는 데"란 "하느님의 방향"을 상징한다고 설명한다. 그러므로 결국 인치는 사역자들은 "하느님께로부터" 오는 자들이라고 이해해야 한다는 것이다.

과연 그럴까? "해 돋는 데"라는 말은 참으로 상징적인 뜻으로 사용되었는가? 전혀 그렇지 않다. 인치는 사역자의 출처인 "해 돋는 데"는 문자 그대로 지리학적 동방, 곧 팔레스틴의 동쪽 방향을 가리킨다. 그것이 이 예언이 실제로 의도하고 있는 바이다. 성경에서 '해'는 하느님을 비유하는 말로 사용된다(시 84:11; 말 4:2). 하지만 그냥 '해'가 아니라 "해 돋는 데"라는 명사구가 사용될 때는 항상 지리학적으로 "동쪽"을 의미하는 것이다. 본문에서 인치는 사역자들의 출처로 묘사되고 있는 "해 돋는 데"라는 말도 예외가 아니다.

만약 "해 돋는 데"를 "하느님의 방향"을 뜻하는 것이라고 영적으로 해석하게 되면, 우리는 지금까지 세심한 주해의 과정을 통해 확립한 본문 이해와 전혀 어울리지 않는 결론을 내려야 할 것이다. 즉 앞서 이해한 바대로 인치는 사역자가 종말의 때에 유대인들에게 "복음을 전할 복음전도자"를 가리키는 것이라면 그 전도자들이 파송된 나라가 분명히 있을 것인 바, 그 곳이 바로 지리학적으로 팔레스틴의 동쪽 방향인 "해 돋는 데"라는 것이 본문이 실제로 의도하는 것이기 때문이다. 그러므로 "해 돋는 데"라는 문구는 계시록의 다른 부분들처럼 상징으로 해석되어서는 안 된다. 그것은 이 예언이 계시하고 있는 진정한 의미를 놓치는 것이다.

따라서 인치는 사역자의 출처인 "해 돋는 데"를 문자 그대로 지리학적인 '동방'으로 간주하지 않고 상징적 해석을 취하여서 "하느님의 방향"을 뜻하는 말이라고 설명하는 것은, 마치 그리스도 탄생 당시 아기 예수님을 경배하기 위하여 찾아온 동방박사들의 기사를 주해하면서 그들의 출처인 '동방'을 상징적 해석을 취하여 "하느님의 방향"을 가리키는 말이라고 설명하는 것과 다를 바가 없다. 그것은 어이없는 해석이다. 동방박사들의 고국이 아시아인지, 아프리카인지, 유럽인지를 알려주는 '동방'이라는 말을 그렇게 알레고리칼하게 해석할 수는 없지 않은가. 동방박사들의 내방 기사에 나오는 '동방'은 지리학적 동방을 의미한다. 문제는 그 '동방'이 구체적으로 어디인가, 곧 동방박사들의 고국은 대체 동방의 어느 나라인가 라는 것이 주해상의 문제인 것이다. 본문의 인치는 자의 출처인 "해 돋는 데" 역시 마찬가지다.

인치는 자의 출처인 "해 돋는 데"를 상징으로 해석하는 것은 오류다. 그것은 결코 "하느님의 방향"을 가리키는 비유적인 말이 아니기 때문이다. 본문에 사용된 "해 돋는 데"라는 명사구는 성경의 모든 용례들처럼 문자 그대로 "지리학적" 동방을 가리키는 말인 것이다. 곧 그 동방은 마지막 때에 회개하고 그리스도께 돌아올 이스라엘 백성들이(롬 11:25~26) 예수님을 영접하고 성령의 인침을 받도록 복음을 전할 복음 전도자들이 있을 것인 바, 그들의 출처가 바로 지리학적으로 '동방'이라는 것이다. 바로 이것이 "해 돋는 데"라는 문구가 실제로 의도하는 것이다. 이는 선지자 말라기의 예언을 통해서도 뒷받침 된다.

"만군의 여호와가 이르노라 해 뜨는 곳에서부터 해 지는 곳까지의
이방 민족 중에서 내 이름이 크게 될 것이라
각처에서 내 이름을 위하여 분향하며 깨끗한 제물을 드리리니
이는 내 이름이 이방 민족 중에서 크게 될 것임이니라"(말 1:11).

"해 뜨는 곳에서부터 해 지는 곳까지의 이방 민족 중에서 내 이름이 크게 될 것이라." 그런데 마지막 때에는 이방 민족 중에서도 특히 "해 뜨는 곳", 곧 동방의 어느 한 나라에서 주의 이름이 가장 높임을 받고 크게 될 것이다. 왜? 벨렉의 후손 유대민족과 더불어 천손민족으로 택함을 받은 셈족의 현저한 가지인 욕단의 후손이 동방에서 한 민족국가를 이루고 있기 때문이다(창 10:21~30; 11:10~26).

그러므로 말세에 유대민족의 구원을 위해 쓰임 받을 복음의 나라가 '해 돋는 곳' 곧 '동방'에서 출현하게 될 것이다. 하느님께서 나중에 세계선교의 마지막 주자로 쓰시려고 감추어 두신 또 하나의 선민이 동방에 존재하고 있기 때문이다. 그러므로 본문의 "해 돋는 데"는 더더욱 문자적으로 해석되어야 한다. 이는 다음과 같은 객관적 이유들로 인해 더욱 확실하다.

"해 돋는 데"가 문자적으로 해석 되어야 하는 근거들

첫째, "해 돋는 데"라는 명사구가 요한계시록에 두 번 사용되고 있는데, 본문 7장에 한 번, 또 16장 12절에 한 번 사용되고 있다. 계시록 16:12에는 한글개역성경에 '동방'으로 번역되어 있는데, 원문에는 이 두 곳이 모두 "아포 아나톨레-스 헬리우" (απο ανατολης ηλιου; from the rising of the sun; 해 돋는 데)라는 말로 같은 말이다. 그런데 계시록 16:12에서는 이 말이 명백히 지리학적 동방을 가리키는 말로 사용되고 있다.

> "또 여섯째 천사가 그 대접을 큰 강 유브라데에 쏟으매 강물이 말라서 동방(아포 아나톨레-스 헬리우-; 해 돋는 데)에서 오는 왕들의 길이 예비되었더라"(계 16:12).

'동방' (해 돋는 데)은 소위 '하느님의 방향'을 가리키는 상징적인 말이기 때문에, 계시록 16:12절 말씀 가운데 있는 동방(해 돋는 데)에서 오는 왕들이란 하느님으로부터 오는 왕들이라고 해석하겠는가? 그와 같은 해석은 전적으로 불가능하다. 왜냐하면 본문에서 '동방' (해 돋는 데)이란 유프라테스 강의 동쪽을 지칭하고 있기 때문이다. 따라서 그 동방(해 돋는 데)은 이론의 여지없이 지리학적 동방(해 돋는 데)인 것이다.

그러면 혹시 당신은 계시록 16:12에서는 동방(해 돋는 데)이라는 말이 문자적으로 사용되었지만, 계시록 7장에서는 상징적으로 사용되었다고 주장하겠는가? 즉 사도 요한이 똑같은 말을 계시록 16장에서는 문자적으로 사용했고, 계시록 7장에서는 상징적으로 사용했다고 해석하겠는가? 그렇다면 같은 말을 그렇게 다르게 해석할 수 있는 근거는 무엇인가? 아마 당신은 계시록 16장의 '동방'이란 왕들의 출처이며, 계시록 7장의 '동방'이란 천사의 출처이기 때문이라고 대답할 수 있을 것이다.

그러나 천사들의 처소는 '하늘'이지 '동방'이 아니다! 게다가 계시록 7장에서 말하는 "하느님의 인"이란 복음을 듣고 믿을 때 구원의 보증으로 받는 성령의 인이며, 따라서 그 인치는 사역자로 묘사된 천사는 "복음을 전하는 복음 전도자"를 가리키므로 그와 같은 대답은 전혀 근거가 될 수 없다. 그러므로 사실상 계시록 7장의 "해 돋는 데"(동방)라는 말이 16장의 "해 돋는 데"(동방)라는 말과 달리 상징적으로 쓰였다고 해석해야만 하는 이유는 어디에도 없는 것이다.

우리가 성경을 해석할 때, 성경 본문이 의도하는 바가 무엇인지를 먼저 자세히 살펴보고 그 속으로 내가 들어가야 하는 것이다. 그 반대로 내 생각을 먼저 세워 놓고서 내 편견에 성경을 맞추기 위하여 거기에 적합한 다른 성경 구절들을 인용해 가면서 말씀을 해석하여서는 아니 될 것이다. 사도 요한이 "해 돋는 데"(동방)라는 명사구를 분명히 계시록 안에서 문자적으로 사용하고 있음에도 불구하고(16장 12절), 계시록 7장의 "해 돋는 데"(동방)라는 말을 상징적으로 해석하는 성경연구가들이 바로 그들이다.

그들은 하나같이 계시록 7장의 "해 돋는 데"(동방)라는 말이 문자적으로 해석될 수 없다는 선입견을 가지고 있다. 그 결과 "해 돋는 데"(동방)라는 문구를 상징적 해석방식을 취하여 설명하기로 작정한다. 그리고 그것을 뒷받침할 만한 성경구절 한두 가지를 인용하면서 본문이 목적하는 바와는 전혀 다른 해석을 하고 있는 것이다. 그 대표적인 사례가 시 84:11의 "여호와 하나님은 해요 방패시라"는 말씀을 인용하며 "해 돋는 데"(동방)란 "하느님의 방향"을 가리킨다고 하는 이론이다.

그 밖에도 계시록 7장의 "해 돋는 데"에 대해서 다음과 같은 몇 가지 그릇된 견해들이 있다.

① 하나님의 영광이 동방에서 온다는 예언의 성취(Swete)
② 외경에 메시아가 동방에서 오신다는 사상에서(Lohmeyer)
③ 그리스도께서 탄생할 때 동방에서 그의 별을 보았다는 말과 관련(Berclay)
④ 만물에게 생명을 주는 태양이 동방에서 옴으로(Wette)
⑤ 복음의 빛이 처음으로 비추어진 기독교 지역이 동쪽이기 때문(Stern)
⑥ 자비의 방위(박윤선)
⑦ 밧모섬에서 동쪽은 유대 나라

이상과 같은 여러 이론들은 본문이 실제로 의도하는 바를 완전히 놓친 것이다. 이와 같이 혼란스러우리만큼 다양한 해석들은 본문의 "해 돋는 데(the rising of the sun)"라는 말이 문자적 해석의 여지가 있을 수 없다는 그릇된 가정과 편견에서 기인하는 것이다. 계시록 7장 1~8절을 바로 이해하려면 그러한 선입관을 버려야 한다.

본문의 "해 돋는 데"라는 말과 똑같은 명사구가 계시록 16장에서 분명히 문자적 의미로 사용되고 있다. 그리고 계시록 7장에서 인치는 사역자의 출처로 묘사되고 있는 "해 돋는 데"라는 말이 계시록 16장의 "해 돋는 데"라는 말과는 달리 상징적으로 사용된 것이라고 단정해야만 할 이유도 없다. 그런데 왜 계시록 7장에 사용된 "해 돋는 데"라는 말을 '하느님의 방향'을 의미한다고 상징으로 해석해야 하는가?

만일 사도 요한이 인치는 사역사의 출저가 '하느님'임을 의도했다면, 그는 상징적 용어로 "해 돋는 데"라는 말을 사용하지 않았을 것이며, 단지 "해로부터"라는 말로 충분했을 것이다. 왜냐하면 시편 84:11은 '해(sun)'가 하느님의 상징으로 사용되고 있기 때문이다. "해 돋는 데"는 지리학적 용어로서 '해'와는 그 의미가 전혀 다른 것이다.

사도 요한은 계시록에서 "해 돋는 데"라는 문구를 문자 자체가 의미하는 바대로 팔레스틴의 동쪽 방향, 곧 지리학적 '동방'을 가리키는 말로서 사용하고 있음을 분명히 깨달아야 한다. 본문은 우리로 하여금 "해 돋는 데"라는 말을 상징으로 해석할 것을 조금도 요구하지 않는다. "해 돋는 데"라는 명사구가 은유적으로 사용되었다고 간주해야 할 근거란 어디에도 없기 때문이다.

둘째, 신·구약에서 "해 돋는 곳(the rising of the sun)", 또는 '동방(the

east)'이라는 용어가 사용될 때 그 말은 언제나 문자 그대로 지리학적 동방을 뜻하며, 이 제1차적인 의미를 떠나 "하느님의 방향"을 상징하는 용어로서 그 말이 사용되지 않는다. 그렇게 쓰인 용례는 없다. 물론 성경에서 '해(sun)'라는 단어는 하느님을 상징하는 말로서 사용되고 있다(시 84:11; 말 4:2). 그러나 "해 돋는 데"라는 명사구는 항상 문자 그대로 "해 돋는 데", 곧 '동방'을 뜻할 뿐이다.

'해(sun)'라는 단어와 "해 돋는 데(the rising of the sun)"는 명사구는 의미와 용법이 전혀 다르다. 만일 본문이 인치는 자들의 출처를 "해 돋는 데로부터 올라와서"라고 표기하지 않고 "**해로부터 내려와서**"라고 기록했다면 "하느님의 방향"을 뜻한다고 상징적으로 해석할 여지가 있을 것이다. 따라서 인치는 사역자의 출처인 "해 돋는 데"(동방)는 결코 은유적으로 해석되어서는 안 된다. 문자적 해석을 취하여 지리학적 동방으로 간주되어야 한다. 본문이 목적하는 바는 인치는 사역자의 출처가 팔레스틴의 서쪽 방향도 아니고, 남쪽 방향도 아니고, 북쪽 방향도 아닌 동쪽 방향, 곧 지리학적 동방이라는 것이다.

셋째, 인치는 사역자의 출처인 본문의 "해 돋는 데"(동방)가 문자 그대로 지리학적 동방을 뜻한다는 사실은 개혁주의 성경해석의 기본 원리인 "성경을 가지고 성경을 해석하는 원리"에 비추어 볼 때 더욱 명백히 밝혀진다. 이 원리는 성경을 해석할 때 불분명한 구절은 보다 분명한 다른 성경 구절을 가지고 해석하는 것을 말한다. 이것은 해석되어야 할 성경 본문을 성경 전체의 구조 속에서 파악한다는 말이기도 하다. 왜냐하면 성경의 원저저(Auctor Primarius)는 하느님이시며, 따라서 성경의 각 부분은 유기적 통일성이 있기 때문이다. 가장 손쉬운 해석 방법은 우선 병행구조를 찾는 것이다.

"너희는 여호와의 책에서 찾아 읽어 보라
이것들 가운데서 빠진 것이 하나도 없고
제 짝이 없는 것이 없으리니
이는 여호와의 입이 이를 명령하셨고
그의 영이 이것들을 모으셨음이라"(사 34:16).

선뜻 이해가 안 되는 구절은 그 짝을 찾아보면 분명히 이해될 수 있다. 가령 히브리서 7장 20절에 "예수께서 제사장이 된 것은 맹세 없이 된 것이 아니다"는 말씀이 나온다. 이것을 읽는 독자는 예수께서 언제 맹세와 함께 제사장이 되었는가 하고 반문할 것이다. 그러나 이 말씀의 짝인 시 110:4에 보면 "여호와는 맹세하고 변하지 아니하시리라 이르시기를 너는 멜기세덱의 서열을 따라 영원한 제사장이라 하셨도다"는 말씀이 나온다. 여기에 예수께서 영원한 대제사장이 될 것이라는 예언이 있는데, 그 앞에 "여호와는 맹세하고…"란 말씀이 있다. 이 구절을 히브리서 7장 20절과 연결해 보면 "예수께서 제사장이 된 것은 맹세 없이 된 것이 아니다"라는 말씀이 금방 이해가 되는 것이다. 이렇게 짝을 찾아 성경을 해석하는 것이 성경으로 성경을 푸는 방법이다.

그러면 아시아 서쪽의 유대민족에게 복음을 전하기 위하여 "해 돋는 데"(동방)로부터 복음전도자들이 간다는 본문의 짝은 어디에 있는가? 그 짝은 구약성경 이사야 41:25~27; 52:7~10; 46:10~13; 55:1~9이다. 이 말씀들은 마지막 때에 하느님께서 이스라엘 백성을 구원하시기 위해 복음을 전할 자들을 "해 돋는 데"(동방)로부터 예루살렘으로 보내실 것이라고 분명하게 예언하고 있다. 사도 요한이 받은 계시록 7장 1~8절의 예언은 사실상 오래 전 구약의 대선지자 이사야가 예언한 말씀들을 반복한 것에 불과하다.

복음전도자들이 "해 돋는 데"로부터 예루살렘으로 보내심을 받을 것이라는 이사야서의 예언들

① 이사야 41장 25~27절

하느님께서 예루살렘에 기쁜 소식, 곧 복음을 전할 자들을 '해 돋는 곳'에서부터 보내실 것이라는 예언은 이사야 41장 25~27절에 기록되어 있다.

> "내가 북방에서 일으키며
> 　　그는 해 돋는 곳에서 오리라
> 　　그는 내 이름을 부를 것이며
> 　　그가 이르러 고관들을 석회같이
> 　　토기장이가 진흙을 밟음같이 하리니
>
> 누가 처음부터 이일을 알게 하여
> 　　우리가 알았느냐
> 　　누가 이전부터 알게 하여
> 　　우리가 옳다고 말하게 하였느뇨
> 　　알게 하는 자도 없고
> 　　들려주는 자도 없고
> 　　너희 말을 듣는 자도 없도다
>
> 내가 비로소 시온에게
> 　　너희는 이제 그들을 보라 하였노라
> 　　내가 기쁜 소식을 전할 자를 예루살렘에 주리라"
>
> 　　　　　　　　　　　　(사 41:25~27)

먼저 27절 말씀을 살펴보자. 여기에서 하느님은 "기쁜 소식을 전할 자를 예루살렘에 주리라"고 말씀하신다. '기쁜 소식'은 이사야 52장 7절의 "좋은 소식을 가져오며"라는 말씀 가운데 있는 '좋은 소식'과 같은 히브리 원어 'basar'를 사용하고 있다. '바사르'는 현대 히브리어로도 '복음'이라는 뜻이다. 이사야 52장 7절은 사도 바울이 로마서 10장 10~15절에서 이스라엘 백성이 구원을 받으려면 그들에게도 복음을 전할 자들이 보냄을 받아야 한다는 것, 곧 구원에 이르는 길로서의 복음 전파의 보편성을 강조할 때 인용한 말씀이다.

그런데 25절에는 '해 돋는 곳' 즉 동방이 예루살렘에 복음을 전할 자들이 보냄을 받는 땅으로 지명됐다. "그는 해 돋는 곳에서 오리라 그는 내 이름을 부를 것이며"(25절). 한글개역성경은 25절 첫 부분이 "내가 한 사람을 일으켜 북방에서 오게 하며 내 이름을 부르는 자를 해 돋는 곳에서 오게 하였나니"로 번역되어 있지만, '한 사람'이라는 말은 없고 단지 해 돋는 곳에서 '온다'는 동사를 3인칭 단수 남성을 받도록 사용하였을 뿐이므로 그를 반드시 사람으로 볼 필요는 없다. 그래서 영어 성경은 '한 사람'이 아니라 '하나(one)'로 번역하였다:

"I have raised **one** from the north,
and he shall come from the rising of the sun"(KJV).

따라서 이 '하나(one)'는 사람이 아니라 '나라'로 해석될 수도 있다. '나라'라는 뜻의 '고이(goi)'도 히브리어에서 3인칭 단수 남성을 받기 때문이다. 25절은 원문대로 번역하면, "내가 북방에서 일으키며 그는 해 돋는 곳에서 오리라. 그는 내 이름을 부를 것이며"(25)라고 된다.

그러면 25절이 말하는 '북방'이란 어디인가? 여기에서 '북방'은 '하느님의 처소'를 뜻한다(시 48:2; 사14:13; 시 75:6~7). "해 돋는 곳"이란 어디인가? 물론 그 곳은 마지막 때에 이스라엘 백성이 구원을 받도록 예루살렘에 복음을 전할 자들이 보내심을 받는 땅인 동방의 어느 한 나라이다. 바로 이 "해 돋는 곳"이 요한계시록에도 기록되어 있는 바, 곧 이스라엘 자손들이 성령의 인침을 받도록 인치는 사역자(복음전도자)들이 출동하는 곳인 "해 돋는 데"인 것이다(계 7:2).

여기에서 예루살렘에 '복음'을 전할 자는 단수로도 언급되고 복수로도 언급되어 있다. "그들을 보라 하였노라"에서는 복수이며, "내가 기쁜 소식을 전할 자를 예루살렘에 주리라"에서는 단수로 되어 있다. '기쁜 소식 전할 자'는 어떤 한 사람이 아니라, 나라나 민족과 같은 집합명사로 사용된 것이다. 그래서 복수로 '그들'이라고 말할 때는 그 나라의 사람들을 말하는 것이다.

그런데 본문 27절의 "해 돋는 곳에서 오는 자"를 성경주석가들은 주전 6세기의 파사 국왕 고레스(559~530 BC)라고 해석하고 있다. 그리고 "기쁜 소식 전할 자"란 바벨론에서 포로 생활을 하던 이스라엘 백성이 고레스에 의해 해방이 될 때 그 기쁜 소식을 고국으로 달려가서 전달할 "전령"들에 대한 예언이라고 해석한다. 그리하여 이사야 41장의 예언을 전부 구약시대에 고레스에 의하여 성취된 예언으로 설명하고 있다.

그러나 이와 같은 해석은 구약의 선지자들이 예언을 할 때에 일반적으로 가까운 미래에 성취될 사건(근접성취)과 멀리 성취될 종말의 사건(원접성취)을 섞어서 예언했다는 성경 예언의 특성을 전혀 고려치 않은 것으로서, 성경 예언해석의 중요한 원리인 "이중 성취의 원리"를 전적으로 간과한 데서 비롯된 오류이다.

이중 성취의 원리

예언의 많은 부분은 예언하는 때로부터 가까운 때의 사건을 일차적으로 다룬다. 그러나 하느님은 모든 역사의 주인이시므로 이 예언이 나중에 가서 종국적인 성취를 이루도록 계획하신다. 그러므로 일차적인 성취는 나중에 완성될 예언의 표징이다.

사무엘하 7:12~16의 예를 보면, 주님께서는 다윗에게 그의 아들에 관해서 약속을 주셨다. 이 예언은 말할 것도 없이 왕위에 있는 다윗을 계승할 솔로몬에 대한 것이다. 더욱이 14절 하반부 같은 것은 솔로몬에게 한정된 것이다. 한편, 히브리서 1:5하반절에서는 14절의 상반부가 그리스도에게 적용되었다. 즉, 예수님은 다윗의 위대한 아들이며, 솔로몬은 그의 예표였다. 솔로몬은 다윗의 아들이었고, 또 하느님의 아들이었다. 그러므로 엄청난 차이는 있지만 그리스도도 그러하셨다.

하박국 1:5,6과 사도행전 13:41에서도 구약의 이중적 예언 성취를 내다본 신약성경의 권위를 볼 수 있다.

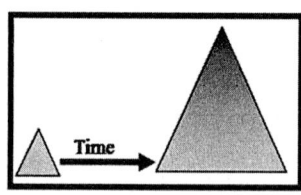

앞산과 뒷산은 시간적 간격이 있다.

선지자의 위치 : 선지자는 앞산의 정면에서 미래를 바라보았다. 그러므로 시간의 전후 관계는 간과되었고, 앞산에 대한 예언과 뒷산에 대한 예언을 겹쳐서 예언했다.

그래서 구약 예언을 해석할 때 우리는 문법적, 역사적 해석을 통해 예언 구절이 누구를 가리키며 무엇인지를 파악하되 특별히 예언 당시의 무엇을 가리키며(근접 성취), 멀리는 무엇을 가리키는지(원접 성취)를 고려해 보아야 하는 것이다.

크리스챤 다이제스트에서 발간한 『구약개관(Old Testament Survey)』 973쪽에 보면 예언의 이중 성취의 원리에 대해 아래와 같이 설명하고 있다.

"미래에 대한 예언들은 종종 '선지자적 시각'(prophetic perspective 혹은 상호 침투적 시각)을 갖고 있다. 이 선지자적 시각 속에서는 가까운 장래의 일과 먼 미래의 일이 서로 엇물려 들어간다. 예를 들어 이사야 9장에서 스불론과 납달리(앗수르에 점령된 땅의 대표적인 지역들)에 주어진 번영과 기쁨의 메시지는 후에 일어날 일로 옮겨 가며(9:1 MT 8:23, 주: MT = Masoretic Text), 다윗의 보좌에 앉은 '평화의 왕'으로 절정을 맺는다. 그의 통치는 '영원토록' 계속될 것이다(6, 7절[MT 5, 6절])."(윌리엄 S. 라솔; 데이비드 앨런 허바드; 프레드릭 윌리엄 부쉬[공저]; 박철현 역, 일산: 크리스챤 다이제스트, 2003, pp. 973~974)

이사야의 예언도 이런 식으로 이해되어야 한다. 이사야 41장은 이중의 성취를 가진다. 다니엘이 헬라의 안티오커스와 종말론적 적그리스도를 겹쳐 보고 있듯이(단 8:9~14), 감람산 강화에서 우리 주님께서 예루살렘 파멸과 종말론적 세계 멸망을 같이 보듯이(마 24:15~28), 사도 요한이 먼저는 로마제국을, 그러나 동시에 종말론적 적그리스도를 함께 묘사하고 있듯이(계13장) -그리하여 안티오커스는 종말론적 적그리스도의 예표이고, 예루살렘 심판은 종말론적 세계 심판의 예표이며, 로마제국은 종말론적 적그리스도 왕국의 예표이다- 이사야 41장은 먼저는 동방의 파사를, 그러나 그것을 넘어서 마지막 때에 이스라엘의 회복을 위해 쓰임 받을 또 하나의 동방의 나라를 겹쳐서 예언하고 있는 말씀인 것이다.

그리하여 하느님께서 이스라엘을 바벨론의 포로 상태로부터 구출시키기 위하여 일으키신 동방의 파사는(사 41장, 45장) 장차 종말의 때에 이스라엘의 보다 크고 완전한 구원(복음으로 얻는 구원)을 위해 동방에서 일으켜 예루살렘에 능히 복음을 전하도록 하실 또 하나의 나라에 대한 모형이요 예표의 나라인 것이다. 이사야 선지자는 다른 많은 성경기자들처럼 고레스(파사) 시대와 종말(End-time)이 함께 섞이는 것으로 본 것이다.

예시적인 나라 파사 제국

이스라엘을 바벨론으로부터 구출하기 위하여 하느님이 사용하셨던 동방의 파사는 마지막 때에 이스라엘의 완전한 회복을 위해 유대 민족에게 능히 복음을 전하도록 하실 또 하나의 동방의 나라에 대한 예표의 나라였다. 이러한 사실은 이사야 41장과 더불어 파사에 관하여 예언하고 있는 이사야 45장 말씀을 자세히 상고하면 여실히 드러난다. 먼저 이사야 45장 1~4절을 상고해 보자.

> "여호와께서
> 　그의 기름 부음을 받은 고레스에게
> 　이같이 말씀하시되
> 　내가 그의 오른손을 붙들고
> 　그 앞에 열국을 항복하게 하며
> 　내가 왕들의 허리를 풀어 그 앞에 문들을 열고
> 　성문들이 닫히지 못하게 하리라
>
> 내가 너보다 앞서 가서 험한 곳을 평탄하게 하며
> 　놋문을 쳐서 부수며 쇠빗장을 꺾고
> 　네게 흑암 중에 보화와
> 　은밀한 곳에 숨은 재물을 주어
> 　네 이름을 부르는 자가
> 　나 여호와 이스라엘의 하나님인 줄을 네가 알게 하리라
>
> 내가 나의 종 야곱,
> 　내가 택한 자 이스라엘 곧 너를 위하여 네 이름을 불러
> 　너는 나는 알지 못하였을 지라도
> 　네게 칭호를 주었노라"
>
> 　　　　　　　　　　　　　　　　　　　(사 45:1~4)

이 말씀은 하느님께서 바벨론의 포로 상태에 있는 유대민족을 구출

하기 위해 장차 고레스의 파사 제국을 일으키사 그 나라를 부강한 나라가 되도록 큰 은총을 베푸실 것을 예언하고 있는 말씀이다. 하느님은 여기에서 고레스로 하여금 이스라엘을 능히 해방시킬 수 있도록 나라들을 정복케 하시고, 또 아무도 찾지 못했던 보화와 숨겨진 재물을 주시겠다고 약속하신다.

13절에서는 보다 더 구체적으로 동일한 대상에 관한 예언이 계속된다. 하느님께서 고레스의 파사 제국을 세워 유대 민족을 해방시키실 것이라는 예언이다.

> "내가 공의로 그를 일으킨지라
> 그의 모든 길을 곧게 하리니
> 그가 나의 성읍을 건축할 것이며
> 사로잡힌 내 백성을 값이나
> 갚음이 없이 놓으리라
> 만군의 여호와의 말이니라 하셨느니라."
> (사 45:13)

초세기의 유대인 사학자 요세푸스(Josephus)가 전하는 바에 의하면 파사의 고레스가 바벨론을 정복하였을 때 바벨론에 있던 다니엘이 이사야서의 본 구절들을 고레스에게 읽어 주어 그를 경탄케 하였다고 한다. 고레스는 자신이 이 세상에 태어나기 약 150년이나 전에 이미 하느님께서는 자신의 이름을 아시고 선지서에 기록하신 것을 보고 놀라, 그 책에 기록된 대로 이스라엘 백성으로 하여금 고국으로 돌아가 예루살렘과 성전을 재건하도록 허락하는 조서를 내렸다고 한다.

그런데 파사에 의해 고국으로 귀환한 이스라엘에 관해 17절은 다음과 같이 예언하고 있다.

> "이스라엘은 여호와께 구원을 받아
> 영원한 구원을 얻으리니
> 너희가 영원히 부끄러움을 당하거나
> 욕을 받지 아니하리로다."
> (사 45:17)

17절은 파사에 의해 귀환된 이스라엘은 영원한 구원을 얻을 것이며, 영원히 세상에서 수치나 치욕을 당하지 않을 것이라고 말한다. 그러나 파사왕 고레스에 의해 해방된 이스라엘은 귀환 자체도 충분하지 않았고, 다시 헬라, 시리아, 애굽, 로마 등 이루 말할 수 없는 여러 나라들로부터 환난과 수치와 치욕을 당하였다. 그렇다면 예언이 틀렸는가? 그렇지 않다.

본문이 말하는 '영원한 구원'이란 궁극적으로 복음, 곧 예수 그리스도로 말미암는 구원이기 때문이다. 따라서 고레스의 파사 제국은 '예표의 나라'인 것이다. 즉 고레스의 파사 제국은 말세에 등장할 나라로서 이스라엘의 보다 크고 완전한 구원을 위해 하느님께서 종말의 때에 동방(해 돋는 곳)에서 일으키실 또 하나의 나라에 대한 모형이자 예표의 나라인 것이다. 그 나라는 마지막 때에 예루살렘에 기쁜 소식, 즉 구원의 복음을 능히 전할 것이며 이로 말미암아 이스라엘이 마침내 영원한 구원을 받게 되는 것이다.

하느님께서는 과거에 동방의 한 나라 파사 제국을 이스라엘을 회복시키는 도구로 사용하셨듯이, 마지막 때에도 동방의 어느 한 나라를 이스라엘을 회복시키는 도구로 사용하시는 것이다. 그리하여 전자는 후자의 모형이며, 예표의 나라인 것이다.

이사야 41:25~27은 바로 이 이중적 사건을 예언하고 있는 것이다. 따라서 그 구절의 완전한 성취는 마지막 때로 유보되어 있다. 이 예언은 파사의 고레스 시대에 부분적인 성취를 두고 있으며, 그 궁극적 성취는 장차 복음으로 유대민족을 구원할 동방의 어느 한 나라에 의해 실현될 것이다. 그러므로 우리는 지혜와 계시의 정신을 구하면서 성경을 깊이 연구하여 그 나라가 과연 동방의 어느 나라인가를 찾아야 할 것이다.

지금까지 서구 주석가들은 이사야 41:25~27을 바벨론에서 포로생활을 하던 이스라엘이 고레스에 의해 해방될 때 성취된 예언이라고 설명해 왔다. 이 구절은 당시 그 해방의 기쁜 소식을 예루살렘에 전할 '전령'들에 대한 예언으로서 이미 구약시대에 종결되었다는 것이다. 예언의 이중 성취의 원리를 무시하니까 이렇게 하느님의 말씀의 온전한 목적을 놓치는 것이다.

이 구절은 어디까지나 요한계시록 7:1~8과 병행구절인 바 마지막 때에 하느님께서 이스라엘의 보다 크고 완전한 회복을 위해 예루살렘에 기쁜 소식을 전할 나라를 "해 돋는 곳" 즉 동방에서 일으키시고, 바로 그 동방의 한 나라로부터 이스라엘 백성에게 복음 전도자들을 보내주실 것을 예언한 말씀인 것이다. 결코 고레스 시대에 성취된 예언이 아니다.

우리는 이사야 40장부터 계속해서 그 이하의 전 내용은 신약에서는 복음 시대에 관한 것으로 해석하고 있음을 주목해야 한다. 따라서 이사야 41장과 45장 및 그 이하의 이스라엘의 회복과 관련된 여러 병행 구절들은 이중의 성취를 가지는 예언임을 간과해서는 안 된다. 그 예언들은 가까이는 이스라엘을 바벨론으로부터 구출시킬 동방 페르시아에 대한 예언일 뿐 아니라(근접성취), 멀리는 마지막 때에 이스라엘의 보다 크고 완전한 구원을 위해 그들에게 능히 복음을 전할 또 하나의 동방의 나라에 대한 예언의 말씀인 것이다(원접성취).

페르시아를 통해 그 부분적 성취를 본 이사야의 예언은 마지막 때에 또 하나의 동방 나라를 통해 완성될 사건의 모형이며 예표였다. 하느님께서 구약 시대에 이스라엘을 회복시키는 도구로 동방의 한 나라를 사용하셨듯이, 마지막 때에도 이스라엘의 회복을 위한 도구로 동방의 한 나라를 사용하시는 것이다. 이렇게 이스라엘의 회복과 구원에 관한 이사야의 예언은 이중의 성취를 가진다.

만일 우리가 성경 예언의 이중성취의 원리, 즉 직접 예언(근접성취)과 예표 예언(원접성취)을 구분하지 못하고 이사야 41장 25절 이하의 "해 돋는 곳"에서 오는 자를 파사의 고레스라고 단정하고, 예루살렘에 "기쁜 소식을 전할 자들"을 파사의 고레스에 의한 유대인의 바벨론 해방 소식을 전할 '전령'이라고만 해석하면 우리는 한 가지 심각한 문제에 직면하게 된다. 그것은 고레스는 여호와의 이름을 부르는 사람이 아닌데 41장 25절의 "해 돋는 곳"에서 오는 자는 여호와의 이름을 부르는 자라는 점이다.

왜 고레스는 '해 돋는 데'서 오는 자가 아닌가

25절에 의하면 "해 돋는 곳"에서 오는 자는 여호와의 이름을 부르는 사람이다. 그러나 고레스는 조로아스터교(Zoroastrian; 배화교)의 신자로서 여호와의 이름을 부를 수 없는 사람이다. 고레스가 성전을 건축하라는 조서를 내릴 때에도 역대하 36:23에 보면 어디까지나 "너희 하나님 여호와" 또는 "하늘의 신"이라고 불렀지 자신의 하느님으로 여호와를 부르지 않았다. "내 이름을 부르는 자"는 신·구약 전체를 통하여 언제나 믿음을 가지고 여호와 하느님을 찾고 따르며 예배하는 자를 말한다(창 4:26).

이사야 12:4에 "여호와께 감사하라. 그 이름을 부르며 그 행하심을 만국 중에 선포하며 그 이름이 높다 하라"고 기록하였고, 64:7에 "주의 이름을 부르는 자가 없으며 스스로 분발하여 주를 붙잡는 자가 없사오니"라고 기록하였고, 사도행전 2:21에도 "누구든지 주의 이름을 부르는 자는 구원을 받으리라"고 기록하였으며, 9장 14절과 21절에도 "주의 이름을 부르는 모든 자를 결박할 권세를 대제사장에게 받았나이다… 이 이름을 부르는 사람을 잔해하던 자가 아니냐"라고 기록하여 주의 이름을 부르는 자를 '성도'를 가리키는 말로 사용하였으며, 로마서 10:13은 "누구든지 주의 이름을 부르는 자는 구원을 얻으리라"고 기록하고 있다. 특히 구약성경에는 이런 표현이 많다.

그러므로 "해 돋는 곳에서 오는 자"는 고레스일 수 없다. 그는 여호와 하느님을 섬기는 자가 아니었기 때문이다. 주석가 류폴드(H.C. Leupold)는 19세기에 발견된 고레스 원통(Cyrus Cylinder)* 의 기록에 의거해 고레스가 개종자가 아니었다고 단언한다. 그 원통으로부터 우리는 고레스가 자신의 성공(바벨론 정복이나 다른 일들에서)을 이스라엘의 하느님이 아닌 바벨론의 신 마르둑(Marduk)에게 돌렸다는 사실을 알기 때문이라는 것이다.

> *"19세기에 '호르무즈드 라쌈(Hormuzd Rassam)'에 의해서 고레스 원통(Cyrus Cylinder)이 발견되었다. 그 원통은 점토로 된 것으로 고레스가 주전 539년에 바벨론을 정복했을 때 발표한 칙령(조서)이 기록되어져 있는데 그 내용인 즉, 바벨론 왕인 나보니더스(Navonidus)와 벨사살 왕이 행한 실책들과 저들이 마르둑(Marduk) 신을 경배하지 아니한 점을 제시한 후, 고레스는 어떻게 마르둑이 자신을 합법적인 통지차로 선택했는지를 기술하고 있다. 즉 고레스는 자신의 성공(바벨론 정복이나 다른 일들에서)을 바벨론의 신 마르둑(Marduk)에게 돌렸던 것이다. 따라서 성경에 기록된 그의 칙령이나(에스라 1:1~3) 원통에 기록된 기사는 모두 고레스의 것인데, 성경에는 그가 '하늘의 신 여호와께서 세상 만국을 내게 주셨고'라고 말했다고 기록하고 있다고 해서 그가 개종자였다고 간주될 수 있는 것이 아니다. 즉 고레스는 다신론적 견지에서 상충되는 진술들을 했던 것이다. 고레스가 공포한 칙령은 느부갓네살이 그 당대에 발표한 것(단 4:1~3)보다 더 진실된 것이었다고 보기 어렵다."(H.C. 류폴드, 이사야주석(하), 크리스챤서적, 1990, pp.768~769)

페르시아왕 고레스(559~530 BC)의 원통(Cyrus Cylinder) 이 실린더의 길이는 약 9인치이고, 거기에는 536 BC에 기록된 고레스의 필적이 있다. 이 필적은 에스라 1:1~3의 내용을 확증해 준다.

고레스는 이교도였으며 여호와 하느님을 섬기는 자가 아니었던 것이다. 그는 다신론자였을 뿐 개종자가 아니었다. 이와 같이 41장 25절의 해 돋는 곳에서 오는 자가 고레스가 아니라는 사실은 고고학적 유물에 의해서도 입증이 되고 있다.

아래의 글은 존 C 윗컴(John C. Whitcomb, Jr)이 쓴 논문 『이사야의 예언에 나타난 고레스』에서 발췌한 글인데, 고레스는 이스라엘의 하느님 여호와를 섬기는 자가 아니었다고 설명하고 있다.

"비록 고레스가 여호와 하나님을 위해 위대한 일들을 행하고 그에 관하여 위대한 말들을 하였지만, 참으로 여호와를 믿는 자는 아니었다. 대략 50,000명의 유대인들이 이 왕의 신포에 응하여 스룹바벨/세스바살(Zerubbabel/Sheshbazzar)과 예수아(Joshua)의 지도 아래 유대로 돌아왔다(스 3:1~2).

에스라 1장의 조서에서 고레스는 "하늘의 신 여호와"를 자신에게 "세상 만국"을 주신 분이요 자신을 "명하사 유다 예루살렘에 전을 건축하라"고 하신 분으로 언급하고 있다. 이러한 진술을 고레스가 여호와에 의해 "의로" 불리움을 받을 것이며(사 41:25), 그가 "내 이름을" 부를 것이며(41:25), 그가 "의로 일으(킴을 받을)" 것이며(45:13), "여호와의 사랑하는 자가 나의 뜻을 바벨론에 행(할 것)"이라고 한 이사야의 예언과

---

* 고레스 원통(Cyrus Cylinder) : 고레스가 주전 539년에 바벨론을 정복했을 때 칙령(조서)을 발표했었다. 그 칙령이 적힌 점토로 된 원통이 19세기에 '호르무즈드 라쌈(Hormuzd Rassam)'에 의해서 발견되었다. 그 내용인 즉, 바벨론 왕인 나보니더스(Navonidus)와 벨사살 왕이 행한 실책들과 저들이 마르둑(Marduk) 신을 경배하지 아니한 점을 제시한 후, 고레스는 어떻게 마르둑이 자신을 합법적인 통치자로 선택했는지를 기술한다. 그는 바벨론에서 바른 경배가 회복되도록 조처하고 포로 된 신들과 백성들을 각기 그 신전과 본국으로 돌아가도록 허용하는 칙령을 선언한다(에스라 1:1~3, 6:3~5 참조). 이 유물은 성경의 진실성을 역사적 자료를 통해 입증시키는 중요한 역할을 했다. 성경을 꾸며낸 이야기로 치부하는 사람들에게 이 원통의 글을 제시하며 성경이 실제 있었던 일을 미리 기록한 것이라고 말할 수 있기 때문이다.

비교할 때, 우리는 쉽게 그가 참으로 여호와를 섬기는 자였을 것이라고 가정하게 될 것이다.

이러한 사실은 특별히 여호와께서 친히 고레스에 대하여(사 44:28에서) "나의 목자"(이 호칭은 렘 23장과 겔 34장에서 이스라엘의 참된 신정왕국을 다스릴 왕에 대해 사용되었다)라고 언급하시고, 그리고 45:1에서 실제로 그를 "그의 기름 받은" 자(문자적으로는 "그의 메시아", 참조, 시 2:2와 단 9:25)로 언급하고 있는 것을 볼 때에 더욱 분명해 보인다.

그러나 이러한 모든 사실에도 불구하고 이 같은 화려한 호칭들을 신정적인 의미(the theocratic sense)로 이해해서는 안 된다. 왜냐하면 이사야의 예언들에서 고레스는 이스라엘 백성 중에서 나오지 않고(참조, 신 18:15, 18), 동방에서(사 41:2), 북방에서(41:25), 그리고 심지어는 "먼 나라"에서(46:11) 올 이방의 정복자로 나타나기 때문이다. 하나님께서 이스라엘과 관련하여 고레스에게 특별한 임무를 위임 하신 것은 느부갓네살을 여호와의 "종"(렘 25:9)이라 부르시며 위임하신 것, 다메섹의 무자비한 군주 하사엘을 엘리사를 통하여 "기름 부으시고" 이스라엘에 관하여 하나님의 특별한 일을 행하게 하신 일, 그리고 언젠가 이스라엘의 "목자"가 될 적그리스도(슥 11:16)를 세우시는 것과 잘 비교가 될 것이다.

고레스는 진정으로 여호와를 섬기는 자가 아니었으며, 그가 유대인들에게 호의를 베푼 것은 바벨론으로 강제 이주를 당하여 억압 받던 다른 민족들에게 호의를 베푼 것과 그다지 다를 것이 없다는 사실에 대해서는 세속 역사의 자료로부터 풍성한 증거가 있다. 고레스 원통에서 이 새로운 정복자는 자신의 바벨론인(人) 신하들에게 베벨론의 신 마르둑이 어떻게 자신을 택하여 세웠는지를 이렇게 기록하고 있다:

마르둑은 '온 나라들을 샅샅이 살피며 기꺼이 (매년 있을 연례 행진에서) 자신(즉, 마르둑)을 앞세우고 진행할 의로운 통치자를 찾았다. 그리고 그는 안샨(Anshan)의 왕 고레스의 이름을 부르고 그를 온 세상의 통치자로 선포하였다… 위대한 주요 그의 백성의 보호자이신 마르둑이 그의(고레스의) 선한 행위들과 그의 바른 마음을 기쁘게 보셨으므로 그를 명하여 자기의 성읍 바벨론으로 행진해 들어가게 하셨다. 그는 바벨론으로 가는 길에 고레스를 마치 진정한 친구처럼 자신의 옆에서 진행하게 하셨다… 마르둑은 고레스로 하여금 전쟁도 치르지 않고 자신의 성읍 바벨론에 들어가게 하셨으며, 그로써 바벨론을 그 어떤 재난도 당하지 않게 하셨다. 그리고 자신(즉, 마르둑)을 섬기지 않는 왕 나보니두스를 그의 손에 넘기셨다.'

고레스가 실제로는 다신론자였다는 사실은 하나님께서 이사야 선지자의 입을 통하여 고레스를 분석하며 말씀하신 두 서술로서 잘 확증되는 것 같다: "너는 나를 알지 못하였을지라도 나는 네게 칭호를 주었노라… 너는 나를 알지 못하였을지라도 나는 네 띠를 동일 것이요"(사 45:4~5). 그는 여호와를, 이사야 선지자가 알고 있는 것처럼, 유일하신 하나님으로 알지 못하였다. 결과적으로 우리는 그가 실제적으로는 하나님을 전혀 알지 못하였다고 밖에는 볼 수 없는 것이다. 그러므로 "나는 여호와라 다른 이가 없느니라"라는 후렴구와 같이 반복되는 표현에서 "너는 나를 알지 못할지라도 나는 네 띠를 동일 것이요"라는 표현이 지닌 비극적인 말씀이 나타나는 것이다."(구약신학 논문집, 윤영탁 역편, 합동신학대학원출판부, 1998, pp.152~154).

고레스는 유일신 하느님을 아는 지식이 없는 자이었다. "너는 나를 알지 못하였을지라도"(사 45:4). 그렇지만 이사야 45장 1절은 고레스를 가리켜 "기름 부음 받은 자"라는 메시아에게나 해당될 수 있는 놀라운 말씀이 나온다. 이는 이교도인 고레스에게는 절대 해당되지 않는 것으로서 고레스에 대한 이 같은 과분한 칭호는 이 예언이 가지는 이중의 성취를 이해하지 못하는 한 도무지 납득할 수 없는 난제로 남을 수밖에 없는 것이다.

고레스는 **예표의 왕**이었던 것이다. 즉 당시에는 왕이 곧 나라와 동일시되는 개념 -왕국- 이었으므로, "기름 부음을 받은 고레스"라는 말은 마지막 때에 이스라엘의 보다 크고 완전한 회복을 위해 장차 하느님께서 **국가적으로 기름 부어 주실** 또 하나의 동방의 나라에 대한 예표 예언인 것이다.

이사야의 예언은 페르시아를 통해 그 부분적 성취를 보았으며, 마지막 때에 또 하나의 동방의 나라에서 그 완전한 성취를 볼 것이다. 본문이 예언하는 "해 돋는 곳에서 오는 자"는 고레스가 아니다. 그는 이스라엘의 영원한 구원을 위해 하느님께서 예루살렘에 복음을 전하도록 장차 동방의 한 나라에서 보내시는 하느님의 백성인 것이다.

그러므로 이 예언은 결코 과거에 종결된 예언이 아니다. 마지막 때에 예루살렘으로 복음을 가져갈 동방의 한 나라에 의해 성취될 예언인 것이다. 27절 하반절에 "내가 기쁜 소식 전할 자를 예루살렘에 주리라"고 하셨는데, 앞서 지적했듯이 "기쁜 소식"이란 궁극적으로 "예수 그리스도의 복음"을 가리킨다.

② 이사야 52장 7절

이사야 52장 7절도 계시록 7장 1~8절과 병행구절이며, 또한 이사야 41장 25~27절과 짝을 이루는 구절이다.

> "좋은 소식을 전하며 평화를 공포하며
> 복된 좋은 소식을 가져오며 구원을 공포하며
> 시온을 향하여 이르기를

네 하나님이 통치하신다 하는 자의
산을 넘는 발이 어찌 그리 아름다운가"
(사 52:7)

서구 주석가들은 이 말씀 역시 파사의 고레스에 의한 유대인들의 바벨론 해방 소식에 대한 예언으로 해석하고 있다. 주전 6세기에 바벨론에서 포로생활을 하던 유대 백성이 고레스에 의해 해방 되었을 때 그 해방의 기쁜 소식을 전달하려고 산 너머 신음하는 동족들을 향해 거친 숨을 몰아쉬며 필사의 노력을 다해 달려가는 젊은 메신저(messenger)의 모습을 형상화한 예언이라는 것이다.

과연 그럴까? 바벨론에서 예루살렘까지는 2000km 거리이다. 당시에 전령의 역할을 하려고 그렇게 먼 거리를 마치 그리스 전투에서 승전보를 전하려고 달려오는 마라톤 이야기 같이 쉬지 않고 예루살렘까지 뛰어갔던 메신저들이 실제로 존재했던가? 없었다. 만약 그러한 사건이 있었다면 이 감동적인 이야기는 구전이든 기록이든 후대에 분명히 전해졌을 것이다. 하지만 어디에서도 그것을 확인할 수 없다. 그것은 서구 주석가들의 상상일 뿐이다.

이 구절은 유대인들의 바벨론 해방 소식과 관련된 예언이 아니다. 물론 이스라엘은 주전 536년 바벨론에서 귀환했을 때 큰 기쁨을 경험

했지만(시 126:1~3), 이사야가 여기에 기록한 기쁨은 그리스도의 복음으로 말미암아 시온에 하느님의 통치가 구현될 때의 기쁨인 것이다. 왜? 본문은 마지막 때에 온 이스라엘의 구원을 위해 "해 돋는 데" 곧 '동방'으로부터 복음을 듣고 예루살렘을 향해 달려가는 전도자들의 아름다운 발길을 회화적 표현방식으로 예언하고 있는 말씀이기 때문이다. 그러므로 이사야 52장 7절은 아직 성취되지 않았다. 장차 동방의 한 나라에 의해 실현될 날을 아직 기다리고 있는 예언인 것이다.

여기 이른바 "좋은 소식", "평화", "복된 좋은 소식", "구원" 등은 모두 같은 의미를 가지는데 궁극적으로 "그리스도의 복음"을 가리킨다. 헬라어로 "복음"이라는 뜻의 "유앙겔리조메노스 (ευαγγελιζομενος)"에 해당되는 것이다. 게다가 이 구절은 바울이 유대인도 구원을 받으려면 그들에게도 복음전도자들이 보냄을 받아야 한다는 것을 강조할 때 인용한 구절이다(롬 10:12~15). 그러므로 이 구절은 종말에 메시아 앞으로 돌아올 유대민족의 구원에 관련된 예언인 것이다.

이는 7절의 전후문맥을 살펴보면 자명해진다. 성경을 해석할 때 기본적인 원칙이 있다. 그것은 "어느 하나의 성경 구절은 반드시 전후 문맥 속에서 해석 되어야 한다"는 것이다. 이러한 원칙에 따라 이 7절 말씀을 문맥의 흐름 속에서 해석하면, 이것은 결코 구약시대에 성취된 예언이 아니라는 사실을 분명히 알 수 있다. 이제 10절 말씀을 살펴보자.

> 여호와께서 열방의 목전에서
> 그의 거룩한 팔을 나타내셨으므로
> 땅 끝까지도 모두
> 우리 하나님의 구원을 보았도다.

박윤선 박사는 이 구절에 있는 "땅 끝까지도 모두 우리 하나님의 구원을 보았도다"는 말씀을 "이는 신약시대의 만민구원운동을 예언한다"라고 설명한다(박윤선·성경주석 이사야서). 그렇다! 모든 땅 끝까지 구원을 받는 것은 신약시대의 일이다. 물론 여기 10절에 언급된 '땅 끝'은 문맥의 흐름으로 볼 때 우선적으로 7절에 있는 '시온', 즉 '예루살렘'을 뜻한다.

이것은 문맥상으로도 그렇지만 "복음전도의 마지막 과제로서의 땅 끝"이 지리적으로는 '예루살렘'이요, 민족적으로는 '유대민족'이기 때문에 더욱 그렇다(롬 11:25~26). 예루살렘에 다시 복음이 들어가고 온 이스라엘이 구원을 받을 때, 비로소 "모든 땅의 끝들이 우리 하나님의 구원을 보리라"는 10절의 예언은 완전히 성취될 것이다.

그러니까 이사야 52장 7~10절은 신약시대에 실현될 예언인데, 그것은 말세에 이스라엘 백성들을 구원하기 위해 예루살렘으로 복음을 가져가는 전도자들에 대한 계시인 것이다. 그렇다면 그들은 어디로부터 시온을 향해 가는 자들인가? 선지자 이사야와 사도 요한은 한 목소리로 그들이 "해 돋는 데", 즉 동방의 어느 한 나라로부터 보냄을 받을 것이라고 예언한다! 따라서 그 동방의 나라는 어느 나라인가라는 것이 해석상의 핵심 문제가 된다.

이사야 52장 7~10절이 고레스 때에 성취된 예언이 아니라는 증거는 또 있다. 이 구절 가운데 "네 하나님이 통치하신다"라는 말씀이 있는데, 이스라엘 백성이 파사에 의해서 귀환된 후 그들에게 진정으로

"하나님의 통치"가 이루어 졌는가? 그렇지 않았다. 앞서 지적했듯이 그들은 헬라, 시리아, 애굽, 로마 등 계속하여 많은 이방 나라들의 통치를 받았기 때문이다.

그렇다면 "네 하나님이 통치하신다"는 이 예언의 말씀은 과연 어떻게 성취될 것인가? 마지막 때에 동방의 한 나라에서 예루살렘으로 보내심을 받은 전도자들이 이스라엘 백성들에게 능히 복음을 전할 때 실현될 것이다. 왜냐하면 그 때에 유대민족 가운데 전국적인 회심이 있을 것이며 마침내 "온 이스라엘 구원을 받으리라"(롬 11:25~26)는 약속이 성취될 것이기 때문이다.

"하느님의 나라"는 장소나 영역의 개념이 아니라 '통치'의 개념이다. 메시아 예수의 다스림과 통치권이 인정되고 환영받으며 행사되는 곳이면 거기는 개인의 심령이든, 가정이든, 민족과 국가든 "하느님의 나라"가 임한 것이다. 따라서 "네 하나님이 통치하신다"는 예언은 장차 온 이스라엘이 복음을 믿고 구원을 받을 때 문자 그대로 성취될 것이다.

③ 이사야 46장 10~13절

이사야 46장 10~13절도 요한계시록 7장 1~8절과 병행구절이며, 앞서 살펴 본 이사야 41장 25~27절, 52장 7절과 짝을 이루는 예언이다. 여기서도 하느님은 이스라엘을 구원하시려는 그의 계획을 이루시기 위해 마지막 때에 '먼 동방의 나라'에서 시온으로 사람을 부를 것이라고 분명히 말씀하고 있다.

> 내가 종말을 처음부터 고하며
> > 아직 이루지 아니한 일을
> > 옛적부터 보이고 이르기를
> > 나의 모략이 설 것이니
> > 내가 나의 모든 기뻐하는 것을 이루리라 하였노라
>
> 내가 동방에서 독수리를 부르며
> > 먼 나라에서 나의 모략을 이룰 사람을 부를 것이라
> > 내가 말하였은즉 정녕 이룰 것이요
> > 경영하였은즉 정녕 행하리라
>
> 마음이 완악하여
> > 의에서 멀리 떠난 너희여 나를 들으라
> > 내가 나의 의를 가깝게 할 것인즉
> > 상거가 멀지 아니하니
> > 나의 구원이 지체치 아니 할 것이라
> > 내가 나의 영광인 이스라엘을 위하여
> > 구원을 시온에 베풀리라
>
> (사 46:10~13)

　먼저 12절 말씀을 살펴보자. "마음이 완악하여 의에서 멀리 떠난 너희여 나를 들으라." 여기에서 '의' 란 예수 그리스도를 뜻한다: "곧 예수 그리스도를 믿음으로 말미암아 모든 믿는 자에게 미치는 하나님의 의니 차별이 없느니라"(롬 3:22; 참조 10:2~4). 또한 "마음이 완악하여" 란 구절은 유대인들이 완고하게 복음을 거부하고 있는 상태를 가리킨다: "…이 비밀은 이방인의 충만한 수가 들어오기까지 이스라엘의 더러는 완악하게 된 것이라"(롬 11:25하). "…그 남은 자들은 완악하여 졌느니라"(롬 11:7). 즉 12절 말씀이 의미하는 것은 "마음이 완악하여 예수 그리스도에게서 멀리 떠나 있는 이스라엘아 나에게 청종하라"는 뜻이다.

왜 하느님은 여기에서 이스라엘 백성을 향해 '내게 청종하라'고 말씀하시는가? 그 이유는 13절에 있는데, 그들에게 구원을 베풀려고 하신다는 것이다. "내가 나의 의를 가깝게 할 것인즉… 나의 구원이 지체치 아니할 것이라… 내가 이스라엘을 위하여 구원을 시온에 베풀리라." 여기에서 '나의 의'란 '하느님의 의'로서 '복음'을 뜻한다: "복음에는 하나님의 의가 나타나서 믿음으로 믿음에 이르게 하나니 기록된 바 의인은 믿음으로 말미암아 살리라…"(롬1:17). 주석학자 박윤선 박사는 본문 13절을 다음과 같이 설명한다:

"사람은 하나님에게서 멀어지기를 힘쓰나 하나님은 그로 더불어 가까워지시기를 원하신다. 그가 '의'를 가지시고 우리에게 '가깝게' 오심은, 필경 예수 그리스도로 말미암아 완성되었다. … 그는 우리의 공로 유무를 보시지 않고 우리 구원의 대가가 될 하나님의 의를 친히 가지고 오신다. 그러므로 누구든지 그리스도를 믿고 하나님의 의를 내 것이라고 하기만 하면 그대로 되어진다."(박윤선, 성경주석 이사야서, 서울: 영음사, 1982, p.450)

베이커 성경주석도 "내가 이스라엘을 위하여 구원을 시온에 베풀리라"(13절)는 구절이 신약시대에 예수님에 의해서 성취되는 예언인 것을 아래와 같이 설명한다:

"우리는 본문의 성취를 입증할 수 있는 자료를 충분히 갖는다. '의'는 하나님께서 가깝게 하리라고 약속하시는 구원이다. 이것은 그리스도의 중재를 통해 주어지는 가장 성실한 묘사이다. 왜냐하면 그것은 하나님이 우리를 구출하기 위해서 마련함과 동시에 그 자신의 명예를 위해서 마련한 의에로의 구원이기 때문이다(롬 9:30). 그리고 구원은 그것이 하나님이 의의 판단자이신 한 공정하시리라는 것을 규정하고 있기 때문에 모든 사람의 의이다. 뿐만 아니라 그것이 인간이 그 자신의 노력에 의해서 얻을 수 없는 의를 인간에게 전달해 주기 때문에 단연코 '하나님의 의' 이기도 하다."(베이커 성경주석 이사야(중), 기독교문사, P.641)

이사야 46장 13절에 기록된 '의' 란 예수 그리스도로 말미암아 완성된 '하느님의 의' 인 것이다. 그러므로 12~13절 전체의 뜻은 하느님께서 마음이 완악하여 예수 그리스도를 '멀리' 하고 있는 이스라엘 백성들에게 복음을 '가까이' 가져가시어 그들을 구원 하시겠다는 말씀인 것이다. 12절에 있는 "의에서 멀리(far) 떠난 너희여"라는 구절과 13절에 있는 "나의 의를 가까이(near) 할 것인즉" 이란 구절은 '대구' 를 이루는 말씀이다.

그러면 하느님은 어떻게 유대인들이 복음을 듣고 구원받게 하실 것인가? 그 구체적인 하느님의 계획이 11절 말씀이다: "내가 동방에서 독수리를 부르며 먼 나라에서 나의 모략을 이룰 사람을 부를 것이라." 여기에서 '동방(the east)' 과 '먼 나라(a far-off land)' 라는 말, 두 곳에 밑줄을 치라. 하느님은 먼 동방의 나라에서 이스라엘을 구원하시려는 그분의 계획을 집행할 사람을 부르시겠다고 말씀하신다.

그냥 '동방' 이 아니고 '먼 나라' 동방이다! 즉 이스라엘을 중심으로 해가 뜨는 '동방' 에 있는 나라로서, 그 나라는 예루살렘에서 아주 '멀리 떨어진 땅(a far-off land)' 에 있는 동양의 나라이다. 11절에 기록된 이 계시는 마지막 때에 유대민족의 구원을 위해 이스라엘로 보내심을 받게 될 복음의 나라가 어느 나라인지를 찾는데 결정적인 단서를 제공해 준다.

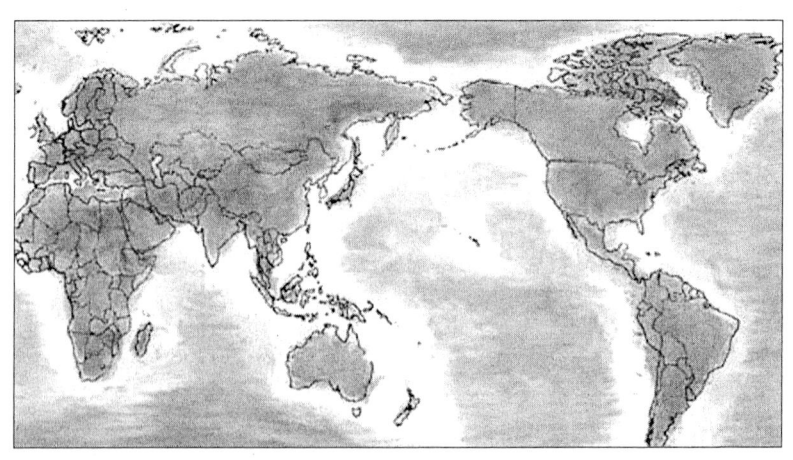

이제까지 서구 주석가들은 이 예언도 파사의 고레스 왕 때에 성취되었다고 해석해 왔다. 절대로 그렇지 않다. 왜냐하면 10절을 보라. "내가 '종말'을 처음부터 고하며…"라고 말씀하고 있다. 즉 10절 이하의 예언은 문맥 속에서 해석할 때 분명히 '종말'에 성취될 예언인 것이다. 게다가 파사 나라는 굳이 '먼 나라'라고 명시해야 할 만큼 이스라엘에서 아주 멀리 떨어진 땅(a far-off land)도 아니다. 그러나 서구 주석가들과 그들의 해묵은 이론을 그대로 베껴서 가르치는 국내 성경연구가들은 이 구절을 고레스에 의해 성취되었다고 가르치고 있다. 왜일까? 그 이유는 앞서 지적한 바처럼 예언의 '이중 성취의 원리'를 간과하기 때문이다.

이사야 46장은 1~9절까지는 '바벨론의 우상의 멸망'에 대한 예언이다. 그리고 이사야 47장은 '바벨론 자체의 멸망'을 예언하고 있다. 그런데 이 두 가지 예언 사이에 이스라엘의 구원이 종말에 어떠한 방식으로 이루어질 것인가를 예언한 말씀이 46장 10~13절에 기록되어 있는 것이다. 그러니까 고레스 시대와 마지막 때가 겹쳐서 예언되어 있는 것이다. 이렇다보니 예언의 이중 성취의 원리를 고려하지 않는 주석가들은 46장 전체를 몽땅 고레스 시대에 성취되었다고 설명하는 오류를 범하고 만다. 역사적으로 바벨론은 파사의 고레스에 의해 멸망했기 때문이다. 이사야는 고레스(파사) 시대와 종말을 자주 섞어서 예언했다. 이에 관해 주석가 류폴드(H.C. Leupold)는 다음과 같이 설명한다.

> "이사야는 여러 곳에서 고레스(파사) 시대와 종말(End-time)을 함께 섞이는 것으로 보았다. 시간의 전후 관계는 별로 중요하지 않았다. 사실 선지자는 그것을 파악하지 못했을 것이다. 그는 단지 이런 일들이 일어나리라는 것을 안다. 그는 이런 일들이 어떤 순서로 일어날 것인지, 아니면 한 사건이 일어난 후 얼마만큼의 시간이 경과한 후 다른 사건이 일어날지에 관해 알지 못했던 것처럼 보인다. 그것들의 도래는 확실하지만, 그 전후 관계는 분명하게 나타나지 아니하였다." (H.C. 류폴드, 이사야 주석(하), 크리스챤서적, 1990, PP.760)

이사야 46장 10~13절은 41장 25~27, 52장 7절과 짝을 이루는 계시인 바, 마지막 때에 하느님께서 유대민족을 향해 구원을 베푸시려고 동양의 먼 나라로부터 복음전도자들을 보내주시겠다는 예언인 것이다. 결코 고레스 시대에 성취된 예언이 아니다.

그렇다면 왜 하느님은 그들을 일컬어 '독수리'를 부른다고 말씀 하시는가? 어떤 하나의 성경 구절은 반드시 문맥 속에서 해석 되어져야 한다. 그 해답은 13절에 있다: "··· 나의 구원이 지체치 아니할 것이라." 구원이 지체하지 아니할 것이라는 것은 '빨리' 구원 하시겠다는 뜻이다. 그래서 하느님은 때가 되면 이스라엘 백성을 '빨리' 구원하시기 위해 시온에 복음을 전할 자들을 '빨리' 가게 하실 것이다. 그래서 그들을 '독수리'로 비유하고 있는 것이다. 큰 날개를 가지고 높은 하늘을 나는 독수리는 그 누구보다 빨리 이동하기 때문이다(욥 9:26; 애 4:19)*

하느님은 '합당한 때'를 지키신다. 그러므로 때가 차면 '서둘러서' 이스라엘 백성을 구원하실 것이다. 그때에 하느님은 예루살렘에 복음을 전할 자들을 독수리처럼 빠르게 동방의 먼 나라, 즉 극동의 한 나라에서 시온을 향해 달려가게 하실 것이다. 앞서 설명한 이사야 52장 7~10절은 바로 그 전도자들의 모습을 회화적 표현방식으로 예언한 것이다.

> "좋은 소식을 전하며 평화를 공포하며 복된 좋은 소식을 가져오며
> 구원을 공포하며 시온을 향하여 이르기를
> 네 하나님이 통치하신다 하는 자의 산을 넘는 발이
> 어찌 그리 아름다운가."

---

*사실 여기에 독수리가 언급된 것은 아니다. 독수리로 번역한 히브리어 단어는 '맹조(猛鳥)', 즉 먹이를 낚아채기 위해 위로부터 와락 덤벼드는 새가 언급되어 있을 뿐이다. 따라서 그 새는 독수리일 수도 있고 매일 수도 있다. 그러나 맹조, 즉 '사나운 날짐승'은 문맥상 독수리로 번역하는 것이 타당하다. 왜냐하면 본문의 핵심내용은 하느님께서 때가 되면 이스라엘 백성을 '빨리' 구원하시기 위해 시온으로 복음전도자들을 '빨리' 보내주실 것이라는 예언이기 때문이다. 따라서 문맥의 흐름상 '독수리'로 번역해야 훌륭한 번역이 된다. 왜냐하면 독수리는 어떤 맹조들보다 이동 속도가 빠르기 때문이다. 실제로 성경은 '빠름'을 비유할 때 독수리를 사용하고 있으므로 본문의 '맹조'는 단연 '독수리'로 번역해야 합당하다: "그 지나가는 것이 빠른 배 같고 먹이에 날아 내리는 독수리와도 같구나"(욥 9:26). "우리를 뒤쫓는 자들이 하늘의 독수리들보다 빠름이여 산꼭대기까지도 뒤쫓으며 광야에서도 우리를 잡으려고 매복하였도다"(애 4:19).

④ 이사야 55장 1~9절

하느님께서 바벨론의 포로 상태에 있던 이스라엘 백성을 구원하실 때 그 도구로 사용하신 나라는 여러 나라가 아니었다. 그는 고레스가 통치하는 동방의 파사 제국 한 나라를 사용하셨다. 이처럼 마지막 때에 이스라엘 백성을 구원하시기 위해 동방에서 사용하실 복음의 나라도 여러 나라가 아닌 한 나라이다. 그래야만 예표와 실체가 일치할 것이다.

이사야 55장 1~9절은 하느님이 말세에 예루살렘에 복음을 가져가도록 동방(the east)에서 보내실 백성은 분명히 '한 민족(a nation)' 이라고 예언하고 있다. 이 말씀 역시 이사야 46:10~13, 41:25~27, 52:7과 병행구절이며, 계시록 7:1~8과 짝이 되는 중요한 예언이다.

1절부터 해석해 나가자. 하느님은 먼저 목마른 자들은 모두 당신께로 와서 물을 마시라고 권고하신다. 이스라엘이 하느님께로 돌아올 것을 촉구하시며 구원을 받으라고 사랑으로 초대하신다.

> 오호라 너희 모든 목마른 자들아, 물로 나아오라!
> 돈 없는 자도 오라,
> 너희는 와서 사 먹되 돈 없이 값없이
> 포도주와 젖을 사라!
> (사 55:1)

"너희 모든 목마른 자들아, 물로 나아오라!" 이 물은 무슨 물인가? 메시아 예수님이 주시는 성령의 물이다. 이스라엘 백성이 예수님 앞에 나와 그 생명수를 마시고 영원한 생명을 얻으라는 말씀인 것이다. 요한은 다음과 같이 기록했다.

> "명절 끝날 곧 큰 날에 예수께서 서서 외쳐 이르시되 누구든지 목마르거든 내게로 와서 마시라 나를 믿는 자는 성경에 이름과 같이 그 배에서 생수의 강이 흘러나오리라 하시니 이는 그를 믿는 자들이 받을 성령을 가리켜 말씀하신 것이라"(요 7:37~39).

이 귀한 물을 아무런 대가도 치르지 않고 거저 마시라고 말씀하셨다. "너희는 와서 사 먹되 돈 없이 값없이 포도주와 젖을 사라." 그것은 예수님께서 이미 죄값을 치르셨으니 거저 구원을 받으라는 것이다. 다만 자신의 죄를 회개하고 예수님을 메시아로 영접하기만 하면 거저 영생을 얻는다.

이어서 2절에서는 그들이 하느님의 말씀에 청종하면 풍성한 삶과 기쁨을 누리게 될 것이라고 약속하신다.

> 너희가 어찌하여 양식이 아닌 것을 위하여 은을 달아주며
> 배부르게 하지 못할 것을 위하여 수고하느냐?
> 내게 듣고 들을 지어다
> 그리하면 너희가 좋은 것을 먹을 것이며
> 너희 자신들이 기름진 것으로 즐거움을 얻으리라
> (사 55:2)

다음에 3~4절에서는 이스라엘 백성이 하느님께로 돌아와 그의 말씀을 청종하면 그들의 영혼이 살 것이며, 또 다윗에게 약속하시고 맺으신 영원한 언약의 혜택을 얻게 될 것이라고 말씀하신다.

> 너희는 귀를 기울이고 내게로 나아와 들으라

그리하면 너희의 영혼이 살리라
내가 너희를 위하여 영원한 언약을 맺으리니
곧 다윗에게 허락한 확실한 은혜이니라
('영원한 언약'이란 하느님께서 다윗과 맺으신 '다윗의 언약'을 가리킨다.
하느님께서 다윗의 후손을 영원히 이스라엘의 왕으로 세우시겠다고 하신 약속이다.)

보라, 내가 그(다윗의 후손인 메시아)를 백성에게 증거로 주었고,
또 백성에게 인도자와 명령자로 주었노라(이 구절은 원문 직역)
(사 55:3~4)

다윗에게 허락한 확실한 은혜와 영원한 언약이란 무엇인가? 그것은 예수 그리스도를 말하며(삼하 7:14상; 히 1:5하), 예수님께서 그의 피로 이루신 새 언약을 뜻한다(렘 31:31; 겔 36:24~27). 따라서 그것은 예수님의 초림과 그의 속죄 사역으로서 이미 성취가 된 것이다. 다만 유대인들이 마음이 완악하여 예수님을 배척하고 있음으로 새 언약의 효과 밖에 놓여 있으나, 그들도 장차 메시아 예수님 앞으로 돌아와 구원을 받으면(롬 11:25~27) 그 영원한 언약의 자비를 얻게 될 것이다.

4절에서 말하는 '그'는 세상의 명령자와 인도자가 되시는 다윗의 후손인 메시아를 뜻한다. 그런데 5절에는 굉장히 중요한 말씀이 예언되어 있다. 그것은 이스라엘을 다윗의 언약의 성취자이신 메시아 예수의 은혜 안으로 들어오게 만드는 하느님의 구체적인 계획이다.

보라, 네가 알지 못하는 한 나라를 네가 부를 것이며
너를 알지 못하는 한 나라가 네게로 달려올 것은
여호와 네 하나님,
곧 이스라엘의 거룩하신 이로 말미암음이니라
이는 그가 너를 영화롭게 하였느니라
(사 55:5)

이 구절은 이사야 41:25~27, 46:10~13, 52:7과 병행구절로서, 하느님께서는 이스라엘 백성을 구원하시기 위해 '한 민족(a nation)'을 사용하신다는 것이다. 즉 이스라엘은 그 이방의 나라를 부를 것이며 그 '한 나라'가 이스라엘의 구원을 위해 예루살렘으로 달려가 복음을 전할 것이라는 말씀인 것이다.

이 구절 가운데 있는 '나라'라는 말은 한글개역성경에 그냥 '나라'로 번역되어 있어 단수, 복수의 개념이 애매하나 히브리 원문에서는 복수형인 '고임(goim)'이 아니라 단수형의 단어 '고이(goi)'로 되어 단수의 '한 나라(a nation)'로 번역해야 정확한 의미가 된다. 영어 성경 NASB는 단수로 번역해 원문의 뜻을 정확히 전달하고 있다:

"Behold, you will call **a nation** you do not know,
And **a nation** which knows you not will run to you."

히브리어나 헬라어나 영어에서는 단수와 복수를 언제나 명확히 구별하기 때문에 성경 해석에 큰 도움이 된다. 따라서 하느님께서 마지막 때에 땅 끝 예루살렘에 능히 복음을 전하도록 '동방'에서 보내실 백성은 '여러 나라'가 아니고 '한 나라(a nation)'가 분명하다. 그러므로 이스라엘의 회심은 여러 나라가 함께 몰려가서 전도하는 소위 '글로벌 프로젝트'에 의해 성취되지 않을 것이다.

이스라엘의 종말론적 구원은 동방에 있는 어느 한 나라(a nation)의 특별한 사역으로 실현될 것이다. 장차 때가 차면 유대민족의 구원을 위해 '한 나라(a nation)'가 '동방'에서 독수리처럼 빠르게 복음을 들고 이스라엘로 달려갈 것이다. 바울이 말한 바 "온 이스라엘이 구원을 받으리라"(롬 11:26)는 약속은 바로 그때에 극적으로 성취될 것이다. 그러므로 하느님은 6~7절에서는 다음과 같이 말씀 하신다:

> 너희는 여호와를 만날 만한 때에 찾으라
> 가까이 계실 때에 그를 부르라
> 악인은 그의 길을,
> 불의한 자는 그의 생각을 버리고
> 여호와께로 돌아오라
> 그리하면 그가 긍휼이 여기시리라
> 우리 하나님께 나아오라
> 그가 너그럽게 용서하시리라"
> (사 55:6,7)

동방의 '한 나라(a nation)'에서 전도자들이 예루살렘으로 달려와 복음을 전할 때, 바로 그때가 이스라엘이 '여호와를 만날 만한 때'라는 것이다. 그때에 이스라엘 백성은 하느님께 돌아와 용서함을 받고 구원을 얻으라는 예언의 말씀이다.

사도 바울도 유대인이 구원을 얻으려면 이방인들과 마찬가지로 그들에게도 복음전도자가 보냄을 받아야 한다고 교훈했다:

> "유대인이나 헬라인이나 차별이 없음이라 한 분이신 주께서 모든 사람의 주가 되사 그를 부르는 모든 사람에게 부요하시도다 누구든지 주의 이름을 부르는 자는 구원을 받으리라 그런즉 그들이(유대인과 이방인) 믿지 아니하는 이를 어찌 부르리요 듣지도 못한 이를 어찌 믿으리요 전파하는 자가 없이 어찌 들으리요 보내심을 받지 아니하였으면 어찌 전파하리요 기록된 바 아름답도다 좋은 소식을 전하는 자들의 발이여 함과 같으니라"(롬 10:12~15).

유대인들은 마지막 때에 동방의 한 나라에서 보내심을 받은 전도자들의 사도적 사역으로 말미암아 복음을 믿고 구원을 받게 되는 것이다. 그러나 전지전능하신 하느님은 유대인들이 이방의 한 나라를 통해 자기들을 구원하시는 데 대하여 못마땅하게 생각하리라는 사실을 잘 아신다. 그리하여 8절과 9절에서 다음과 같은 말씀으로 그들의 잘못된 생각을 교정하신다:

> 이는 내 생각이 너희의 생각과 다르며
> 내 길을 너희의 길과 다름이니라
> 여호와의 말씀이니라
> 이는 하늘이 땅보다 높음같이
> 내 길은 너희의 길보다 높으며
> 내 생각은 너희의 생각보다 높음이니라
> (사 55:8,9)

유대민족은 선민이라는 강한 자부심을 지니고 있다. 그러한 유대인들로서는 이스라엘이 이방의 한 나라(a nation)로부터 복음을 전해 듣고 구원을 받는다는 것이 가당치 않는 일로 생각될 것이다. 그들은 하느님이 이방인을 선민을 구원하는 도구로 사용하시는 것을 수긍하지 못하고 "아니, 이방인의 나라를 통하여 우리를 구원하시다니요" 하고 반문할 것이다. 특히 예수님을 구주로 믿는 메시아닉 유대인들이 그렇게 반응할 것이다. 그들은 자기들이 동족에게 직접 복음을 전하여 온 이스라엘이 메시아 예수 앞으로 돌아오도록 할 수 있다고 생각할 것이다.

그러나 유대인들은 8,9절에 기록된 바와 같이 여호와 하느님의 생각은 그들의 생각과 다르다는 사실을 명심해야 할 것이다. 그러므로 자기의 생각을 내려놓고 주님의 뜻이 이루어지도록 하느님께서 사용하실 그 동방의 한 나라를 위해 중보기도 하고 축복해야 할 것이다.

하느님은 구약 시대에도 이방의 나라인 파사의 고레스를 사용하여 이스라엘을 구출하신 사례가 있다. 그때에도 유대인들은 자기들이 이방인의 나라를 통해 구원을 받는다는 것을 불만스럽게 여길 것을 하느님은 미리 아셨다. 그리하여 다음과 같이 경고하셨다.

이사야 45:
9 질그릇 조각 중 한 조각 같은 자가 자기를 지으신 이와 더불어 다툴진대 화 있을진저 진흙이 토기장이에게 너는 무엇을 만드느냐 또는 네가 만든 것이 그는 손이 없다 말할 수 있겠느냐
10 아버지에게는 무엇을 낳았소 하고 묻고 어머니에게는 무엇을 낳으려고 해산의 수고를 하였소 하고 묻는 자는 화 있을진저
11 이스라엘의 거룩하신 이 곧 이스라엘을 지으신 여호와께서 이같이 이르시되 너희가 장래 일을 내게 물으며 또 내 아들들과 내 손으로 한 일에 관하여 내게 명령하려느냐
12 내가 땅을 만들고 그 위에 사람을 창조하였으며 내가 내 손으로 하늘을 펴고 하늘의 모든 군대에게 명령하였노라
13 내가 공의로 그를 일으킨지라 그의 모든 길을 곧게 하리니 그가 나의 성읍을 건축할 것이며 사로잡힌 내 백성을 값이나 갚음이 없이 놓으리라 만군의 여호와의 말이니라 하셨느니라.

마지막 때에도 하느님은 이스라엘을 구원하시기 위하여 이방의 한 나라를 그들에게 복음을 가져갈 나라로 선택하셨다. 유대인들로서는 거부감이 있겠지만 하느님의 생각은 그들의 생각과 다르며, 하느님의 길과 그분의 생각은 사람의 길이나 생각보다 높은 것이다. 하늘이 땅보다 높음같이!

사도 바울도 이스라엘의 구원에 대한 하느님의 계획이 이스라엘로 하여금 이방인에 대한 시기심에 자극을 받도록 해서 메시아 예수 앞으로 돌아오도록 하는 것임을 깨닫고(롬 11:11,14) 이렇게 고백했다.

"깊도다, 하나님의 지혜와 지식의 풍성함이여!
그의 판단은 헤아리지 못할 것이며 그의 길은 찾지 못할 것이로다
누가 주의 마음을 알았느냐 누가 그의 모사가 되었느냐"
(롬 11:33~34).

그렇다! 실로 지혜와 계시의 영을 받지 못한다면 주님의 길은 찾지 못할 것이며, 그의 판단은 아무도 이해할 수 없을 것이다. 하느님의 생각은 사람의 생각과 다르며, 그분의 길은 사람의 길보다 높기 때문이다. 그러므로 유대인들은 이사야 45장 9~10절 말씀을 명심하고 하느님께서 동방의 어느 한 나라를 통해 자기 민족을 구원하시는 것에 대해 불평하지 말아야 한다.

"질그릇 조각 중 한 조각 같은 자가
자기를 지으신 이와 더불어 다툴진대 화 있을진저
진흙이 토기장이에게 너는 무엇을 만드느냐
또는 네가 만든 것이 그는 손이 없다 말할 수 있겠느냐
아버지에게는 무엇을 낳았소 하고 묻고
어머니에게는 무엇을 낳으려고 해산의 수고를 하였소
하고 묻는 자는 화 있을진저"
(사 45:9~10).

이상 살펴본 바처럼 요한계시록 7장 1~8절까지의 메시지와 동일한 예언의 말씀들이 구약성경 이사야서에 거듭 기록되어 있다.

사도 요한이 보았던 "해 돋는 데"(동방)로부터 출동한 인치는 자들의 이상은 선지자 이사야의 예언과 평행을 이룬다. 이사야는 "해 돋는 곳"에서 시온으로 복음을 가져가는 전도자들의 아름다운 발길을 보았고, 사도 요한은 이스라엘 자손들이 성령의 인침을 받도록 "해 돋는 데"에서 올라온 천사들을 보았다. 이 두 계시는 그림은 다르나 모두 같은 메시지를 전달하고 있는 것이다.

앞서 설명한 바와 같이 인치는 사역자들로 묘사된 그 천사들은 문자적인 천사가 아니라 복음전도자인 사람을 대신해 사용된 것이다. 하느님의 인인 성령의 인치심은 오직 복음을 듣고 믿어 구원을 얻을 때 받는 것이기 때문이다. 그러므로 박윤신 박사는 그가 쓴 요한계시록 주석에서 "복음전도운동은 하나님의 인치시는 운동이다"라고 설명한다. 아주 타당한 해석인 것이다.

이러한 해석이 합당한 또 하나의 이유가 있다. 이미 지적했듯이 그들이 실제 천사들이라면 "해 돋는 데", 곧 '동방'으로부터 출동했다고 묘사할 이유가 없다는 것이다. '하늘'로부터 '하강'했다고 표현되어야 할 것이다. 천사들의 거처는 어디까지나 '하늘'이지 지구 동쪽 지역이 아니기 때문이다. 성경 어디에도 '동방'이 천사들의 특별한 거처라고 교훈한 곳은 없다.

인치는 사역자들로 묘사된 천사들은 지리학적 동방에서 이스라엘로 보내심을 받을 복음전도자들을 대신해서 사용되었기 때문에 그들의 출처가 "해 돋는 데"인 것이다.

하느님은 선지자 이사야와 사도 요한에게 이스라엘 백성이 장차 어떤 방식으로 구원을 받을 것인가에 관해 동일한 계시를 주셨던 것이다. 그러니까 인치는 사역자의 출처인 "해 돋는 데"는 개혁주의 성경 해석의 기본 원리인 "성경을 가지고 성경을 해석하는 원리"로 해석해 볼 때 문자 그대로 지리학적 동방이 분명하다.

만일 우리가 "해 돋는 데"(동방)라는 말을 본문이 의도하는 바와는 다르게 은유적으로 해석하여 "하느님의 방향"을 뜻한다고 곡해하게 되면, 교회는 영원히 계시록 7장 1~8절이 전달하고자 하는 실제적인 메시지를 놓치게 될 것이다. 그것은 하느님이 목적하신 바가 아니다. 그러므로 더 이상 "해 돋는 데"를 상징으로 해석하는 오류를 범하지 말아야 한다.

인치는 사역자는 마지막 때에 회개하고 메시아 예수께로 돌아올 유대인들(롬 11:12~26)에게 복음을 전할 전도자들인 바, 그들의 출처가 팔레스틴의 동쪽 방향, 즉 "해 돋는 데"(동방)라는 것이 본문이 전하고 있는 핵심 교훈이다. 사도 바울이 예언한 "온 이스라엘이 구원을 받으리라"(롬 11:25,26)는 약속은 그렇게 성취될 것이다. 장차 동방에 있는 한 나라(a nation)에 의해.

이상과 같이 자세히 고찰한 바대로 인치는 사역자의 출처인 "해 돋는 데(the rising of the sun)"는 팔레스틴의 동쪽 방향인 지리학적 동방이다. 곧 그 동방은 마지막 때에 온 이스라엘이 성령의 인침을 받고 구원을 얻도록 유대민족에게 능히 복음을 전할 나라가 동방 어딘 가에 있다는 사실을 계시하고 있는 것이다. 그 나라는 세계선교의 마지막 주자로 쓰임받기 위해 선택받은 거룩한 나라이다. 복음전도의 마지막 과제로서의 땅 끝은 예루살렘이기 때문이다.

예루살렘 정동쪽의 가장 먼 나라

그러면 "해 돋는 데"(동방)란 어디일까? 인치는 사역자의 출처인 "해 돋는 데"란 과연 동방의 어느 나라를 말함인가? 바로 이것이 본문 해석상의 가장 큰 문제이다. "해 돋는 데"라는 말이 명백히 문자적인 의미로 사용된 이상 "해 돋는 데"는 과연 어디를 가리키는 것인가 하는 것이 회피할 수 없는 중요한 문제인 것이다. 우리는 마땅히 여기에 의문을 가져야 한다.

팔레스틴의 동쪽에는 많은 나라들이 있다. 이 많은 나라들 중에 마지막 때에 회개하고 그리스도 앞으로 돌아올 이스라엘 백성에게(롬 11:25, 26) 능히 복음을 전할 나라는 과연 동방 어디에 있는 나라일까?

실제로 이스라엘을 중심으로 해 돋는 곳, 동방에서 올 수 있는 나라에 해당 될 수 있는 나라들이 어떤 나라들이겠는가를 지도상에서 살펴보면, 제일 먼저 이스라엘에 대한 적개심이 가장 강경한 나라인 회교국가 이라크가 있다. 그 다음에 역시 이스라엘 적대 국가인 회교국 이란이 있다. 다음에 역시 회교국 아프가니스탄과 파키스탄이 있다. 그 뒤를 이어 힌두교 국가인 인도가 있고, 이어서 공산국가인 지나(支那)가 있으며 가장 먼 곳인 동아시아 땅 끝에 코리아가 있다.

팔레스틴의 동쪽에 있는 이 많은 나라들 가운데 계시록 7장이 말하는 "해 돋는 곳"이란 과연 어디일까? 신실하신 하느님은 우리가 그 "해 돋는 곳"이 어디인지를 충분히 알 수 있도록 성경에 자세히 계시해 주셨다. 그러므로 지혜와 계시의 영을 구하며 성경을 탐구한다면 기록된 계시인 성경 안에서 얼마든지 그 정답을 찾을 수 있다. 그것은 요한계시록 7장 1~8절과 병행구절인 이사야 46장 10~13절이다. 바로 이 말씀 속에서 우리는 "해 돋는 곳"이 극동의 코리아라는 사실을 알 수 있는 객관적 근거를 찾을 수 있다.

10 내가 종말을 처음부터 고하며 아직 이루지 아니한 일을 옛적부터 보이고 이르기를 나의 모략이 설 것이니 내가 나의 모든 기뻐하는 것을 이루리라 하였노라
11 내가 동방에서 독수리를 부르며 먼 나라에서 나의 모략을 이룰 사람을 부를 것이라 내가 말하였은즉 정녕 이룰 것이요 경영하였은즉 정녕 행하리라
12 마음이 완악하여 의에서 멀리 떠난 너희여 나를 들으라
13 내가 나의 의를 가깝게 할 것인즉 상거가 멀지 아니하니 나의 구원이 지체치 아니 할 것이라 내가 나의 영광인 이스라엘을 위하여 구원을 시온에 베풀리라

하느님은 이스라엘 백성에게 구원을 베풀기 위해 '동방(the east)'에서 독수리를 부르며 '먼 나라(a far-off land)'에서 당신의 모략을 이룰 사람을 부를 것이라고 말씀하신다(11절). 여기에서 '동방(the east)'이란 말과 '먼 나라(a far-off land)'라는 말, 두 곳에 주목하라. 그냥 '동방'이 아니고 '먼 나라' 동방이다. 즉 이스라엘을 중심으로 해가 뜨는 '동방(the east)'에 있는 나라로서 그 거룩한 나라는 "멀리 떨어진 땅(a far-off land)"에 있는 나라인 것이다. 그곳은 어디인가? 한반도, 즉 극동(far east)의 코리아다!

하느님이 먼 동방의 나라라고 말씀하셨다면 우리는 이스라엘을 중심해서 "정동쪽"에 위치하고 있는 나라들 가운데 "가장 먼 땅"에 있는 나라를 찾아야 할 것이다. 왜? 그것이 해석상의 우선순위이기 때문이다.

'동방'도 '동북방'이 있고, '동남방'도 있고, '정동쪽'이 있다. 그렇지만 해석상의 우선순위는 당연히 '정동쪽'인 것이다. 따라서 '해 돋는 데'는 예루살렘의 '정동쪽'에 있는 나라들 중에서 찾아야 할 것이다. '먼 나라'도 같은 원리가 적용된다. '먼 나라'도 예루살렘을 중심으로 "조금 먼 나라"가 있고, "좀 더 먼 나라"가 있으며, "가장 먼 나라"가 있다. 하지만 해석상의 우선순위는 "가장 먼 나라"인 것이다. 이게 객관적이고 타당한 해석방식이다. 그렇지 않은가?

그러므로 우리는 예루살렘의 '정동쪽'에 있는 나라이면서 이스라엘에서 "가장 먼 동방의 나라"를 지목해야 한다. 그 나라는 분명히 아시아 대륙 동쪽 땅 끝에 자리 잡고 있는 코리아이다.

게다가 성경은 가장 먼 땅을 항상 '땅 끝'이라는 말로 표현한다(행 1:8, 사 41:9). 세계 지도를 펴놓고 이스라엘을 중심으로 '정동쪽'에 있는 땅 가운데 가장 먼 땅, 즉 '땅 끝'이 어디인지 찾아보라. 바로 극동 아시아의 한반도이다. 거대한 유라시아 대륙은 동쪽으로 코리아에 이르러 끝이 나고 다음은 태평양 바다가 나온다. 그러니까 11절이 의도하는 '동방의 먼 나라'는 코리아다. 이것은 아전인수(我田引水)격 해석이 아닌 것이다. 아주 타당한 해석이다.

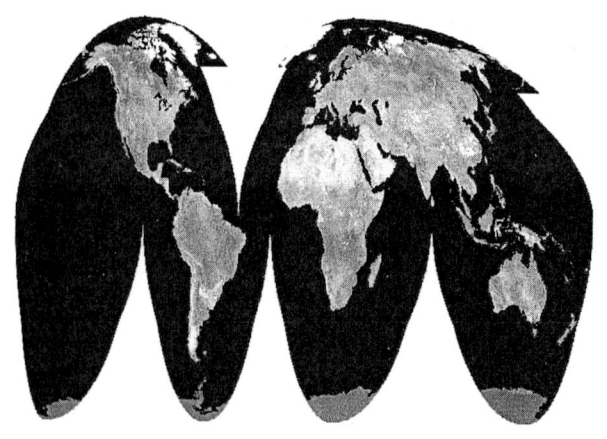

　인도는 동방의 먼 나라로 해석될 수 없다. 왜냐하면 인도는 국토의 대부분이 동방보다는 남방으로 위치해 있기 때문이다. 지나(支那)도 역시 동방의 먼 나라로 간주될 수 없다. 왜냐하면 지나는 영토가 광활하여 서쪽 국경이 이란과 국경을 같이 하고 있는 아프가니스탄의 동부 국경과 맞닿아 있기 때문이다. 그 정도의 거리라면 이스라엘에서 "먼 땅(a far-off land)"이라고 할 수 없다.

　지나(支那)는 예루살렘으로 복음전도자들이 보냄을 받을 땅인 "해 돋는 데", 곧 동방의 먼 나라로 간주될 수 없는 보다 확실한 근거가 있다. 지나인들은 셈의 후손이 아닌 함의 후손이다. 하느님은 함의 후손을 세계 선교의 마지막 주자로 쓰시지 않는다. 하느님은 구원사를 셈족을 통해 시작하시고 셈족을 통해 마무리 하신다. 하느님은 '셈의 하느님' 이시기 때문이다(창 9:26).

지나인들이 함의 후손이라는 근거는 무엇인가? 지나인들은 '시노(Sino)'족이라고 부른다(영어 사전에서 'Sino'를 찾아보라). 이 '시노'는 함의 후손 '신(Sin)' 족속에 해당 된다(창 10:17). '시노'의 어원이 '신'인 것이다. '신'은 가나안의 아들이요, 가나안은 함의 넷째 아들이다(창 10:6; 15). 가나안은 노아로부터 저주받은 자였다(창 9:25). 이 가나안의 아들 '신'이 지나 민족의 고대 조상이다(창 10:17하). 고래로 지나인들이 용(龍)을 숭배하는 까닭이 바로 여기에 있다. 그들은 함의 가계, 그 중에서도 가나안의 아들 '신'의 후손이기 때문이다. 용을 숭배하는 족속은 저주 아래 있는 족속이다.

성경은 용을 '옛 뱀'이요 '마귀'요 '사단'이라고 말한다(계 12:9, 19:2). 용은 신비감을 자극하는 뱀의 형상을 하고 있다. 셈 계열의 백성들은 그렇게 용을 숭배하지 않는다. 고대로부터 용을 조상대대로 지극히 숭배하는 족속인 지나인들은 함의 후손인 것이 자명하다. 그러므로 인치는 자의 출처인 "해 돋는 데"는 결코 지나가 될 수 없다.

그러나 한국인은 셈의 후손이다. 더욱이 셈족의 현저한 가지인 욕단의 후손이다(창 10:21~30). 게다가 코리아는 예루살렘의 정동쪽으로 이스라엘과 같은 위도상에 있으며 또한 거리상으로도 이스라엘은 아시아의 서쪽(극서)에 위치해 있고 한국은 아시아의 동쪽(극동)에 위치해 있어 한국이야말로 가장 먼 땅이며 팔레스틴의 이스라엘로부터 정확히 "해 돋는 곳"이다. 따라서 인치는 사역자의 출처인 "해 돋는 데"란 한반도, 곧 코리아를 의도한 것이 틀림없다.

성경 예언에서 한국이 점하고 있는 위치

우리 겨레는 마지막 때에 예루살렘 땅 끝까지 능히 복음을 전하여 로마서 11:25~26에 약속된 이스라엘의 종말론적 구원을 실현시킴으로서 하느님의 인류 구원사를 완수할 제사장 민족이다. 바로 이것이 구속사에서 알이랑 민족 우리 겨레가 차지하고 있는 특별한 위치이다. 우리나라는 종말론적으로 성경 예언에서 대단히 중요한 위치를 점하고 있는 것이다. 동방의 코리아는 세계와 하느님 앞에서 독특한 사명과 위치를 지닌 선택받은 나라이다.

이와 같이 성경에는 우리나라를 향한 특별한 계시가 기록되어 있다. 혹시 당신은 계시록이나 이사야의 예언 속에 '코리아'라는 국호가 명시적으로 기록되어 있지 않다는 이유를 들어 그것을 부정할 것인가? 이는 "삼위일체"라는 '말'이 성경에 없다고 해서 삼위일체 교리가 성경적이 아니라고 하는 유니테리안파의 '우직한' 논리를 연상하게 하는 것이다. 물론 성경에 '삼위일체'라는 용어는 없다. 그러나 성경 전체가 '삼위일체'를 교훈하고 있다. 이와 같이 '코리아'라는 국명은 발견되지 않지만 성경에는 마지막 때에 동방의 코리아가 세계무대에서 담당할 역할이 무엇인지, 우리 겨레에게 부여된 구원사적 사명은 어떤 것인지 분명히 계시되어 있다. 지혜와 계시의 영이 있는 성도는 이 크고 놀라운 계시를 깨달을 것이다(렘 33:3).

구약의 대예언자 이사야와 신약의 대예언자 사도 요한은 "해 돋는 데"와 관련된 그들의 예언이 종말의 때의 한국에 대한 예언임을 알지 못했을 지라도(선지자라고 자신이 선포하는 예언이 무엇을 의미하는지 다 이해했던 것은 아니다. 벧전 1:10,11), 구약과 신약을 대표하는 이 두 선지자는 동방의 코리아에 대한 예언을 성경에 분명히 기록하였다.

필자는 "해 돋는 데"를 문자적 해석을 취하여 특정 장소인 동방의 한국이라고 간주하는 것에 대해 아전인수(我田引水)격이라고 비판하는 인사들이 있다는 사실을 잘 알고 있다. 나는 그들의 비판이 요한계시록 7:1~8의 전체적인 교훈을 올바로 이해하지 못한 상태에서 내린 단견이요 성급한 결론이었다고 단정한다.

물론 이사야서나 요한계시록에 나오는 "해 돋는 데"를 한국이라고 주장하던 사이비 종파의 교주들이 있었기 때문에(이유성 김득만 박태선 백시웅 등), "해 돋는 데"라는 말의 문자적 해석에 대한 그들의 거부반응을 이해 못하는 바는 아니다. 그러나 그러한 이유 때문에 본문이 진정으로 의도하는 실제적인 교훈을 놓칠 수는 없다. 그렇지 않은가?

뿐만 아니라 요한계시록을 이용하여 무지한 양들을 어두움으로 유혹하는 그러한 사이비 종파들의 난립은 사실상 요한계시록을 바로 가르쳐 주지 않는 정통교회에 그 책임이 있는 것이다. 그러므로 이제 우리는 계시록에서 가장 난해한 구절 중 하나인 7장 1~8절을 성도들에게 제대로 가르쳐 주어야 하겠다.

요한계시록 7:1~8은 예수님의 재림과 관련된 굉장히 중요한 예언이다. 예수님께서는 "땅 끝까지 이르러" 증인이 되라는 지상명령을 남기시고 승천하셨으며, 복음이 '땅 끝까지' 전파되면 다시 오신다고 약속 하셨다(행 1:8, 마 24:14). 그 땅 끝, 복음전도의 마지막 과제로서의 땅 끝은 단연 지리적으로는 예루살렘이요 민족적으로는 유대민족이다. 그런데 계시록 7장은 바로 그 땅 끝까지 달려가 유대민족에게 능히 복음을 전하여 예수 그리스도의 재림을 예비할 나라가 동방의 코리아라고 예언하고 있는 것이다. 아주 놀라운 계시이다. 우리는 이 계시로 말미암아 알이랑 민족 한국인에게 부여된 구원사적 사명이 "세계 선교의 마지막 주자" 라는 사실을 익히 알 수 있는 것이다.

한국교회는 이미 복음의 마지막 주자로서 열방을 향해 달려가고 있다. 오늘날 대한민국은 미국에 이은 세계 제2위의 선교대국이다. 이것은 무엇을 의미하는가? 해 돋는 나라 한반도에서 인 치는 역사가 벌써 시작되었음을 뜻한다! 물론 이것은 장차 예루살렘에서 절정에 이를 것이다. 그러니까 동방의 작은 나라 코리아가 오늘날 전 세계에 복음을 전하는 제사장 나라가 된 것은 절대로 우연이 아닌 것이다. 그것은 계시록 7장의 예언이 지금 코리아에서 구체적으로 성취되고 있는 것이기 때문이다.

오늘날 한국인은 그들을 향한 성경의 예언이 구체적으로 실현되는 예언의 시대에 살고 있다. 흥분하지 않을 수 없는 사실이다. 이제 한국교회는 이 계시를 철저히 깨닫고 세계선교에 확고한 소명감과 자신감, 그리고 자긍심을 갖고서 임하여야 할 것이다.

요한계시록 7장에 대한 성령님의 증언

계시록 7장 1~8절 말씀이 동방의 코리아에 대한 예언이라는 사실은 성령의 직접적인 증언도 있다. 본서는 1991년에 「이스라엘의 구원과 예수 그리스도의 재림」이라는 제목으로 출간된 책의 개정증보판이다. 이 책을 집필하던 나는 얼마 전 애틀랜타 영락장로교회의 원로 목  사인 고원용(81·사진) 목사님이 쓰신 계시록 연구서 「일곱 인의 비밀과 선교사명」(도서출판 알돌기획, 1995년 간)이라는 책을 읽다가 깜짝 놀랐다.

이미 51년 전에 성령님께서는 나라와 민족을 위해 금식하며 부르짖던 고 목사님에게 계시록 7장의 예언이 우리나라에 관한 예언이라고 알려 주셨기 때문이다. 아래는 그 책에서 발췌한 고원용 목사님의 간증이다.

고난에 대한 신학적 의문

…1957년 8월 어느 날, 필자는 삼각산의 비봉에서 천막을 치고 여러 날 동안 금식기도를 하고 있었다. 그때 나는 28세의 젊은 목사로 겨우 은혜를 체험하고 기도의 맛을 알기 시작했고 산기도의 맛을 느끼기 시작한 때였다.

그때 나는 '고난의 의미'에 대한 신학적인 의문 때문에 매우 번민하고 있었다. 왜냐하면 6.25전쟁 후의 우리 민족의 생활상은 참혹한 것이었기 때문이다. 50만 명의 전쟁고아가 거리에서 거지생활을 하고 있었으며, 30만 명의 전쟁미망인들이 밤잠을 이루지 못하고 생활고에 시달리고 있었고, 서울의 거리는 거의 모두 파괴되어서 방한시설이 전무한 판잣집에서 하루하루를 살아가고 있었다. 일거리를 얻으려 해도 일할 곳이 없어서 광주리장사나 길거리에서 물건 몇 가지를 늘어놓고 파는 것이 고작이었다.

필자는 그 당시 국방부의 군종실장으로 계시던 정달빈 목사님의 지도 아래 군 선교를 하면서 동대문 밖, 용두동에 있던 수산장 교회를 담임하고 있었다. 이 교회는 전쟁미망인들을 위하여 국방부가 설치해 놓은 수산장이라는 공장 안의 강당에 모여 예배를 드리는 교회였다.

수산장이라는 공장에서는 제대하는 군인들을 위하여 제대복을 만드는 일이 진행되고 있었다. 미망인들은 아기들을 수산장 내에 있는 탁아소와 유치원에 맡겨두고 아침부터 하루 종일 재봉틀을 돌리며 고달픈 생활을 하고 있었다. 이 미망인들의 평균 연령은 26세 정도로 모두 장교들의 부인들이었는데, 찬송을 부르면서도 울고 말씀을 들으면서도 울었다. 물론 그 중에는 은혜를 받고 감격해서 우는 이도 있었겠지만, 내가 느끼기에는 전사한 남편 생각, 자식 생각, 자신의 외로움, 고달픔 때문이 아닌가 느껴졌다. 〈중략〉

한민족의 고난에 대한 하나님의 섭리

나는 가슴이 아팠고 우리 민족이 받는 고난의 뜻을 이해할 수가 없었다. 우리 겨레가 타민족 보다 죄가 많아서 이런 고난을 받아야 하는가라고 질문해보면 그런 것 같지는 않았다. 죄가 많고 악독하기로 말하면 일본인들이 더했다. 그들은 35년 동안이나 우리 민족을 짓밟고 수많은 민족 지도자들과 독립투사들과 주의 종들을 투옥하고 죽인 역사의 죄인들이 아닌가? 아무리 둘러보아도 우리 한국 백성은 주변의 다른 민족들과 비교하면 선량한 민족이라고 생각되었다. 그런데 왜 이런 고난을 받아야 하는가? ……

이 고난들은 우연히 온 것일까? 아니면 하느님의 어떤 특별한 섭리 때문에 온 것일까? 하느님의 말씀은 '결코 우연일 수 없다' 라고 하신다.

"참새 두 마리가 한 앗사리온에 팔리는 것이 아니냐 그러나 너희 아버지께서 허락지 아니하시면 그 하나라도 땅에 떨어지지 아니하리라"(마 10:29).

"사람이 감당할 시험 밖에는 너희에게 당한 것이 없나니 오직 하나님은 미쁘사 너희가 감당치 못할 시험 당함을 허락지 아니하시고 시험 당할 즈음에 또한 피할 길을 내사 너희로 능히 감당하게 하시느니라"(고전 10:13).

이상의 두 절을 종합해 볼 때 우리 민족이 현재 당하는 이 처참한 비극도 하느님의 허락 하에서 이루어졌다고 결론을 내릴 수밖에 없다. 그러면 하느님은 왜 이런 비참한 고난을 우리 민족에게 허락하신 것일까? 아무리 생각을 해 보아도 고난을 허락하신 하느님의 뜻을 이해할 수가 없었다. 그래서 금식기도를 시작한 것이다.

비봉의 씨름하는 기도

나는 삼각산 비봉 바로 밑까지 올라가서 거기에 작은 군용 천막을 치고 금식기도를 시작했다. 그렇게 높이 올라간 이유는 산 밑에 천막을 치고 있으면 사람들의 방해를 받을 수 있고, 또 금식 중 배가 고프면 음식을 먹으러 하산하고 싶은 유혹도 받을 수 있기 때문이었다. 나는 이번 기도로 이 문제에 대한 해답을 꼭 주님으로부터 받고 싶었다.

장마가 지나고 폭염이 사정없이 내려 쪼이는 무더운 날씨였으나 산 속은 태양열에 하루 종일 데워진 바위 위에 담요를 한 장 깔고 기도를 시작하면 새벽이 되도록 온돌방 아랫목처럼 따듯했다. 삼일 째 되는 밤에도 주님은 아무런 대답을 해주지 않으셨다. 나는 그날 밤에 결사적으로 주님의 옷자락을 잡고 매달리듯이 기도했다. 마치 야곱이 얍복 강가에서 기도하듯 필사적이었다. 나는 필사적으로 마음의 울분을 쏟기 시작했다. 소리를 질러 기도했다.

"당신의 말씀에 의하면 분명히 고난도 필요하다고 했습니다. 주여, 이 민족이 당하는 이 처참한 고난을 하감하옵소서. 50만 명의 고아들이 전쟁 중에 부모를 잃고 길거리에서 울부짖고 있으며, 30만 명의 전쟁미망인들이 밤잠을 이루지 못하고 눈물짓고 있나이다. 먹을 것도 부족하며 입을 것도 없나이다. 거기에 정부까지 부패하여 국민들이 고통을 당하고 있나이다. 언제까지니이까? 왜 이 민족이 이런 처절한 고난을 받아야 하는 것입니까?

주여, 만일 당신이 이 고난을 우리 민족에게 허락하셨다면 분명한 뜻이 계시리라 믿습니다. 주여, 이 어리석은 종이 그 뜻을 알기 원하오니 말씀해 주시옵소서. 이 민족이 이런 고난을 언제까지 받아야 하며 왜 이런 처참한 고난을 받아야 합니까?

주여, 당신은 역사의 지배자이시며 통치자이십니다. 주여, 그 뜻을 알기 원하나이다. 가르쳐 주옵소서. 허락하신 그 이유가 민족의 죄 때문이니이까? 보혈로 씻으시고 용서하옵소서. 이 민족을 긍휼히 여기시고 이 고난에서 저들을 구원해 주시옵소서."

그러나 주님은 아무런 대답도 주시지 아니했다. 나는 간장병으로 몸이 심히 약해 있을 때였으므로 삼일간의 금식에 기진맥진해졌다. 나는 바위 위에 쓰러져서 잠이 들었다.

꿈에 주님이 나를 불렀다. 나는 기쁨으로 "주여 내가 여기 있나이다"라고 말했다. 주님은 인자한 음성으로 다음과 같이 말씀해 주셨다.

"네 민족이 당하는 고난을 통해서 나는 네 민족을 훈련시키고 있다.
이 훈련을 마치는 날, 한국 민족은
세계선교의 마지막 주자로 뛰게 될 것이다."

"주여 감사합니다. 그 때가 언제니이까?"라고 물으니 주께서는 "네 천사가 바람을 반시 동안 잡아 고요한 때이다"고 대답하셨다.

주님의 모습은 보이지 않고 네온싸인과 같은 것이 보였는데, 계시록 7장 1절에서 4절이라고 쓰여져 있었다. 깨어보니 새벽 1시경이었다. 나는 급히 천막으로 들어가 촛불을 켜고 계시록 7:1~4을 읽었다.

이상은 「일곱 인의 비밀과 선교사명」 13~19쪽에서 인용한 것이다. 하느님은 51년 전 나라와 민족을 위해 금식하며 애절하게 부르짖는 고원용 목사님에게 우리 민족을 세계선교의 마지막 주자로 쓰시기 위해 연단하시고 있다고 응답해 주셨다. 그리고 마지막 주자로 쓰신다는 근거로 요한계시록 7장 1~4절 말씀을 주셨던 것이다. 고원용 목사님의 이 간증은 성령께서 나로 하여금 계시록 7장을 바로 해석하도록 인도하셨다는 증거가 되었다. 우리 함께 계시록 7장 1~4절 말씀을 다시 읽어보자.

> **1** 이 일 후에 내가 네 천사가 땅 네 모퉁이에 선 것을 보니 땅의 사방의 바람을 붙잡아 바람으로 하여금 땅에나 바다에나 각종 나무에 불지 못하게 하더라
> **2** 또 보매 다른 천사가 살아 계신 하나님의 인을 가지고 해 돋는 데로부터 올라와서 땅과 바다를 해롭게 할 권세를 받은 네 천사를 향하여 큰 소리로 외쳐
> **3** 이르되 우리가 우리 하나님의 종들의 이마에 인치기까지 땅이나 바다나 나무들을 해하지 말라 하더라
> **4** 내가 인침을 받은 자의 수를 들으니 이스라엘 자손의 각 지파 중에서 인침을 받은 자들이 십사만 사천이니

하느님께서는 언제 우리 민족이 마지막 주자로 뛸 것이냐는 고원용 목사님의 질문에 "네 천사가 바람을 반시 동안 잡아 고요한 때이다"라고 대답해 주셨다고 한다. 그것은 계시록 8장 1절을 말씀하신 것이다. "일곱째 인을 떼실 때에 하늘이 반시간쯤 고요하더니" 여기에서 '반시간쯤 고요하더니'라는 것은 잠시 동안의 평화의 시기를 의미한다. 예수께서 다시 오시기 전 마지막 대추수를 위한 은혜의 때인 것이다(반시간쯤의 실제 기간은 하느님만 아실 것이다).

이와 같이 계시록 7장에 나오는 '해 돋는 데'가 특정한 장소인 동방의 코리아라는 것은 진리의 영이신 성령의 증언도 있다. 그러니 무엇을 의심하리요! 이제 한국교회는 계시록 7:1~8에 기록된 예언이 우리나라를 향한 계시라는 사실을 명확히 깨닫고 감사함으로 취해야 한다. 그리고 예루살렘 땅 끝까지 열방에 복음을 전하는 제사장 나라가 꼭 되어야 한다.

그렇다면 왜 하느님은 유대민족을 구원하시는데 동방의 코리아를 사용하시는가? 왜 극동의 한국이 세계 선교의 마지막 주자로 쓰임을 받는가? 놀랍게도 그 해답은 성경의 첫 번째 책인 창세기에 계시되어 있다. 이제 다음 단원에서 구약성경 창세기를 펼쳐놓고 그 근본적 이유가 무엇인지 확인해 보자.

예루살렘 전경

"예루살렘의 화평을 위하여 기도하라.
너를 사랑하는 자들은 번성하리로다"
(시 122:6)

"너를 축복하는 자들에게 내가 복을 주고
너를 저주하는 자를 저주하리라.
네 안에서 땅의 모든 족속들이 복을 받을 것이라"
(창 12:3)

"나는 주이므로 변경하지 아니하노라.
그러므로 너희 야곱의 아들들은 소멸되지 아니하느니라"
(말 3:6)

제3장

위급한 때를 위하여 태어난 형제

창세기 10장은 흔히 민족장(民族章)이라고 하는 것으로 노아의 후손들에 의해 형성된 세계 제(諸)민족의 기원에 대한 기록이다. 여기에는 노아의 세 아들의 계보가 자세히 명시되어 있다. 제일 먼저 큰 아들 야벳의 계보가 기록되었고(2~5절), 그 다음에 가운데 아들 함의 계보(6~20절)가, 끝으로 작은 아들 셈의 계보가 기록되어 있다(21~31절). 야벳, 함, 셈의 순서로 세 아들의 가계를 소개하고 있는데, 이는 그들의 나이 순서대로 배열했기 때문이다.

그런데 이 계보를 자세히 관찰해 보면 야벳과 함의 자손들을 소개할 때와 셈의 자손들을 소개할 때에 차이점이 발견된다. 즉 야벳의 경우와 함의 경우에는 "야벳의 아들은~", "함의 아들은~"하고 곧바로 아들 손자를 나열하였는데, 셈의 경우는 "셈은 에벨 온 자손의 조상이요, 형 야벳의 동생이라. 그에게도 자녀가 출생하였으니"(창 10:21 · KJV)라는 특별 서론이 기록되어 있는 것이다. 여기서는 아들과 손자를 건너뛰어 4대 째의 '에벨'이 먼저 나오고 있다.

셈의 후손들

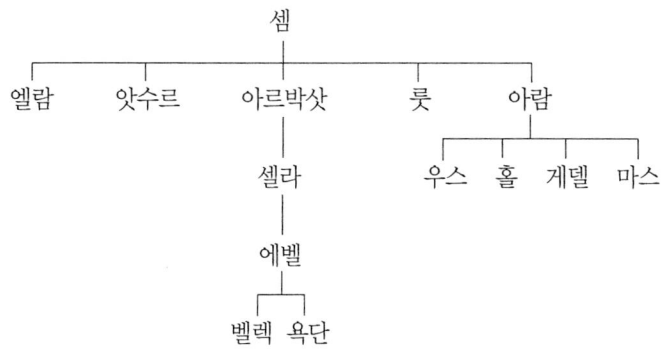

더욱이 그 '에벨'은 셈의 맏아들도 아니고 맏아들의 직계손도 아니며, 셋째 아들 아르박삿의 손자였다. 셈은 아르박삿 외에도 네 아들이 있었고 따라서 셈은 이 모든 자손들의 조상임에도 틀림없다. 그런데도 셋째 아들 아르박삿의 손자 '에벨'을 먼저 언급하면서 "셈은 에벨 온 자손의 조상"으로만 구별해 놓았다. 무슨 이유 때문인가? 여기에는 반드시 어떤 까닭이 있을 것이다.

성경적 천손민족의 계보

21절에 기록된 "셈은 에벨 온 자손의 조상"(Shem was the ancestor of all the sons of Eber)이라는 말씀은 하느님께서 택정하신 선민의 가계, 곧 천손민족(天孫民族) 계보를 이해하는데 있어서 필수적으로 중요한 계시이다. 여호와 하느님은 특별한 목적이 있기 때문에 셈의 족보에 21절 말씀을 먼저 기록하도록 하신 것이다.

"셈은 에벨 온 자손의 조상"이라는 말씀의 의미는 무엇인가? 그것은 셈의 후손들 가운데서도 특별히 셈의 셋째 아들 아르박삿의 손자 '에벨의 혈통'이 하느님께로부터 선택된 종족이라는 것이다. 셈에게 주신 복 곧 하느님은 '셈의 하느님'이라는 약속은(창 9:27)은 한 가족 '에벨의 자손'에서 이루어지도록 선택의 범위가 한정된 것이다. 이것을 칼빈은 그의 창세기 주석에서 다음과 같이 설명하고 있다:

> **"셈은 에벨 온 자손의 조상이요:** 셈의 아들들에 대하여 말하려는 기회에 모세는 간단하게 서론을 시사하고 있다. 그런 서론은 다른 사건들에 대하여는 하지 않았던 것이다. 그러나 그렇게 한 것은 이유가 있다. 왜냐

하면 이 계열은 하느님의 선택을 받은 종족이기 때문에 하느님은 다른 민족들 가운데서 특별한 표로서 이 종족을 격리시키기를 원하고 계셨던 것이다. 그리고 다음과 같은 것이 모세가 특별히 그를 가리켜서 '에벨 자손들의 조상'이라고 묘사하고 있는 이유가 되고 있다. 그것은 셈의 복이 무차별하게 그의 모든 자손들에게 내려오는 것이 아니고 다만 한 가족에게만 그것이 상속되어 남게 되었기 때문이다."(존 칼빈 원저 성경주석 창세기, 서울: (주)성서원, 1999, P. 301)

셈을 에벨 온 자손의 조상으로만 부각시킨 까닭은 '에벨의 자손'이 선택받은 종족이며, 셈의 복이 한 가족 곧 '에벨의 후손'에게만 상속되기 때문이라는 설명에 주목하라. 여기에서 셈의 복이란 창세기 9장 26절에 기록된 것으로서 하느님이 '셈의 하느님'이 되신다는 복이다. 곧 천손민족(天孫民族)으로 구별되는 복인 것이다.

이 계시를 깨닫는 것은 대단히 중요하다. '에벨'은 24절에 나오며, 24절에 '에벨'이 나오기 전에 벌써 셈의 후손이 여럿이 나오는데, 다른 사람들은 그냥 이름만 대고 넘어가면서 '에벨'만은 셈의 후손 꼭대기에다 올려놓은 것은 천손민족, 즉 선민이 '에벨'을 통해서 나오기 때문이다. 바로 이것이 '에벨'이 그렇게 중요한 이유이다. '에벨'은 셈의 4대손이지만 천손민족의 조상이기 때문에 21절에서 우선 언급되고 있는 것이다.

셈을 '에벨 온 자손의 조상'으로만 드러낸 것은 '에벨의 혈통'이 셈의 종통으로서 선택받은 종족으로 구별되었음을 계시하는 것이다. 나머지 셈족들은 탈락되었다. 오직 '에벨의 자손'만이 셈의 많은 자손들 가운데에서 선택받은 종족이 되었다. 그러므로 이제 셈의 하느님은

"에벨 자손의 하느님"이시다. 그러면 '에벨의 자손'이란 누구인가? 에벨의 자손이라야 '벨렉'과 '욕단' 두 형제뿐이다.

> "에벨은 두 아들을 낳고 하나의 이름을 벨렉이라 하였으니
> 그때에 세상이 나뉘었음이요
> 벨렉의 아우의 이름은 욕단이며"(창 10:25).

따라서 신적 선택을 받은 종족인 "에벨의 온 자손(All the sons of Eber)"이란 곧 '벨렉 자손'과 '욕단 자손'을 말하는 것이다. "셈은 에벨 온 자손의 조상"이라고 했으니 셈은 곧 그 두 형제의 자손들의 조상이 된다는 말이요, 하느님은 '셈의 하느님'이라 했으니 곧 "벨렉 자손의 하느님"이시요, "욕단 자손의 하느님"이신 것이다. 바로 여기에서 여호와 하느님은 선택된 백성이 하나가 아닌 둘인 근거를 분명히 예비하셨다.

여기서 두 사람의 자손이 선택된 종족이 된 사실을 보게 된다. 하느님은 분명히 두 종족을 선택하신 것이다. 왜냐하면 "셈은 에벨 온 자손의 조상"이라고 했기 때문이다. 분명히 "온 자손의 조상"이라 했으니, 에벨의 두 아들 '벨렉 자손'과 '욕단 자손'이 모두 포함된 것이다. 따라서 선택의 계통을 따져보면 셈→아르박삿→셀라→에벨의 하느님으로서, '벨렉 자손'과 '욕단 자손'의 하느님이신 것이다. 이는 곧 '천손계보(天孫系譜)'라 하겠다. 즉 선택받은 백성은 '벨렉계 선민'과 '욕단계 선민', 두 계열의 백성이 존재하는 것이다. 바로 이것이 모세가 지금 이 특별히 숭고한 언급을 에벨과 그의 종족에게 돌리고 있는 목적이다.

두 계열로 천손민족을 선택하신 이유

창세기 10장 21절에 근거해 볼 때 '에벨'은 셈 계열 내에서 두 계열의 천손민족, 곧 벨렉계 천손과 욕단계 천손으로 연결되는 가장 중요한 인물이다. 에벨이 셈의 맏아들도, 맏아들의 직계손도 아니지만 그의 이름이 셈의 족보에서 우선 언급된 이유가 여기에 있다.

그리하여 홍수 후 셈계의 일신신앙은 '에벨'로부터 '벨렉'과 '욕단' 이 두 사람의 자손에게로 계승되었으며 그들도 세월이 흐름에 따라 점차 일신신앙을 잊어버리고 하느님을 진정하게 경배하는 데서 물러나게 될지라도, 셈에게 내린 복만은 완전히 소멸되지 않고 이 두 사람의 후손에게 어느 한 때를 기다리며 매장되어 있었다. 이러한 진리에 대해 칼빈은 그의 창세기 주석에서 다음과 같이 설명한다:

> "그리고 비록 에벨의 자손들인 그들도 하나님을 진정하게 경배하는데서 물러나서 여호와께서는 그들을 공정하게 완전히 끊어버릴 수도 있었으나 셈에게 내린 복만은 아직도 완전히 소멸되지 않고 어느 한 때를 기다리며 매장되어 있었으니…"(성경주석 창세기, P.301)

그리하여 벨렉의 후손은 마침내 그의 6대손 아브라함이 부름을 받아서 그 복을 이어가게 된 것이다(창 11:10~32). 우상 장사로 생계를 유지하던 아버지 데라처럼 본래 다신론자였던 아브라함이 하느님의 부름을 받은 것은 결코 우연이 아니었던 것이다.

물론 욕단의 후손에게도 셈에게 내린 복이 소멸되지 않고 어느 한 때를 기다리며 매장되어 있을 것이다. 그들도 에벨의 혈통으로서 엄연히 신적 선택을 받은 백성, 곧 천손민족이기 때문이다. 예수님은 "천지가 없어지기 전에는 율법의 일점일획이라도 반드시 없어지지 아니하고 다 이루리라"(마 5:18)고 말씀하셨다. 그러므로 때가 차면 제2의 선민 욕단의 후손도 마침내 그 존귀한 자태를 드러내고 셈의 장막에 거하시는 하느님의 영광을 열방에 선포하게 될 것이다.

그런데 왜 하느님은 셈의 맏아들도 아니고 맏아들의 직계손도 아닌 셋째 아들 아르박삿의 손자 '에벨의 혈통'을 구별하여, 그의 두 아들인 '벨렉 자손'과 '욕단 자손'을 셈의 복을 상속받는 백성으로 함께 선택하셨을까? 무엇 때문에 하느님은 두 족속을 천손민족(天孫民族)으로 성별하셨는가? 하느님은 불필요한 말씀을 하시지 않는다. 여기에는 반드시 하느님의 특별하신 뜻이 내재해 있는, 하느님의 특별 섭리가 있기 때문이다. 그것은 무엇일까?

향후 전개되는 구원사에 있어서 에벨의 혈통인 벨렉 계열 천손과 욕단 계열 천손은 중요한 위치를 점할 것이었다. 전자를 통해서는 구원의 길을 여시고 후자를 통해서는 인류구원 역사를 마무리 하신다! 바로 이것이 세계 구속의 여명기에 벨렉의 후손과 욕단의 후손, 두 계열의 종족이 천손민족(天孫民族)으로 함께 선택을 받은 구속사적 이유이다.

***벨렉 계열 선민**(천손)
먼저 사용하셨음 → 구원사를 여심 → 복음의 첫번째 주자

***욕단 계열 선민**(천손)
나중에 사용하심 → 구원사를 완성 → 복음의 마지막 주자

벨렉의 후손에서는 아브라함이 부름을 받음으로서 '언약 백성'인 이스라엘이 탄생했다(창 11:10~32). 과연 신실하신 하느님은 벨렉계 천손민족 이스라엘을 통하여 구원의 길을 여신 것이다. 예수님은 이렇게 말씀하셨다: "구원이 유대인에게서 남이라"(요 4:22).

그러나 정작 벨렉계 선민 유대민족은 메시아 예수를 거부한 채 아직까지 구원의 길 측면에 놓여있다. 그들은 마지막 때에 형제 족속인 욕단계 선민을 통해 예수를 영접하고 구원을 받게 될 것이다. 형제란 위급한 때를 위하여 태어났기 때문이요(잠 17:17), 천손민족(벨렉 계열)은 또 하나의 천손민족(욕단 계열)을 통해 구원하는 것이 신실하신 하느님의 뜻이기 때문이나.

또 하나의 선민 알이랑 민족

마지막 때에 인류구원 역사를 마무리하는 데 쓰임 받을 또 하나의 선민인 욕단의 후손은 어디에 있을까? 성경은 그들이 동방의 산악 지대를 넘어 아시아로 갔다고 말한다.

"그들의 거하는 곳은 메사에서부터 스발로 가는 길의 동쪽 산이었더라"
(창 10:30)

여기에서 '산'이란 히브리어로 '하르'(הר)라고 하는데, 그 뜻은 '산맥', 혹은 '일정한 지역의 산들' 곧 '산지'를 가리킨다. 동양에는 큰 산들이 많이 있다. 즉 욕단은 동쪽 산악지대를 넘어서 - 파미르고원 →천산산맥→알타이산맥 - 아시아로 천동했던 것이다.

욕단의 가계는 에벨의 혈통으로서 셈족 중에서도 특별선택을 받은 셈족의 종가(宗家)였다. 그러므로 그들은 유일신 하느님을 아는 지식이 있는 백성이었고, '알이랑 정신', 곧 "하느님 중심 사상·신본주의 정신"이 가장 확고한 족속이었다. 따라서 욕단 족속은 셈족의 정통성을 승계한 백성답게 "하느님과 함께 고개를 넘어 간다", 즉 "알이랑(With God) 고개(파미르고원→천산산맥→알타이산맥)를 넘어 간다"라고 찬송하면서 '스발'을 향해 동방으로 이동했던 것이다.

'스발'의 위치는 어디일까? '스발'을 히브리어에서 음역하면 '새팔'이다(우리말 성경 개역판의 히브리어 음역 표기는 고대 헬라어 번역 성경인 70인역으로부터 왔다). 먼저 기억해야 할 사실은 '새팔'은 결코 당시에 존재하거나 알려진 도시와 장소의 이름이 될 수 없다는 것이다. 모든 것이 홍수로 인해 지워졌기 때문이다. 욕단이 천동하기까지 동양에는 아직 누구도 살고 있지 않았다.

따라서 창세기 10장 30절에 언급된 '새팔'은 현실적인 지명이 아니다. 그것은 '예시적'인 지명이다. '예시'란 나중에 원형으로 구체화 될 어떤 진리가 미리 '암시적'으로 드러나 있는 것을 말한다. 그러므로 '새팔'의 원형에 해당할 수 있는 지명 및 위치를 찾아야 한다. 예시적 지명 '새팔'은 어디일까? 일단 그곳은 아시아 동쪽의 어느 곳에선가에서 추적되어야 한다. 왜냐하면 욕단은 동방의 산악지대(파미르고원→천산산맥→알타이산맥)를 넘어 동쪽으로 이동하고 있었기 때문이다.

그곳은 과연 어디를 뜻할까? '시베리아'이다. 알타이산맥을 넘어 동쪽으로 좀더 이동하면 '시베리아' 벌판이 펼쳐진다. 시베리아는 고조선의 창건 무대인 만주 대륙이 연장된 땅으로 우리 한민족의 역사의 고향이다. 알이랑 고개를 넘어 유라시아 대륙 동쪽으로 멀리 천동(遷動)한 욕단 족속은 남북만주 및 시베리아를 아우르는 동방의 새 땅을 '시볼(새발)'이라고 하였다. '새발'은 '새벌'의 고어로서, '새 땅' '새 벌판'이라는 뜻이다. 욕단의 목적지 '새팔'은 바로 우리 배달겨레의 발상지 '새발'(시베리아~만주)을 예시한 것이다.

소리가 비슷한 '새팔'과 '새발'은 같은 말이다. 'ㅍ'을 약하게 소리 내면 'ㅂ'이 된다. 'ㅍ'과 'ㅂ'은 모두 '파열음'으로서 한 계통의 소리이다. 따라서 자주 혼용되기도 한다. 예를 들면 '안퐊'은 '안밖'이요, 동이족의 후예인 인디언은 '아버지'를 '아파치'라고 부른다. 더욱이 우리말에서 '벌'(불)의 옛말이나 거센말은 '펄'(팔)인데 "매우 넓고 평평한 땅"을 의미한다. 그러므로 '새팔 = 새발'로 간주할 수 있다.

시베리아라는 지명은 우리말 '시비리'에서 유래했는데, 이 '시비리'의 어원이 바로 '새벌'의 고어인 '시볼'이다(새발~새바르~시비르~시비리). 만주 벌판이 연장된 땅인 시베리아는 만주와 같은 땅이라고 해도 틀림이 없는 곳이다. 그곳은 우리 배달겨레의 역사의 고향이다. 따라서 그곳을 부르던 우리의 땅 이름이 아득한 옛날부터 있었는데, 그것이 토박이말로 '시비리'이다. 이 '시비리'란 바로 '시볼(새발)'의 변음이다. 우리 한글의 홀소리 ㅏ가 ㅏ~ㅓ~ㅗ~ㅜ~ㅡ~ㅣ로 구울러 감에 따라, '새'가 또 사~서~소~수~스~시로 구울러 감이 보통이다. 우리

말 '새' (시)가 그 같이 여러 가지 소리(음)로 나타난다.

'시비리'의 '시'는 '새' (시)를 뜻하는 말이다. 그리고 시비리의 '비리'는 '벌' (불)의 의미를 갖는 순수한 우리말이다. '시비리'는 시(새:新)+비리(벌:平野)의 조어구조를 갖는 '새벌'과 같은 뜻의 말이다. 즉 시베리아의 가장 오래 된 옛 이름이 한국어 '시비리'인 것이다.

'시비리'가 '시베리아'로 불려지게 된 것은 고구려가 망한 후 방치되던 '시비리'를 16세기에 러시아가 불법강점(不法强占)을 하면서부터이다. 러시아족이 동침(東浸)한 이후 '시비리'는 그 신비한 모습을 세계사에 드러내게 되었는데, '시비리'를 강침한 러시아 사람들도 그 땅을 예부터 부르던 이름 그대로 '시비리'라고 불렀다. 그것을 영국인들이 듣고 마치 고려를 '코리아'라고 부른 것처럼 '시베리아'라고 부른 것이 오늘날 '시베리아'로 세계에 알려진 것이다.

그러니까 최소한 400여 년 이전까지는 '시베리아'라는 말은 지구상에 없었다. 오직 한국어 '시비리'가 있었을 뿐이다. 시베리아는 한국어 '시비리'에서 유래한 영어식 지명이라는 사실을 알아야 한다.

알이랑 고개를 넘어 동방으로 천동한 욕단 족속이 정착한 땅은 바로 우리 겨레의 빌상지 '새발' (시베리아~만주)이다. 그러므로 한국인은 천손민족(天孫民族), 곧 이 땅 위에 존재하고 있는 또 하나의 선민인 것이다. 여호와 하느님께서 나중에 쓰시려고 동방에 "감추어 두신 선민"이 바로 알이랑 민족 우리 한국인이다. 이것은 상실되었던 진리로 마지막 때에 회복되어야 할 아주 중요한 계시이다(그러나 당신이 누구이든 꽉 막힌 고정관념에서 벗어나고 싶지 않다면, 숨겨져 있었던 계시가 드러나고 회복되더라도 결코 그것을 취하지 못할 것이다).

동방의 해 뜨는 아침의 나라 코리아는 세계와 하느님 앞에서 특별한 사명과 위치를 지닌 선택된 나라이다. 한국인은 셈의 현손(玄孫) 욕단의 직계 후손으로서 열방 민족 중에 존재하고 있는 또 하나의 선민이기 때문이다. 우리 한민족이 선택받은 백성이라는 사실은 이 시대에 성령께서도 예언자들의 입을 통해 자주 증거하고 계신다. 한 가지 예를 들자면 세계적인 예언사역자인 빌 해몬 목사의 예언이다.

2008년 1월 28일부터 31일까지 서울 방이동 올림픽공원 내 올림픽홀에서는 CI코리아 주관으로 "트랜스퍼메이션 2008"이라는 신년특별성회가 개최된 바 있다. 주강사는 크리스천 인터내셔널(CI)의 총재인 예언사역자 빌 해몬(사진) 목사였다.

그는 18세부터 예언사역을 시작하여 미국 대통령들은 물론 전 세계 지도자들과 교회 리더들, 기업가와 일반인을 위한 예언사역을 펼쳤고 지금까지 약 5만 명에게 개인 예언을 해준 국제적인 예언사역자다(2008년 2월 1일

자 국민일보 인터뷰 기사). 집회 첫날 밤 빌 해몬 목사는 등단하자마자 5000여 명의 성도들 앞에서 코리아에 관해 하느님께 받은 말씀이라면서 다음과 같이 예언했다.

> "하나님은 내가 어느 나라를 방문하든지
> 그 나라를 향한 예언의 말씀을 늘 주십니다.
> 이것을 어떻게 이해해야 할 지 모르겠습니다만,
> 하나님은 나에게 '코리아는 아시아에 있는 하나님의 이스라엘이다'
> 고 말씀하셨습니다. 코리아는 선택받은 나라입니다!
> 코리아는 말세를 향한 하나님의 특별 계획이 있는
> 선택된 나라입니다."

성경에 근거해 볼 때 빌 해몬은 하느님의 음성을 바로 들었음을 알 수 있다. 그의 예언은 기록된 계시인 성경의 지지를 받는 객관적 사실이기 때문이다. 성경을 깊이 아는 신자는 그의 예언이 하느님께로부터 왔음을 즉각 분별할 수 있다.

빌 해몬은 "코리아는 아시아에 있는 하나님의 이스라엘이다"라는 예언의 말씀을 전하면서, "이것을 어떻게 이해해야 할 지 모르겠습니다"라고 토로했다. 그는 아직 성경에 근거한 한민족의 기원을 모르기 때문이다. 하지만 빌 해몬도 이 책을 읽게 된다면 그가 받은 "코리아는 아시아에 있는 하나님의 이스라엘이다"는 예언의 말씀이 충분히 이해가 될 것이다.

"2008 Transformation" 국민일보 보도 사진

그렇다면 또 하나의 선민 우리 겨레의 사명은 무엇인가? 그것은 마지막 세기의 마지막 주자이다. 여호와 하느님은 벨렉계 천손민족 유대인을 복음의 첫 번째 주자로 사용하셨다. 그러므로 욕단계 천손민족 한국인은 복음의 마지막 주자로 쓰실 것이다. 즉, 나중에 쓰시려고 감추어 둔 제2의 선민이 욕단계 천손민족 한국인인 것이다.

아시아 서쪽에 있는 벨렉의 자손 유대민족과 아시아 동쪽에 있는 욕단의 자손 배달민족, 이 두 민족은 셈족의 현저한 두 가지(two branches)로서 신적 선택을 받은 천손민족이다. 그러므로 이제 선민은 셈의 후손 중에서 유대민족 하나뿐이라는 고정관념은 깨라! 사람이 눈에 보이는 '겉사람'과 눈에 보이지 않는 '속사람'이 있는 것과 같이 선민 곧 천손민족도 겉으로 드러난 선민(양)이 있고, 속으로 감추인 선민(음)이 있다. 겉으로 드러난 선민이 아시아 서쪽의 유대민족이요, 안으로 감추인 선민이 아시아 동쪽의 우리 배달민족이다. 전자가 명시적 언약백성이라면, 후자는 묵시적 언약백성이라 하겠다.

위급한 때를 위하여 태어난 형제

성경상의 기원으로 볼 때 유대인과 한국인은 놀랍게도 뗄 수 없는 유대관계가 성립되어 있다. 왜냐하면 그들은 한 조상 '에벨'(셈의 셋째 아들 아르박삿의 손자)로부터 분리된 형제 족속이기 때문이다(창 10:21,25,30; 11:10~32).

에벨의 큰 아들 벨렉의 후손이 유대민족이요(창 10:21; 25; 11:10~30), 대홍수 후 알이랑(하느님과 함께) 고개(파미르고원~천산산맥~알타이산맥)를 넘어서 동방의 새 땅으로 천동(遷動)한 작은 아들 욕단의 후손이 우리 배달민족이다(창 10:21; 25; 30).

그러므로 한국인과 유대인은 형제 족속이다. 아마도 벨렉과 욕단은 에서와 야곱처럼 쌍둥이였을지도 모른다. 그렇기에 아우의 이름을 '작다'는 뜻의 '욕단'이라고 지었을 것이다.

그런데 하느님은 "형제는 위급한 때를 위하여 났느니라"(잠 17:17)고 말씀 하신다. 형제란 자기의 형이나 아우가 위경에 처했을 때 끝까지 돕는 존재란 것이다. 하느님이 유대민족을 구원할 도구로 말세에 동방의 코리아를 사용하시는 까닭이 바로 여기에 있다. 그들은 한 조상 에벨로부터 갈라진 형제 족속이기 때문이다. 결국 신실하신 하느님은 천손민족(유대인)은 또 하나의 천손민족(한국인)을 통해 구원을 받도록 계획하신 것이다. 이것이 하느님의 지혜이다.

그렇다! 마음이 완고한 유대민족은 아무나 가서 구원할 수 있는 것이 아니다. 오직 하느님의 때에 또 하나의 선민이 복음을 가지고 가야만 마침내 이스라엘의 회심이 이루어질 것이다. 단언하건데 이스라엘의 구원은 그 날이 이르기까지 결코 목도할 수 없으리라.

바로 이것이 선지자 이사야와 사도 요한이 말세에 유대민족을 구원하기 위해 '동방'에서 예루살렘으로 복음을 전할 자들이 갈 것이라고 예언하고 있는 이유인 것이다. 동방의 해 뜨는 땅 아침의 나라에 나중에 쓰시려고 감추어 두신 천손민족, 곧 욕단의 후손이 있기 때문이다.

그러므로 이스라엘의 구원을 위한 하느님의 원대하고 심오하신 계획을 깨달은 우리는 다음과 같이 고백하지 않을 수 없다: "깊도다 하나님의 지혜와 지식의 풍성함이여, 그의 판단은 헤아리지 못할 것이며 그의 길은 찾지 못할 것이로다"(롬 11:31). 아멘!

이스라엘을 위로하고 축복하라

한국인과 유대인은 한 조상 에벨로부터 나뉘인 형제 족속이다. 즉 셈의 셋째 아들 아르박삿의 손자 에벨이 낳은 두 아들 중, 형 "벨렉의 후손"이 아시아 서쪽의 이스라엘 백성이요 동생 "욕단의 후손"이 아시아 동쪽의 한국 백성인 것이다. 그러므로 신실하신 하느님은 마지막 때에 한국 백성을 사용하시어 온 이스라엘을 구원하시기로 계획하셨다.

이방인의 때에 이방인에게 구원이 넘치게 된 뜻은 영생을 주시기로 작정된 이방인의 수를 채우는 것과 아울러(행 13:48), 구원받은 이방인으로 하여금 이스라엘을 시기나게 하여 이스라엘 백성까지 구원하는 데 있었다(롬 11:13~14). 그러나 지난 첫째 천년과 둘째 천년의 기간 동안 서양 기독교 국가들은 이스라엘의 시기심을 자극한 것이 아니라 기독교에 대한 유대인의 배타심만을 격발시켰을 뿐이다.

서구 기독교 국가들이 디아스포라 유대인들을 "성자 예수를 죽인 하느님의 적"(The Christ Killer)이라는 오명을 붙여 혹독히 박해했기 때문이다. 성자 예수를 죽인 자들은 유대인만이 아니라 이방인도 같이 죽였다는 것을 그들은 간과했다. 지난 2천년 동안 하느님의 백성을 박해하는 일의 주역으로서 용서받지 못할 역할을 기독교 국가가 담당했던 것이다. 서양 기독교 국가들은 이스라엘을 시기케 하여 그들을 구원하라는 하느님의 뜻과 정반대 방향으로 나갔다.

이러한 서양 기독교 국가들의 과오 때문에 아직까지도 유대인은 예수 그리스도를 배척하고 구원의 길 측면에 놓여있는 것이다. 유대인에게 기독교란 시기의 대상이 아니라 오히려 질시와 타기의 대상이 되어 있을 뿐이다. 그러므로 서양 기독교 국가들은 더 이상 이스라엘을 구원하는 도구로 쓰임 받을 수 없게 되었다. 하느님께서는 이 구원사적 과업을 누구에게 맡기실 것인가?

바로 또 하나의 선민 알이랑 민족이다. 왜? 그들은 조상으로 인해 뗄 수 없는 유대관계가 형성되어 있는 형제 족속이기 때문이다. 성경이 말일에 이스라엘 백성을 구원하기 위해 복음을 전할 자들이 동방으로부터 예루살렘으로 달려갈 것이라고 예언하고 있는 이유가 여기에 있다(계 7:1~8, 사 41:25~27; 52:7; 46:11~13 ; 55:1~9).

한국교회는 이러한 하느님의 섭리와 계획을 깨닫고 이스라엘의 구원을 위해 힘써야 한다. 유대인들은 어느 면으로나 지쳐 있다. 그들에겐 위로와 희망과 사랑이 필요하다. 누가 이 거룩한 일을 수행할 것인가? 욕단계 선민 한민족인 것이다. 지금부터 한국교회는 그들의 구원을 위해 중보기도 하며, 그들을 위로하고, 이스라엘의 구원을 위한 효과적인 전략들을 수립하고 행동을 개시하여야 한다. 정치 외교적으로도 우리나라는 이스라엘과 우호적인 관계를 지켜야 한다. 이것이 또 하나의 선민 알이랑 민족이 맺이아 힐 가장 귀한 열매 중 하나이다.

"…형제는 위급한 때까지 위하여 났느니라"(잠 17:17).

---

* 창세기 10:21~31은 욕단 계열의 천손민족을 위주로 기록한 것이고, 창세기 11:10~26까지는 벨렉 계열의 천손민족을 중심으로 기술한 것이다.

제4장

첫 것은 실패하고
둘째 것이 승리하는
성경의 원리

동방의 등불

일찍이 아시아의 황금 시기에
빛나던 등불이었던 코리아.
그 등불 다시 한 번 켜지는 날에
너는 동방의 밝은 빛이 되리라.
마음에 두려움이 없고
머리는 높이 쳐들린 곳.
지식은 자유스럽고
좁다란 담벽으로 세계가 조각조각 갈라지지 않은 곳.
진실의 깊은 곳에서 말씀이 솟아나는 곳.
끊임없는 노력이 완성을 향하여 팔을 벌리는 곳.
지성의 맑은 흐름이
굳어진 습관의 모래벌판에 길 잃지 않는 곳.
무한히 퍼져 나가는 생각과 행동으로
우리들의 마음이 인도되는 곳.
그러한 자유의 천국으로
내 마음의 조국 코리아여 깨어나소서.

- 타고르 -

말일에 복음의 마지막 주자로 쓰임 받는 백성이 겉으로 드러난 선민(벨렉 계열) 유대민족이 아니라 속으로 감추인 선민(욕단 계열) 우리 알이랑 민족인 것은, 첫 것은 실패하고 둘째 것이 승리하는 성경의 객관적 원리와 잘 부합한다. 성경 전체를 일관하여 보면, 첫 것은 실패하고 둘째 것은 승리하게 됨을 볼 수 있다. 첫 것의 실패와 둘째 것의 승리! 이는 성경에 관통하는 현저한 영적 원리이다.

- 첫 아담은 실패했고, 둘째 아담인 예수께서 승리하여 인류 구속의 대업을 성취하셨다.

- 아담의 첫 아들 가인은 버림을 당하고, 둘째 아들인 아벨이 택함을 입었다.

- 아브라함의 장자인 이스마엘은 물리침을 받고, 차자인 이삭이 아버지의 대를 이었다.

- 이삭의 장자인 에서는 물리침을 받고, 동생인 야곱이 하느님의 사랑을 입었다.

- 야곱은 요셉의 장자인 므낫세보다 동생인 에브라임을 앞세우려고 오른손을 에브라임의 머리에, 왼손을 므낫세의 머리에 얹고 축복하였다(창 48:13).

- 첫 이스라엘은 가나안 복지에 들어가지 못하고, 둘째 이스라엘은 가나안 복지에 들어갈 수 있었다.

- 시내산에서 모세가 하느님께로부터 받은 첫 돌판은 깨어졌고, 두 번째 돌판이 남게 되었다.

이 모든 것은 첫 것은 실패하며 따라서 하느님은 다음 것을 취하사 승리케 하시는 섭리를 말해 주는 것이다. 즉 이것은 장자의 특권을 가져야 할 벨렉계 선민 이스라엘이 실패하고, 동생격인 욕단계 선민 한민족이 그 특권과 복을 받아 누리는 모형이다.

유대민족이 메시아로 오신 예수님을 영접치 않고 실패한 첫 이스라엘이라면 스블론과 납달리와 이방의 갈릴리 같은 흑암과 사망의 그늘 아래 약소민족의 설움과 멸시와 천대를 받았던 우리 백의민족, 한국 백성은 둘째 이스라엘로 쓰임 받게 되는 것이다.

"…첫 것을 폐하심은 둘째 것을 세우려 하심이니라"(히 10:9).

즉 "셈은 에벨 온 자손의 조상"(창 10:21)이 되리라고 한 성경 말씀이 일점일획도 땅에 떨어지지 않고 응하여 셈의 하느님은 에벨의 하느님이 되어 에벨의 첫 아들 '벨렉의 하느님'과 둘째 아들 '욕단의 하느님'으로 그 후손들을 천손민족 곧 하느님의 백성으로 택하셨으나, 첫 성민 벨렉의 후손 이스라엘은 구주 예수를 십자가에 못 박아 죽였고 "그 피를 우리와 우리 자손에게 돌려 달라"(마 27:25)고 아우성을 칠 정도로 완악하게 거룩하신 하느님의 임재를 배척하고 말았으므로, 하느님은 말세에 둘째 성민 욕단의 후손 알이랑 민족 가운데 크게 임재하시어 그리스도의 재림을 준비하는 제사장 나라로 사용하시는 것이다.

욕단에게 옮겨진 벨렉의 기업

우리 한민족의 성경상의 계보는 아담의 후손으로서 둘째 아벨 셋의 계통 노아의 아들 셈의 증손자 에벨의 혈통이다. 그의 두 아들 벨렉과 욕단이 동쪽과 서쪽으로 갈라진 후 형 벨렉은 드러났고 동생 욕단은 감추어졌다. 이는 마치 형 에서는 아버지의 집에서 드러나 있었고, 동생 야곱은 동쪽 하란 땅 어머니의 친정에 가서 감추어졌던 것과 같은 일이다. 즉 육은 드러나고 영은 감추어지는 이치와 같다고 할 수 있다.

이렇게 에서는 겉사람으로 상징되었고 야곱은 속사람으로 상징되었다. 결국 형은 장자의 자리에 드러나 있었으나 장자의 기업을 잃었고, 잃었던 것 같았던 야곱은 장자의 기업을 옮겨 받게 되었다. 곧 혈육은 천국을 얻지 못하고 속사람이 천국을 얻게 된다는 것의 표상이다(고전 15:50). 이처럼 형 벨렉의 기업은 동생 욕단에게로 옮겨온 것이다. 즉 겉사람이 누리지 못하는 기업을 속사람이 누리게 된다는 이치다. 겉사람은 형이요, 속사람은 동생이기 때문이다.

따라서 육신 예수는 형 겉사람(벨렉족)에서 탄생하셨다가 겉사람에게서 죽으셨다. 그러나 신령의 그리스도, 즉 예수의 영이신 성령의 역사와 임재는 동생 속사람(욕단족)을 통하여 강력하게 나타나신다. 마지막 때에 한반도에서 2천년 교회사에 유례가 없는 위대한 영적 부흥의 역사가 일어나게 되는 근본적인 이유가 여기에 있는 것이다. 장차 열방 백성들은 동방 코리아에 있는 하느님의 영광과 임재를 분명히 목도하게 될 것이다.

서양의 물질문명은 마침내 서쪽 황혼으로 질 것이다. 그리고 어두움이 땅을 덮고 캄캄함이 만민을 가릴 때에 열방을 비추는 구원의 빛이 동방의 코리아에서 떠오를 것이다. 이것은 마치 태양이 서쪽으로 저물어 암흑세계를 이룬 다음에 동쪽으로 떠올라 광명세계를 이루는 것과 같은 이치이다. 의(義)의 태양되시는 주님께서도 육체의 예수로서는 서쪽으로 갔었지만 성령, 즉 영의 예수는 마지막 때에 동쪽으로부터 그 영광의 빛이 나타나시게 될 것이다. 곧 말일에 성령의 강력한 기름부음으로 말미암아 신령의 횃불을 들고 세계의 등대 역할을 해야 할 구원사적 사명이 욕단계 선민 우리 알이랑 민족에게 부여되어 있는 것이다.

그러므로 동방의 알이랑 민족은 세계선교의 마지막 주자이다. 성경에 예언되어 있는 데로 장차 욕단계 천손민족 한국인은 복음전도의 마지막 과제로서의 땅끝인 예루살렘까지 복음을 가져갈 것이기 때문이다(계 7:1~8; 사 41:25~27; 52:7; 46:10~13; 55:1~9). 계주 경기에서 마지막 주자는 첫 번째 주자가 출발한 스타트 라인으로 다시 뛰어 들어가는 선수이다. 기독교 발상지 예루살렘은 복음운동의 스타트 라인이다. 마지막 때에 동방 코리아에서 욕단계 선민의 복음전도자들이 시온으로 복음을 전하기 위해 달려갈 것이다.

이때에 유대인들은 과거에는 결코 목도할 수 없었던 규모로 메시아 예수 앞으로 돌아와 구원받을 것이다. 그리하여 온 이스라엘이 구원을 받으면 예수님이 이 땅에 다시 오신다. 신랑(예수)을 위해 신부(교회)를 예비하고 다시 오실 주님의 길을 수축할 백성이 동방의 성민(聖民) 알이랑 민족인 것이다.

국호 조선(朝鮮)의 일반계시적 의미

이렇게 한민족이 이 땅위에 존재하고 있는 또 하나의 선민으로서, 말일에 주님의 재림을 위해 쓰임 받을 복음의 나라가 될 것이기에 우리나라의 본 이름을 조선(朝鮮)이라고 하는 것이다. 조선(朝鮮)이라는 우리의 국호를 파자(破字) 해석해보면, 놀랍게도 우리 겨레는 나라 이름부터가 여호와 하느님께 선택받은 천손민족이라는 사실을 알려주고 있다.

朝 鮮

조(朝)자를 해부해 보면 낮(日)이나 밤(月)이나 십자가(十)가 있으니, 밤낮 예수 그리스도를 섬기는 복음의 나라를 뜻함이요, 선(鮮)자를 해부해 보면 물고기(魚)와 양(羊)이 상회(相會)하였으니, 물고기는 성도를 상징하며(마 13:47~48; 4:19) 양은 예수님을 비유 하는 바(요 1:29; 벧전 1:19; 행 8:32), 예수와 함께 사는 성도의 나라를 뜻함이다(초대교회에 '물고기'는 기독교인들의 암호였다).

참으로 지극히 복음적인 뜻을 지닌 나라 이름이 '조선(朝鮮)'이라는 한민족 본래의 국호이다. 나는 조선(朝鮮)이라는 우리 국호에 숨겨져 있는 이와 같은 사실이 단순한 우연의 일치가 아니라, 한민족이 일찍이 벨렉계 선민 유대 민족과 더불어 셈족의 현저한 가지로 택함을 받은 욕단계 선민임을 증거해 주는 하나의 '일반 계시'로서 간주될 수 있다고 믿는다.

하느님은 필요하시다면 나귀의 입을 열어서라도 말씀하시는 분이시요, 돌들로도 소리치게 하실 수 있는 분이기 때문이다. 그렇지 않은가? 조선이라는 국호가 소리치고 있는 것을 들어보라. 우리 알이랑 민족 한국인은 조선(朝鮮)이라는 나라 이름이 뜻하고 있는 것처럼, 국호부터 민족의 주로 예수를 믿고 민족의 하느님으로 여호와를 섬길 귀한 하느님의 백성이다.

뉴욕에서는 지나(支那)인 셋이 모이면 Chinese Restaurant를 열고, 일본인 셋이 모이면 Sony 대리점을 만들고, 한국인 셋이 모이면 교회를 세운다는 말이 있는데 일리가 있는 말이다. 오늘날 낮이나 밤이나 십자가가 우뚝 우뚝 서있는 한국 땅의 모습은 실로 조선(朝鮮)이라는 나라 이름대로 되고 있는 현상이다. 아무도 이것을 막을 수 없다. 그것은 역사의 주인이신 하느님께서 한국 백성을 향한 때에 찬 섭리와 경륜을 이루시기 위해 행하시는 일이기 때문이다.

그러므로 누구든지 이 땅에서 예수 그리스도의 교회와 교회의 십자가가 세워지는 것을 증오하고 훼방하는 자는 저주를 받을 것이다. 역천자(逆天者)는 망(亡)하고 순천자(順天者)는 흥(興)하는 법이다. 하느님께서 행하시는 일을 거스르는 악인이 어찌 그의 심판을 피할 수 있겠는가?

"만일 누구든지 주를 사랑하지 아니하거든 저주를 받을지어다. 주께서 임하시느니라"(고전 16:22).

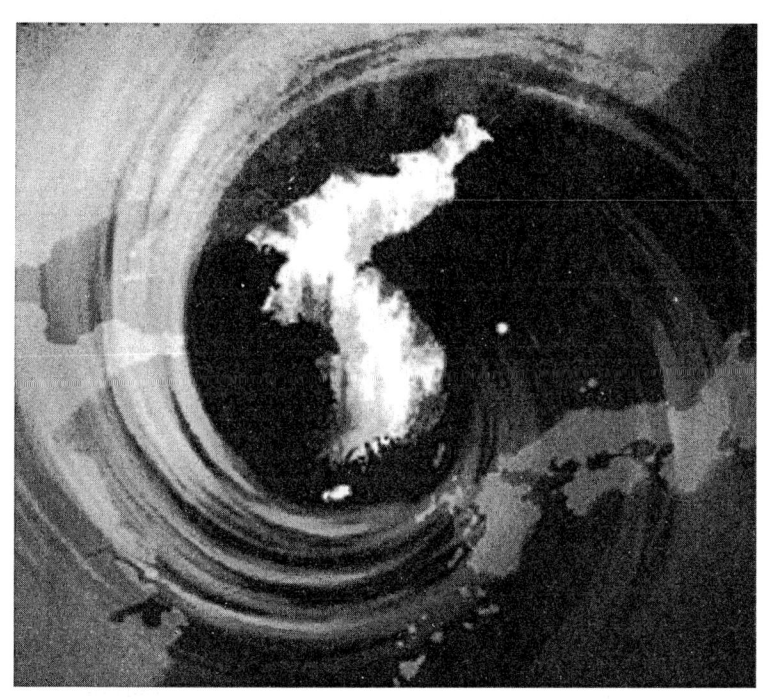

* 나는 통일한국의 국호를 '조선'이라고 하든지, 아니면 '대한민국'의 앞 글자 '대한'과 북한의 국호 '조선인민공화국'의 앞 글자 '조선'을 합쳐서 '대한조선'이라고 고치길 원한다. '대한민국'이라는 국호는 청나라 말기 손문의 신해혁명으로 탄생한 '중화민국'에서 베껴온 것이다('대한제국'도 청나라가 '대청제국'이라는 국호를 사용한 것을 카피해온 것이었다). 이렇게 주체성 없는 나라 이름을 통일한국의 국호로 계속 사용할 수는 없는 일이다.

제5장

건축자의 버린 돌과 집 모퉁이의 머릿돌

앞에서 살펴본 바처럼 벨렉의 기업이 욕단에게로 옮겨짐으로서 장차 코리아는 열방에 정의를 펴며 복음을 전하는 부국강민(富國強民)의 제사장 나라가 될 것이다. 실로 그것은 이스라엘의 시기심을 확실히 자극할 것이며 장차 유대인의 목전에 대단히 기이한 바가 될 것이다. 구약성경 시편 118:22~23은 말일에 하느님께서 행하실 그 놀라운 일을 다음과 같이 예언하고 있다.

> **22** 건축자의 버린 돌이 집 모퉁이의 머릿돌이 되었나니
> **23** 이는 여호와의 행하신 것이요 우리 눈에 기이한 바로다

"건축자의 버린 돌이 집 모퉁이의 머릿돌이 되었나니"(22절) 한 건축자가 소용없다고 저버린 돌이 다른 건축자에 의해 가장 소중한 머릿돌로 사용된다는 이야기이다. 돌은 예수 그리스도를, 저버린 건축자는 유대인을, 주워 간 건축자는 이방인을 가리킨다. 메시아 예수는 유대인에게는 저버림을 당하였으나 이방세계(異邦世界)에서는 가장 소중한 위치를 차지한다는 뜻이다.

"이는 여호와의 행하신 것이요 우리 눈에 기이한 바로다."(23절) 여기서 '우리' 란 유대인을 가리킨다. 유대인에게 배척당한 예수님이 이방나라들 중에서 소중한 지위를 차지하는 것은 하느님이 행하신 일로서 그들의 눈에 기이한 바가 되리라는 것이다. 그러나 이 구절의 예언적 의미는 아직 이루어지지 않았다. 유대인에게 배척당한 메시아 예수는 이방인 세계에서 소중한 지위를 차지하고 있지만, 유대인은 그것을 하느님이 행하신 일이라고 전혀 생각하지 않는다. 따라서 유대인들의 목전에는 이방 나라들 중에서 높임을 받으시는 예수가 조금도 놀랍지

않다. 그들은 복음에 대해 아직까지 무감각한 상태에 있는 것이다.

그러면 언제쯤 그들은 예수는 자기들이 저버렸기 때문에 하느님께서 이방인 중에서 높임을 받게 하셨다는 사실을 깨닫게 될까? '돌' 즉 예수께서 **집 모퉁이의 머릿돌**로 정립하실 때이다. '모퉁이의 머릿돌'은 보다 깊은 예언적 의미를 가지고 있다. '모퉁이' 란 **모서리 부분의 구석진 곳**을 의미한다. 거기는 다른 데에 견주어 주목받지 못하는 곳이다. 그 곳은 어디일까?

세계지도를 펼쳐놓고 대륙의 모서리, 즉 가장자리에 위치해 있으면서 오랜 세월동안 주목받지 못한 은자의 땅을 찾아보라. 코리아는 유라시아 대륙의 동쪽 모서리 가장 구석진 곳에 자리 잡고 있다. 분명히 한반도는 대륙의 변방 한쪽 구석에 위치해 있다. 그리고 50년 전만 해도 세계 사람들은 코리아가 어디 있는 나라인지 알지 못했다. 구한말까지 코리아는 은둔의 나라(Hermit Kingdom)로 서구에 알려져 있었다. 실로 극동의 한반도는 예수께서 머릿돌로 정립하실 그 '모퉁이' 인 것이다.

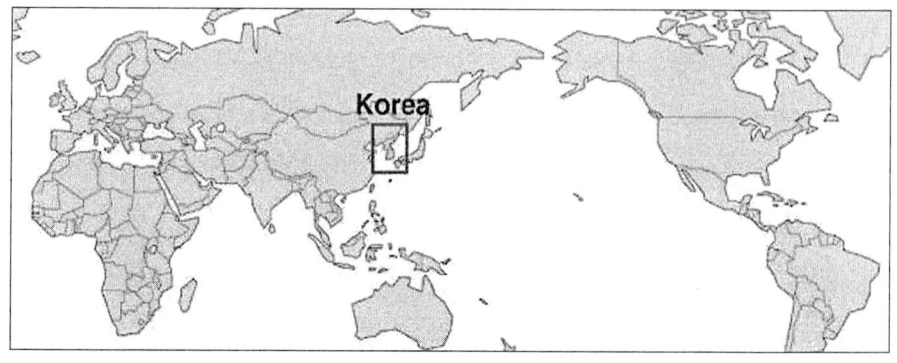

이는 당연하다. 한반도는 하느님께서 나중에 쓰시려고 감추어 두신 천손민족, 곧 욕단의 후손이 살고 있는 땅이기 때문이다. 대홍수 후 욕단 족속이 동방으로 사라진 이래 그들은 잃어버린 한 마리 양처럼 되었다. 하지만 목자장이신 예수께서 마지막 때에 반드시 그들을 찾아오실 것이다. 바로 그 때가 예수께서 명실상부하게 **모퉁이의 머릿돌**이 되시는 때인 것이다.

그때 비로소 유대민족은 자기들이 버린 돌이 이방 나라에서 머릿돌이 되었다는 사실을 절실히 깨닫게 될 것이다. 한반도에 있는 주님의 임재와 영광이 너무도 클 것이기 때문이다. 그리고 그것은 완고한 이스라엘의 시기심을 자극하여(롬 11:13~14), 마침내 유대민족이 메시아 예수 안에서 하느님께 열납되기 위해 분투하게 만드는 결정적 동기가 될 것이다. 그들의 마음을 덮고 있던 수건이 비로소 벗어지게 되는 것인데(고후 3:14~16), 이것은 시편 118:24~25에 예언되어 있다.

> **24** 이 날은 여호와의 정하신 것이라 이 날에 우리가 즐거워하고 기뻐하리로다
> **25** 여호와여 구하옵나니 이제 구원하소서 여호와여 우리가 구하옵나니 이제 형통케 하소서

"이 날은 여호와의 정하신 것이라 이날에 우리가 즐거워하고 기뻐하리로다"(24절). 여기에서 여호와께서 정하신 '이 날'이란 건축자의 버린 돌이 집 모퉁이의 머릿돌이 된 날로, 유대인이 시기심에 자극을 받아 메시아 예수 앞으로 돌아와 구원받을 날이다. 그래서 그날은 '우리'가, 즉 이스라엘이 즐거워하고 기뻐할 날이라는 것이다.

"여호와여 구하옵나니 이제 구원하소서 여호와여 우리가 구하옵나니 이제 형통케 하소서"(25절). 이 말씀은 시기심에 자극을 받은 유대인들이 자기들도 구원과 번영의 복을 받기 위해 그들이 저버렸던 메시아 예수를 영접하고 초청하는 것을 말한다. 마지막 때에 하느님은 이스라엘 백성을 구원하도록 동방 한국에서 복음전도자들을 예루살렘으로 파송하실 것이다(계 7:1~8; 사41:25~27; 52:7; 46:10~13; 55:1~9).

실로 말세에는 유대인이 저버린 돌이 동방 한반도에서 머릿돌로 발견될 것이다. 예수 그리스도의 복음은 먼저 예루살렘에서 안디옥으로, 안디옥에서 로마로, 로마에서 전 유럽 특히 영국으로 전파되었다. 그리하여 중세기의 유럽에서 그리스도는 정치, 문화, 예술, 사회생활의 모든 분야에서 집 모퉁이의 머릿돌 역할을 견지하였다. 그러나 현재의 유럽은 그 머릿돌이 어디론지 빠져나가 버린 것을 인정하지 않을 수 없다. 그들의 사회생활에서도 그렇고, 교회에서도 그렇다. 현대의 찬란한 서구 문화가 기독교에서 출발한 것은 사실이다. 그러나 문화 자체가 그리스도교는 아니다. 그리스도를 잃은 서구 문화는 마치 혼이 떠난 잔해와 같을 뿐이다.

그 다음은 미국이다. 유럽에서 저버린 돌은 미국으로 옮겨져 그들의 건국의 머릿돌이 되었다. 그들의 경건한 청교도 조상들은 이렇게 외쳤다: "신앙의 자유가 아니면 죽음을!" 그러나 지금 미국은 큰 혼란에 빠져 있다. 놀랍게도 그리스도인의 이혼율이 불신자보다 높은 나라가 미국이다. 또한 인구대비 죄수(罪囚)의 수가 세계에서 가장 많은 나라도 오늘날의 미국이다. 미국에서는 매년 1백만 건의 총기사고가 일어나 해마다 3만 명 이상이 숨지고 있다. 또한 지구상에서 가장 많은 수의 포르노그라프(pornograph)가 제작되는 나라도 미국이다. 어쩌면 현재 세계에서 가장 위험한 시련에 직면한 나라가 바로 미국일 것이다. 그것은 그들의 집이 안전하게 정립(定立)할 머릿돌을 잃었기 때문이다.

만일 서구가 과거의 나라요, 미국이 현재의 나라라면, 동양 제국은 미래의 나라에 속할 것이다. 아직 그리스도가 한 번도 모퉁이의 머릿돌이 되어 본 적이 없는 미래의 나라들인 것이다. 그래서 지중해는 과거의 바다요, 대서양은 현재의 바다요, 태평양은 미래의 바다이다. 그런데 그 태평양 시대의 주역은 당연히 한민족이다. 왜냐하면 말세에는 구원과 번영의 기초석인 머릿돌이 욕단계 선민의 나라 코리아에 정립할 것이기 때문이다. 이것은 이미 그 증거가 나타났다. 현재 동양 제국 중에서 한국만큼 기독교가 왕성하고 선교사역을 활발하게 전개하고 있는 나라는 없다. 오늘날 한국은 미국에 이은 세계 2위의 선교대국으로 우뚝 서있다.

현재 한국 선교사들이 사역하고 있는 나라는 모두 164개국으로 한국 대사관이 설치된 136개국보다 훨씬 더 많다. 이 같은 파송국 숫자는 미국의 선교대상국인 197개국 보다는 작지만 언젠가는 미국을 추월할 것이며, 결국 한국교회의 선교는 글로벌 선교를 주도하는 대표주자로서의 역할을 하게 될 것이다. 하느님께서는 이미 한국 백성 가운데 큰 일을 행하시기 시작한 것이다.

마지막 때에 하느님은 감추어 두신 자기 백성을 찾아 동방에 있는 셈의 장막 -코리아- 으로 크고 강하게 임하실 것이므로, 장차 열방 족속들은 유대민족이 버린 돌이 한민족 가운데 머릿돌로 정립해 있는 것을 분명히 목도하게 될 것이다. 그리하여 말일에 통일 한국은 세계 제1위의 선교대국이 되어 마지막 대추수를 감당하는 세계선교의 마지막 주자가 될 것이다.

통일한국,
세계무대에서 맏형(Big Brother)의 역할을 하게 되는 이유

뿐만 아니라 장차 통일 대한민국은 세계무대에서 맏형(Big Brother)의 역할을 수행하게 될 것이다. 구원과 번영의 기초석인 머릿돌이 우리나라에 정립함으로 말미암아 한국은 세계적 강대국으로 부상할 것이기 때문이다.

이제까지 서구 사회가 번영을 구가하며 세계의 지도자가 되어왔던 것은 그들이 기독교 국가로 있었기 때문이었다. 즉 유대인이 버린 돌이 그들 안에 머릿돌로서 있었기 때문이었다. 물론 야벳의 후손(백인종)은 "지상의 번영"이 노아의 축복 가운데 약속 되어 있었다(창 9:27). 그러나 그것은 어디까지나 예수 그리스도 안에서 성취가 된 것이다. 하느님께서 사도 바울이 아시아에서 복음을 전하려는 것을 막으시고 유럽으로 가게 하셨던 것은(행 16:6~10), 홍수 후 야벳에게 주신 약속을 이루시려 했기 때문이다. 만약 하느님께서 바울로 하여금 유럽으로 가지 않고 아시아에서 복음을 전하도록 하셨다면, 서구 사회가 아시아보다 결코 앞서지 못했을 것이다. 유럽 문화와 문명의 판도는 판이하게 달라졌을 것이다.

그러나 오늘날 서구 사회에서 예수 그리스도는 더 이상 머릿돌이 아니다. 그 돌이 분명히 어디론가 빠져나가고 말았다. 따라서 서양 제국은 쇠퇴하고 반드시 지도력을 상실하게 될 것이다. 서구 사회가 기독교 국가로 있는 한에는 세계의 지도자가 되어 왔고 또한 그럴 것이다. 그러나 기독교를 떠나면 지도력을 상실하고 만다. 오늘날 서양 제국은 이미 그 길로 들어섰다. 구원과 형통의 기초석인 예수 그리스도로 말미암아 번영을 구가하게 되었건만 저들이 자만하여 그 머릿돌을 저버렸기 때문이다. 그러므로 마지막 때에는 국제 사회의 지도력이 복음의 제사장 나라, 동방 한국으로 반드시 옮겨질 것이다. 이 땅 위에 존재하는 또 하나의 선민 한민족이 태평양시대의 중심이 될 것이다.

유대인이 저버린 돌은 마지막 때에 동방 한반도에서 머릿돌로 발견될 것이다. 그리하여 대한민국은 그 구원과 번영의 기초석인 예수 그리스도로 말미암아 세계에 정의(正義)를 펴며 복음을 전하는 부국강민(富國强民)의 제사장 나라가 될 것이요, 마침내 이스라엘을 시기케 하여 그들을 능히 구원하는 백성이 될 것이다(롬 11:13~14; 시 118:22~25).

그날이 오면 방언이 다른 열국 백성 열 명이 한국 사람 하나의 옷자락을 잡고 말하기를 "하느님이 너희와 함께 계신다", "하느님의 임재가 너희 가운데 있다", "너희 가운데 있는 하느님의 영광과 임재를 보기위해 너희와 함께 가기를 원한다"고 말할 것이다. 열방의 백성들이 이 땅에 있는 주님의 영광을 보기 위해 거룩하신 주님의 거처인 셈의 장막으로 재물을 들고 몰려 올 것이다. 실로 이전 선민(벨렉 계열 유대인)의 영광보다 나중 선민(욕단 계열 한국인)의 영광이 월등히 클 것이다(학 2:9).

그때에 유대인은 시기심에 커다란 자극을 받을 것이다. 자기들이 버린 돌이 모퉁이의 머릿돌이 되었다는 사실을 그때 가서야 비로소 깨닫게 될 것이다. 그리고 마침내 시기심에 격발된 유대인들이 메시아 예수 안에서 자기들도 하느님께 열납 되기 위해 분투하게 될 것이다. 그리고 동방의 코리아에서 그들의 구원을 돕기 위해 복음전도자들이 알이랑 고개를 넘어 예루살렘으로 달려갈 것이다(계 7:1~8, 사 41:25~27; 52:7; 46:11~13; 55:1~9). 그리하여 온 이스라엘이 구원을 받으면 예수님이 이 땅에 다시 오신다. 실로 첫 것은 실패하고 둘째 것을 택하사 승리케 하시는 것이 하느님의 일관된 섭리이기 때문이다!

역사는 하느님의 경륜과 섭리 안에서 엮어지고 있는 것이다. 역사(History)는 그 분의 역사(His+Story)이다. 욕단계 선민 한국 백성은 그들을 향하신 하느님의 크고 비밀하신 계획을 깨닫고, 말일에 민족적으로 받아야 할 복(福)을 공손히 받아들이도록 마음의 그릇을 준비해야 한다. 셈에게 주어진 축복은 한국 백성을 위한 존귀한 유산이며, 장차 올 새로운 세계에서 한반도는 아주 귀중한 장소가 될 것이다.

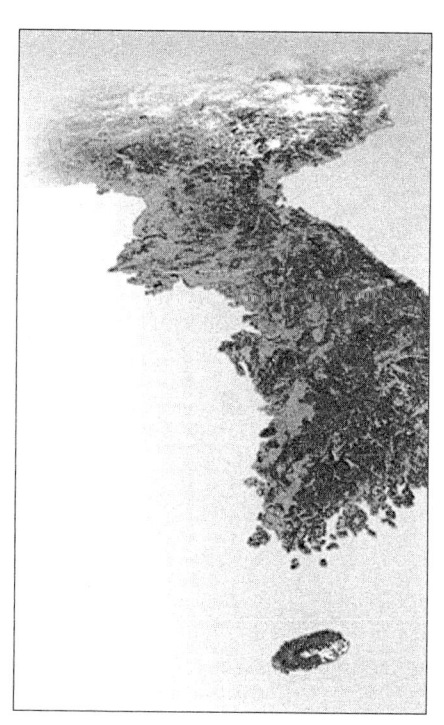

제6장

동방박사들의 고국과 마지막 세기의 동방박사들

"꿈에 헤롯에게로 돌아가지 말라 지시하심을 받아
다른 길로 **고국**에 돌아 가니라."
미 2:12 -

　예수님께서는 '땅끝까지 이르러' 증인이 되라고 위임하시고 승천하셨으며, 복음이 '땅끝까지' 전파되면 다시 오신다고 약속하셨다(행 1:8, 마 24:14). 복음전도의 마지막 과제로서의 '땅끝'은 예루살렘이다. 우리는 앞서 마지막 때에 그 예루살렘으로 '동방의 먼 나라', 곧 극동의 코리아에서 이스라엘 백성을 구원할 복음 전도자들이 달려갈 것이라는 예언의 말씀들(계 7:1~8; 사 52:7~10; 46;10~13; 41:25~27; 55:1~9)을 상세히 살펴보았다.

　그런데 사실상 그것은 전혀 새로운 일이 아니다. 왜냐하면 이미 2천 년 전에도 한 동방의 먼 나라에서 예루살렘으로 기쁜 소식을 전하러 찾아 간 위대한 사람들이 있었기 때문이다. 바로 동방박사들이다.

"헤롯 왕 때에 예수께서 유대 베들레헴에서 나시매 동방으로부터 박사들이 예루살렘에 이르러 말하되 유대인의 왕으로 나신 이가 어디 계시뇨 우리가 동방에서 그의 별을 보고 그에게 경배하러 왔노라"(마 2:1~2).

구세주가 탄생하셨다는 메시지는 '큰 기쁨의 좋은 소식'(눅 2:10), 곧 '복음'이다. 그런데 놀랍게도 아기 예수께서 이스라엘에 태어나셨을 때 정작 이 복음을 예루살렘까지 찾아가서 유대 백성들에게 전달하여 준 사람은 동방에서 찾아간 일단의 현자들이었다는 것이다.

이들 '박사들'이 누구인지에 대해서는 분명한 언급이 없다. '박사'라는 말은 헬라 원어로 "마고스(Μάγος)"라는 단어가 사용되었으나 그 용어의 참 뜻에 대해선 아무런 단서를 주지 못한다. 그것은 영어의 마술(magic)이라는 단어가 유래된 말이긴 하지만 오늘날에 뜻하는 것과 같은 것을 의미하는 것은 아니었을 것이다. 오늘날의 역사가들은 이 사람들을 학자나 현자, 철학자 또는 과학자로 불러도 좋을 듯싶다. 그들은 아마도 당대의 교육받은 지식인들이었을 것이다. 그들은 2천 년 전 천문학이 가장 발달하고 또 많은 문제를 깊이 통찰하는 사람들이 많은 동방의 나라에서 왔다. 그리하여 도시 전체에 소동이 일어났다.

"헤롯 왕과 온 예루살렘이 듣고 소동한지라"(마 2:3).

실로 이것은 대단히 기이한 사건이 아닐 수 없다. 어떻게 이방인을 통해서 유대인들이 메시아가 탄생했다는 사실을 전해 듣고 야단법석을 떤다는 말인가? 참으로 주객이 전도 되도 한참 된 사건이다. 더 놀라운 것은 그 때에 동방박사들은 하느님의 구체적인 '계획' 가운데 복음을 들고 예루살렘까지 갔다는 사실이다. 그것은 마태복음 2장 9절 말씀이 증명해 준다.

> "박사들이 왕의 말을 듣고 갈 새 동방에서 보던 그 별이 문득 앞서 인도하여 가다가 아기 있는 곳 위에 머물러 섰는지라"(마 2:9).

동방에서 보았던 그 별이 박사들을 앞서 인도하여 가다가 아기 있는 곳 위에 와서는 머물러 섰다. 이러한 사실은 무엇을 의미하는가? 애초에 박사들이 그들의 고국인 동방의 하늘에서 메시아의 별을 발견했던 일부터가 하느님의 특별한 목적과 계획 아래 있었다는 것을 보여주는 것이다. 그것은 동방박사들이 우연히 경험한 사건이 아니었다. 그러니까 하느님의 마음속에는 동방의 어느 한 나라에서 일단의 현자들을 먼 예루살렘으로 보내시어 그들로 하여금 유대인들에게 구세주가 태어났다는 사실을 전하게 하시려는 분명한 의도가 있었던 것이다. 그리고 실제로 하느님은 1세기에 그렇게 놀라운 일을 행하셨다.

따라서 말세에 동방의 먼 나라 코리아에서 이스라엘 백성을 구원하기 위해 예루살렘으로 복음전도자들이 찾아 갈 것이라는 사도 요한과 선지자 이사야의 예언은 결코 이해하기 어려운 계시가 아닌 것이다. 어디까지나 2천 년 전에도 여호와 하느님은 그와 같은 일을 행하셨기 때문이다.

그러므로 1세기에 동방의 현자들이 예루살렘으로 찾아가 '큰 기쁨의 좋은 소식'을 전한 사건은 마지막 세기에 다시 한 번(Once again) '동방', 곧 '코리아'의 현자들이 예루살렘으로 달려가 구원의 복음을 선포할 것에 대한 '예시적·예표적' 사건이었다. 1세기의 사건이 마지막 세기에 재연되는 것이다.

그렇다면 한국 교회는 동방박사의 고국에 관한 기존의 이론을 원점에서 주체적으로 재해석해 볼 필요가 있다. 왜냐하면 예표(모형)와 원형(실체)이 일치해야 한다면 동방박사들의 고국도 역시 우리나라였을 개연성이 크기 때문이다. 지금까지 서구 성경주석가들은 동방박사들의 고국이 페르시아일 것이라고 추측해 왔다. 그 이유는 BC 8세기에서 6세기에 이르는 동안 유대인들이 세계 곳곳으로 흩어질 때에 페르시아와 그 주변 나라들의 성읍으로 이주했는데(왕상 17:6, 에 1:9; 9:2), 그 나라들에서 민수기 24장 17절에 기록된 예언에 따라 구세주가 탄생할 때에는 특별한 별이 나타날 것이라고 전파했을 것이라는 것이다. 그 결과 메시아의 탄생을 알려주는 한 별이 몇몇 페르시아의 박사들에게 나타나자 그들이 새로 나신 유대인의 왕께 경배 드리기 위해 유대 땅을 향해 길을 떠났다는 것이다. 훌륭한 가설이다.

그러나 이 고전적인 동방박사 페르시아인 설은 성경을 자세히 상고해 보면 수긍할 만한 이론이 아니라는 사실을 알 수 있다. 기존의 페르시아인 설에 너무 익숙한 사람들에게는 아마 코페르니쿠스적 사고의 전환을 요구하는 혁신적 주장이 되겠지만, 동방박사들의 고국은 성경의 기록을 주의 깊게 살펴볼 때 유대 땅에서 "가장 먼 나라"인 '신라'라고 얼마든지 단정할 수 있다. 이제 그 타당한 근거를 살펴보자.

브레포스 βρέφος 와 파이디온 παιδίον

　동방박사들의 내방 사건은 마태복음 2장에 기록되어 있고, 목자들의 마구간 방문 사건은 누가복음 2장에 기록되어 있다. 보통 누가복음 2장의 '마구간' 기사와 마태복음 2장의 '동방박사' 기사를 동일한 시간상의 사건으로 생각한다. 많은 성탄 노래와 그림, 성탄 관련 성극들이 그것을 조장하고 있다. 그러나 성경을 자세히 살펴보면 두 사건 사이에는 적어도 1년 이상 2년 이하의 시간적 격차가 있다.

　한글 개역성경은 동방박사들이 방문했던 아기와 목자들이 방문했던 아기를 똑같이 아기라고 번역했지만, 헬라어 성경에 기록된 아기라는 말의 원어는 전혀 다른 단어가 사용되었고, 그 의미 또한 같지 않다. 목자들이 방문하여 만났던 누가복음 2장의 아기는 헬라어 "브레포스"가 사용되었고(12절, 16절), 동방박사들이 방문하여 만났던 마태복음 2장의 아기는 헬라어 "파이디온"이 사용 되었다(8절, 9절, 11절, 13절, 14절, 20절).

　헬라어 사전에 의하면 "브레포스"는 '갓난아기(baby)'를 뜻하는 말이고, "파이디온"은 '어린아이(young child)'를 뜻하는 말이다. 신약성경의 모든 용례를 살펴보면 이 두 단어는 나이의 개념을 분명히 할 때, 즉 "더 어리"고 "덜 어린" 아이를 묘사할 때 쓰인다. 영어성경은 원어의 뜻에 맞게 누가복음 2장의 아기는 'baby'로, 마태복음 2장의 아기는 'child'로 구분하여 잘 번역하였다.

아기라는 낱말에 대한 헬라 원어의 이와 같은 분명한 차이점으로 미루어 볼 때 누가복음 2장의 목자들 이야기와 마태복음 2장의 동방박사 이야기는 틀림없이 시간적 간격이 있는 것이다. 마태복음 2장의 아기가 누가복음 2장의 아기보다 얼마 더 자란 아기이기 때문이다.

두 살 이하의 아이들이 학살당함

그러면 누가복음 2장의 목자들 사건과 마태복음 2장의 동방박사들 사건은 어느 정도의 시간적 차이가 있을까? 최하 1년 이상 최고 2년 이하의 시간적 간격이 있다. 왜? 헤롯이 동방 박사들에게 속은 줄 알고 베들레헴과 그 지경 안에 있는 모든 사내아이들을 죽일 때, 박사들에게 자세히 알아 본 그 때를 표준하여 두 살부터 그 아래로 다 죽였기 때문이다(마 2:16). 헤롯은 동방박사들에게 별을 처음 본 때를 자세히 물었었다(마 2:7). 그 것이 후에 이 어린 왕을 제거하려는 음모를 꾸미는 데 결정적인 정보가 되었던 것이다.

그 때가 만약 예수님이 갓 태어난 갓난아이(baby)였다면, 헤롯은 결코 두 살부터 그 아래로 다 죽일 필요가 없었을 것이다. 한 살부터 그 아래 혹은 생후 6개월부터 그 아래의 사내아이들만 다 죽여도 헤롯은 충분히 안심했을 것이다. 바로 이 사실은 동방박사들이 어린 예수를 만났을 때는 예수님이 탄생했을 때 이후로 꽤 시간이 흘렀고 대략 최고 2년이 지난 시점이었으며, 따라서 이 당시 예수님은 이미 2살은 조금 못됐겠지만 상당히 자란 아이였을 것이라는 증거가 된다.

이 같은 사실들로 미루어볼 때 누가복음 2장의 목자들 이야기와 마태복음 2장의 동방박사들 이야기는 약 2년의 시간적 격차가 있다는 것을 알 수 있다. 그리고 동시에 이것은 동방박사들이 예루살렘까지 약 2년에 걸쳐 여행했다는 것을 보여준다.

예고하는 별이 아닌 알려주는 별

그러므로 동방박사들이 동방에서 본 그 별은 아기 예수님이 유대 땅에서 탄생하셨음을 알려주는 것이었지, 아기 예수님의 탄생을 예고하는 별이 아니었다. 이것은 마태복음 2장 2절에 동방박사들이 "유대인의 왕으로 나신 이"를 찾았다고 했지, "유대인의 왕으로 나실 이"를 찾는다고 하지 않았음을 볼 때 더욱 분명해진다.

그 별은 예수님이 베들레헴에 탄생하셨을 때 동방에 나타났음에 틀림이 없고, 아기(baby) 예수님이 탄생하신 그 밤에 베들레헴 근처의 목자들이 천사들이 가르쳐준 메시아 탄생 소식을 듣고 즉시 마구간에 갔으며, 먼 동방의 현자들은 바로 그때부터 출발하여 약 2년의 긴 기간 동안 여행을 해서 마침내 유대 땅에 이르러 "파이디온"(어린아이: child)이신 예수님께 황금, 유향, 몰약을 바치며 경배했던 것이다.

그리고 그 직후 요셉의 가정은 헤롯의 학살을 피해 애굽으로 피신했으며(예물로 받은 황금은 요셉의 가정이 애굽으로 여행할 때 긴요한 자금이 되었을 것이다), 베들레헴과 그 지경 안에 있는 두 살 이하의 어린아이들은 떼죽음을 당했다.

애굽으로 도피하는 요셉의 가정

구약신학계의 대표적 학자인 글리슨 아처(Gleason L. Archer) 박사는 동방박사들이 예루살렘에 도착했을 때는 별이 나타난 후 1년 이상이 지난 때였다고 다음과 같이 설명한다:

"동방에서 박사들이 보았던 별은 아기 예수 그리스도가 태어났다는 사실의 선언이었다. 우리는 이 사실을 헤롯이 베들레헴으로 병사들과 학살자들을 보내면서 내린 다음과 같은 명령 때문에 알 수 있다. "이에 헤롯이 박사들에게 속은 줄 알고 심히 노하여 사람을 보내어 베들레헴과 그 모든 지경 안에 있는 사내아이를 박사들에게 자세히 알아본 그 때를 기준하여 두 살부터 그 아래로 다 죽이니"(마 2:16). 그러므로 그 별은 예수께서 태어나셨을 때 나타났으며, 박사들이 예루살렘에 도착해서 헤롯과 만날 때까지는 그 별이 나타난 이후 일 년 이상이 경과된 때였다. 따라서 그 별은 어떤 사실을 예고한 것이 아니라, 이미 이루어진 사실을 선포한 것이었다."(글리슨 아처 저, 황영철 역, 「성경 난제 백과사전」,생명의 말씀사, 1997, p.433)

그러니까 당시의 아기 예수님은 '갓난아기'(브레포스: baby)가 아닌 '어린아이'(파이디온: child)로서, 아기 예수님의 나이는 한 살이 지나 두

살이 조금 되지 않은 나이였던 것이다. 동방박사들이 예수님을 방문했을 때는 예수님이 탄생했을 때 이후로 꽤 시간이 흘렀고, 대략 최고 2년이 지난 시점이었다는 사실을 알아야 한다.

마구간과 집

따라서 목자들이 아기 예수를 찾아 방문한 곳과 동방박사들이 아기 예수를 찾아 방문한 장소는 다를 수밖에 없다. 누가복음 2장에서 목자들이 왔을 때 '아기'(브레포스: baby)는 마구간 '구유'(manger)에 누워 있었다. "빨리 가서 마리아와 요셉과 구유에 누인 아기를 찾아서 보고"(눅 2:16~17), 그러나 동방박사들은 마구간이 아닌 '집'(house)에서 아기(파이디온: child)께 경배했고, 목자들이 방문했던 때와는 달리 요셉은 당시에 그곳에 없었다(아마 목수였던 요셉은 일하러 나갔을 것이다).

> "집에 들어가 아기와 그 모친 마리아의 함께 있는 것을 보고 엎드려 아기께 경배하고 보배합을 열어 황금과 유향과 몰약을 예물로 드리니라"
> (마 2:11).

이 구절에서 '집'이라는 단어에 주목해야 한다. 마구간도 아니고, 여관도 아니고 분명히 '집'이라고 되어있다. 동방박사들은 마구간이 아닌 집에서 갓난아기(baby)가 아닌 약 2살 쯤 된 어린아이(young child)이신 예수님을 만났던 것이다. 박사들이 경배한 분은 구유 위에 누인 갓난아기가 아닌 집에서 엄마 마리아 곁에 놀던 최소한 2살 정도의 어린아이 예수였다.

박사들은 목자들처럼 똑같은 날 밤에 가서 그곳에 있는 다른 사람들과 합류하여 구유를 중심으로 둘러 서서 경배를 드렸다고 생각하는 것이 보통이다. 그러나 이것은 그렇지가 않다. 목자들은 예수님이 태어났던 날 밤에 왔지만 박사들은 분명히 1년 이상의 시간이 흐른 후에야 왔다. 많은 사람들이 동방박사들은 예수님이 구유에 있을 때 예수님을 방문했다고 알고 있는데 그것은 전혀 사실이 아니다.

베들레헴의 마구간이 아닌 나사렛 요셉의 집으로

동방박사들은 예수님이 어디에 있는지를 찾고 있었다. 그러다가 별의 인도를 받아 드디어 예수님을 만났다. 그런데 별의 인도를 받아 동방박사들이 예수님을 찾은 곳은 베들레헴이었을까? 아니다. 그때 예수님은 나사렛에 계셨다. 동방박사들은 나사렛에서 예수님을 만났다.

동방박사들은 헤롯의 말을 듣고 베들레헴으로 가다가 갑자기 별이 그들의 앞을 인도해서 그 별을 따라가서 예수님을 만났다(마 2:9). 이미 박사들은 베들레헴을 향해 가고 있었기 때문에 그때에 예수님이 베들레헴에 계셨다면 동방에서 봤던 그 별이 갑자기 다시 나타나서 박사들을 인도할 필요가 없었을 것이다. 동방에서 보던 별은 예수님이 베들레헴에 계시지 않았기 때문에 박사들을 예수님이 계신 곳으로 정확히 인도하기 위해 다시 나타났던 것이다. 그리하여 박사들이 별의 인도를 받아 당도한 곳은 나사렛이었다.

만약 동방박사들이 예수님이 탄생하던 날에 '갓난아기(브레포스)'이신 예수님을 방문했다면 그들이 방문한 장소가 베들레헴이 틀림없겠지만 예수님이 탄생하신 뒤 어느 정도 세월이 흘러 '어린아이(파이디온)'이신 예수님을 만났다면 그때 예수님은 베들레헴보다는 갈릴리 나사렛에 있었을 가능성이 훨씬 크다. 왜냐하면 마리아의 남편 요셉이 만삭인 아내를 데리고 고향 갈릴리 나사렛을 떠나서 베들레헴에 간 이유는 베들레헴에 정착하기 위해서가 아니라 로마 황제 아구스도가 호적을 정리하라는 명령을 내렸기에 잠시 베들레헴을 방문한 것이기 때문이다(눅 2:1~5). 그리하여 예수님이 베들레헴에서 탄생하셨고 미가 5장 2절의 예언이 성취된 것이다.

그 호적 정리를 마치고 요셉은 규례대로 난지 8일 만에 예수님에게 할례를 시행하고, 사내아이를 해산한 여인의 부정 기산이 마치는 40일 후에 예루살렘에 올라가 마리아의 결례(레 12:2)와 예수님의 헌신례(민 18:15,16)를 필한 후 베들레헴이 아닌 갈릴리의 자기가 살던 마을 나사렛으로 돌아갔다.

"모세의 법대로 정결예식의 날이 차매 아기를 데리고 예루살렘에 올라가니 이는 주의 율법에 쓴 바 첫 태에 처음 난 남자마다 주의 거룩한 자라 하리라 한 대로 아기를 주께 드리고 또 주의 율법에 말씀하신 대로 산비둘기 한 쌍이나 혹은 어린 집비둘기 둘로 제사하려 함이더라 … 주의 율법을 따라 모든 일을 마치고 갈릴리로 돌아가 본 동네 나사렛에 이르니라"(눅 2:22~39).

이와 같은 사실을 볼 때 예수님은 태어난 후 최고 40일 동안만 베들레헴에 있었고 그 후에는 동방박사가 방문한 직후부터 헤롯이 죽을 때까지 잠시 애굽에서 피신 차 머물렀던 시기(마 2:13~23)를 제외하고는 줄곧 나사렛에서 사신 것을 알 수 있다.

그러므로 동방박사들이 예수님이 탄생하신 후 어느 정도 세월이 흐른 후에 예수님을 방문했다면 그때 예수님은 한참 전에 베들레헴의 구유를 떠난 후였다. 동방박사들은 예수님이 갈릴리 나사렛으로 돌아가 '집'에 있을 때 예수님을 방문했다. 그때 예수님은 대략 두살쯤 되었을 때라고 추정할 수 있다. 동방박사들이 만난 예수님은 '갓난아기(브레포스)'가 아닌 '어린아이(파이디온)'이셨기 때문이다.

그렇다면 왜 하느님은 요셉의 가정을 애굽으로 도피하도록 하셨을까? 그것은 나사렛도 안전하지 않았다는 반증이다. 헤롯은 군사들을 베들레헴과 그 인접 지역으로 보냈다. 나사렛 까지도 인접지역에 포함되었을 가능성이 있다. 헤롯왕은 로마제국이 유대지방의 지배자로 임명한 왕이었다. 그는 우선 베들레헴으로 군사들을 보낸 직후 유대지방의 보다 광범위한 지역으로 도살자들을 보냈을 것이다. 그렇기에 하느님은 그의 마수가 전혀 미치지 않는 애굽으로 멀리 피신시키신 것이다.

약 2년이 소요되는 여행 거리, 페르시아인가, 극동인가?

별은 예수님이 탄생하셨을 때 나타났음에 틀림없고, 동방박사들이 예루살렘에 가서 헤롯을 만나기까지는 1년 이상이 더 걸렸음이 분명하다. 그들이 동방으로부터 유대나라에 도착하기까지는 2년 가까이 소요되었던 것이다. '동방(the east)'은 그 밤에 별을 보고 그 밤에 예루살렘에 도착할 수 있는 거리가 결코 아닌 것이다.

별은 예수님이 탄생하셨을 때 출현하였고, 그와 동시에 박사들이 그 별을 보고 인도되어 왔다면 시일이 상당히 걸린 후에 아기 예수님을 보았을 것이 아니겠는가? 바로 이 점에 주목해야 한다. 이러한 사실은 동방박사들의 고국을 파악하는 데 아주 중요한 단서를 제공해 준다.

동방박사들이 약 2년에 걸쳐서 여행했다는 것을 고려해 볼 때, 지금까지 널리 알려진 서구 성경학자들의 동방박사 페르시아인 설은 결코 지지할 수 없는 이론이다. 페르시아는 유대 나라로부터 가까운 동방으로서 아무리 길게 잡아도 보름 정도면 갈 수 있는 거리이기 때문이다. 동방박사들이 유대 나라를 내방 하는데 약 2년 이라는 긴 시간을 여행 하였다면 그들의 고국은 유대 땅으로부터 아주 먼 동방이었을 것이다. 예루살렘에서 가장 먼 동방의 나라는 아시아 동쪽 땅끝에 자리 잡고 있는 우리나라다. 따라서 동방박사들은 신라인이었다고 추정할 수 있다.

BC 4년 신라인에 의해 관측된 특별한 별

이것은 우리나라의 고대 역사책에 의해서도 뒷받침이 되고 있기 때문에 신빙성이 있다. 삼국사기 신라본기 시조 박혁거세 편에 보면 "54년 봄 2월(음력)에 패성(혜성)이 하고(견우성)에 나타났다"(五十四年春二月 己酉. 悖星于河鼓)는 문구가 있는데, 박혁거세 54년은 예수님이 탄생하신 년도인 BC 4년에 해당된다(예수님은 한겨울에 탄생하지 않았다. 왜냐하면 예수께서 태어나셨을 때 목자들이 밖에서 밤에 양떼를 지키고 있었기 때문이다. 팔레스틴에 사는 목자들은 한겨울에 들판에서 밤을 지나지 않는다).

첨 성 대

따라서 신라인에 의해 관측된 그 혜성은 동방박사들을 인도했던 메시아의 별일 가능성이 크다. 사실 예수님 탄생 당시 천문학이 가장 발달한 곳은 중근동 지역이 아닌 극동지역이었다는 것이 현대 천문학계의 정설이다. 신라는 천문학 수준이 매우 높은 나라였다. 지금도 경주에 가면 신라인들이 별을 관측했던 세계 최고의 천문대인 첨성대가 우뚝 서 있다.

영국의 왕립천문학회(RAS)에서는 1977년 학회기관지 12월호에 메시아의 별이 나타났다는 2천년 전에는 세계에서 가장 천문학이 발달한 곳이 중동과 극동이었고 중동에서는 태양력을 주로 연구한 반면 극동에서는 별의 운행을 주로 연구했기 때문에 만약 메시아의 별이 나타났다면 그 기록은 반드시 극동 쪽에 있을 것이라는 전제하에 한국의 문헌을 뒤져서 앞서 소개한 삼국사기의 기록을 발표한 적이 있다.

신라인은 메시아의 별을 어떻게 알 수 있었을까?

그렇다면 신라인은 어떻게 메시아의 별을 알아 볼 수 있었을까? 위고다르(G. Wigodar)는 솔로몬 사후인 B.C. 721년 앗시리아 침공에 의해 북이스라엘의 10지파가 포로가 되었으며, 세계의 곳곳에서 그들의 자손들이 발견된다고 한다(G. Wigodar, The Encyclopedia of Judaism, Jerusalem, 1989, pp.714, 715). 고대 이스라엘 역사 연구가인 요셉 아이델버그(Joseph Eidelberg)는 역설키를 B.C. 721년 북이스라엘이 앗시리아에 의해 멸망했을 때 북왕국 10부족 중 일부가 천산산맥 → 중앙아시아 → 지나(支那) → 한국으로 이주하여 정착했다고 한다.

동짓날만 되면 팥죽을 만들어 각 방의 문설주를 비롯, 장독과 헛간 등에 뿌리던 우리 겨레의 풍습은 바로 그들 곧 한반도까지 건너온 이스라엘의 잃어버린 지파로부터 유래되었을 것이다. 그것은 붉는 색의 팥죽으로 양의 피를 대신한 유월절 행사였다(출 12:6; 23).

실제로 흩어진 북이스라엘의 10지파 중 일부가 수세기를 걸쳐 동쪽으로 이주하다가 최후로 한반도 남단까지 내려와서 가야 왕국이나 신라 왕국의 백성들이 되었다면 그들을 통하여 메시아의 별에 대한 지식이 신라인에게 전파되었을 가능성이 충분히 있다.

뿐만 아니라 삼국유사 가락국기에 보면 가락국의 시조 김수로왕의 부인은 인도 중부 '아유타' 국의 공주 허황옥이라고 했는데, 그 '아유타' 국은 '유대인 공동체'였다는 연구 결과가 있다. '아유타'의 '아'는 히브리어 정관사 '하' (ㄱ)이고 '유타'는 '유다' 란 말로서, '아유타' 국은 바벨론 포로 이후 흩어진 남유다 왕국의 유민이 세운 나라였다는 것이다. 가락국의 시조 김수로왕의 부인이 그 '아유타' 국의 공주 허황옥이라면, 가락국과 아유타국은 허 황후 이전부터 이미 교류가 있었을 가능성이 있다. 바로 그 때에 메시아의 별에 대한 지식이 우리나라 신라인들에게 전파되었을 수도 있을 것이다.

이미 있던 것이 후에 다시 있겠고

동방박사들의 고국은 어디인가? 그들은 동방의 어느 나라 사람인가? 성경의 기록을 자세히 고찰해 보면 그들은 유대 땅에서 근거리가 아닌 '아주 먼 동방의 나라'로부터 찾아 갔었다. 그 나라는 예루살렘 정동쪽으로 가장 먼 땅인 신라에 해당된다. 따라서 동방박사들은 신라 사람이라고 얼마든지 추정할 수 있다. 이 같은 이론은 상술한 바와 같이 한국의 고대 역사 기록에 의해서도 뒷받침이 되고 있는 것으로서 기존의 페르시아인 설보다도 더욱 설득력이 있다.

더군다나 천손민족(서쪽의 벨렉 계열 선민 이스라엘 백성)에게는 또하나의 천손민족(동쪽의 욕단 계열 선민 알이랑 민족)이 찾아가서 복음을 전하는 것이 이치에 합당한 일이라고 할 때(이와 같은 해석은 아주 타당한 것이다), 우리는 앞서 고찰한 모든 근거들을 바탕으로 동방박사들의 고국은 신라였다고 단정까지 할 수도 있을 것이다.

신라의 천문박사들이 메시아의 별을 보고 약 2천 년에 걸쳐서 긴 여행을 하여 마침내 예수님이 계셨던 '집'에 도착해서 아기 예수께 경배했을 것이다. 바로 그들이 마태복음 2장에 기록된 동방의 현자들이었다.

그렇다면 여호와 하느님은 이미 2천 년 전에도 아시아 동쪽의 욕단계 선민 한국인을 먼 예루살렘으로 보내시어 아시아 서쪽의 벨렉계 선민 유대인에게 '복음'을 전하게 하셨던 것이다. 따라서 말세에 '동방의 먼 나라', 곧 한반도에서 예루살렘으로 복음을 전할 자들이 찾아갈 것이라는 성경의 예언들은 결코 난해한 계시가 아니다. 오래 전에도 그러한 일이 있었기 때문이다.

1세기에 행하셨던 일을 하느님은 마지막 세기에 다시 행하시고자 하신다. 이에 관해 성경은 다음과 같이 말한다:

"이미 있던 것이 후에 다시 있겠고 이미 한 일을 후에 다시 할지라 해 아래 새 것이 없나니 무엇을 가리켜 이르기를 보라 이것이 새 것이라 할 것이 있으랴 우리 오래 전 세대에도 이미 있었느니라"(전 1:9~10).

이제야 우리는 왜 구세주가 탄생했을 때 메시아의 별이 '동방'에 나타났는지 그 근본적 해답을 찾게 되었다. 거기에는 하느님의 '특별섭리'가 있었던 것이다. 왜 2천 년 전 첫 번째 성탄절에 메시아의 별은 '남방'이나 '북방'이나 '서방'에 나타나지 않고 '동방'의 하늘에 나타났는가? 동방에는 하느님이 감추어 두신 제2의 선민, 곧 '욕단계 선민'이 있었기 때문이다.

여호와 하느님은 2천 년 전에도 메시아 탄생의 기쁜 소식을 다른 민족이 아닌 욕단계 선민 '알이랑 민족'을 사용하시어 벨렉계 선민 유대민족에게 전달하기를 원하셨던 것이다. 그렇다! 1세기든 마지막 세기든 천손민족(유대민족)에게는 천손민족(배달민족)이 가서 복음을 전하는 것이 신실하신 하느님의 뜻이며 섭리인 것이다.

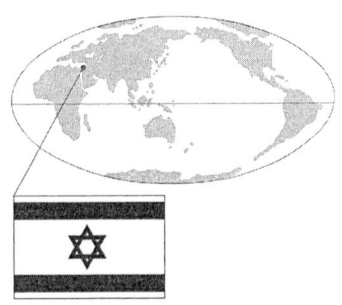

동방박사 이야기를 성경에 기록하신 목적

앞서 상고한 바처럼 하느님은 마지막 때에 온 이스라엘을 구원하시려고 동방 먼 나라, 곧 극동의 코리아로부터 복음전도자들을 예루살렘으로 보내실 것이다. 실로 그것은 세계 구속의 절정에 해당하는 종말론적 대 사건이다. 왜냐하면 유대민족이 복음을 받아들여야 예수님이 재림하시기 때문이다. 그러므로 장차 욕단계 천손민족 한국인이 예루살렘으로 복음을 가져가 유대민족을 구원하는 일은 예수님의 재림을 준비하는 대단히 중요한 구원사적 과업이다.

그러니만큼 하느님은 2천 년 전에도 동방의 먼 나라에서 일단의 현자들을 예루살렘으로 보내시어 '큰 기쁨의 좋은 소식'을 유대민족에게 전하게 하심으로써 말일에 예정된 그 종말론적 대사건을 '예시적으로' 보여주시길 원했던 것이다. 즉 동방박사 이야기는 종말에 있을 한국교회의 예루살렘 복음전도운동을 미리 예시한 사건이었다. 그러니까 하느님은 계시적, 예언적 목적 아래서 동방박사 이야기를 성경에 기록하신 것이다.

그리하여 마지막 때에 우리 한국 백성은 자신에게 부여된 구원사적 사명, 곧 유대민족에게 복음을 전하는 일을 확신과 자신감을 갖고 감당할 수 있다. 1세기의 사건은 예표(모형)요, 마지막 세기에 있을 사건은 원형(실체)이라는 사실을 알고 있기 때문이다. 바로 이것이 동방박사 이야기를 성경에 기록하신 하느님의 목적 중 하나이다.

아울러 신실하신 하느님은 이 동방박사 이야기를 통하여 그가 일찍이 동방에 숨겨두신 욕단계 천손민족을 잊지 않았다는 사실을 계시하고자 했다. 동방박사 이야기는 이와 같은 특별한 목적들 때문에 성경에 기록된 것이다. 따라서 그것은 단순한 이야기가 아니며 대단히 중요한 예언적 기록이다.

위대한 믿음의 사람 동방의 현자들

동방의 현자들은 비록 이방인이었지만 메시아의 별을 발견하고 구세주가 태어났다는 사실을 즉각 알아 차렸다. 그리고 곧바로 예물을 준비하여 아기 예수께 경배하고자 유대 땅을 향하여 긴 여행을 떠났다. 한편 당시 이스라엘에서도 메시아가 탄생한 사실을 알고 구유에 누워 계신 아기 예수를 찾아가 경배한 유대인들이 있었다. 그들은 베들레헴 인근에서 밤중에 양을 지키던 소수의 목자들이었다.

그런데 유대인이었던 그들은 메시아가 태어났다는 것을 어떻게 알게 되었는가? 그들은 동방박사들처럼 별을 보고 안 것이 아니었다. 초자연적으로 천사들이 나타나서 자세히 일러주었기 때문이다.

"그 지경에 목자들이 밖에서 밤에 자기 양떼를 지키더니 주의 사자가 곁에 서고 주의 영광이 저희를 두루 비취매 크게 무서워하는지라 천사가 이르되 무서워 말라 보라 내가 온 백성에게 미칠 큰 기쁨의 좋은 소식을 너희에게 전하노라 오늘날 다윗의 동네에 너희를 위하여 구주가 나셨으니 곧 그리스도 주시니라 너희가 가서 강보에 싸여 구유에 누인 아기를 보리니 이것이 너희에게 표적이니라 하더니 홀연히 허다한 천군이 그 천사와 함께 있어 하나님을 찬송하여 가로되 지극히 높은 곳에서는 하나님께 영광이요 땅에서는 기뻐하심을 입은 사람들 중에 평화로다 하니라"(눅 2:8~14).

천사가 곁에 와서 "보라 내가 온 백성에게 미칠 큰 기쁨의 좋은 소식을 너희에게 전하노라 오늘날 다윗의 동네에 너희를 위하여 구주가 나셨으니 곧 그리스도 주시니라"(10, 11절)고 분명하게 알려 주었다. 심지어 "너희가 가서 강보에 싸여 구유에 누인 아기를 보리니 이것이 너희에게 표적이니라"(12절)고 하면서, 구주로 탄생하신 아기를 능히 알아볼 수 있도록 '표적(Sign)' 까지 가르쳐 주었다.

이렇게 자세히 메시아 탄생 소식을 전달 받고 아기 예수께 찾아가 경배하는 일은 용이한 일이다. 조금도 어려울 것이 없다. 게다가 그것은 '초자연적'으로 천사로부터 얻은 정보였다. 더욱이 천사는 하나도 아니었다. 허다한 천군과 천사들이 나타나 합창까지 했다. 그런데 어떻게 그것을 신뢰하지 않을 수 있겠는가? 따라서 누구든지 그와 같은 체험을 한다면 즉시 메시아를 찾아 나설 것이다. 그렇지 않을까? 나 역시 목자였다면 당장 온 동네 마구간을 몽땅 뒤지고 다녔을 것이다.

그러나 이방인인 동방박사들은 그렇게 상세한 계시를 받은 것이 아니었다. 그들은 '신비한 체험'을 하지도 않았다. 동방박사들은 단지 별만 보았을 뿐이다. 천사가 나타나서 "저 별은 메시아의 별이야, 구세주가 탄생했다는 뜻이지"라고 설명을 해준 것도 아니었다. 하느님은 그들에게 오직 별만 보여주셨다.

실로 목자들이 받은 계시에 견주어 볼 때 동방박사들이 받은 계시는 아주 작은 계시가 아닐 수 없다. 그런데도 동방의 현자들은 그 작은 계시, 곧 별 하나만을 의지하여 구세주가 탄생했다는 사실을 알았다. 이 얼마나 지혜가 충만한 사람들인가!

뿐만 아니라 동방박사들은 아기 예수님께 경배하기 위해 예루살렘까지 먼 길을 직접 찾아갔다. 그들은 참으로 신실했다. 진정한 믿음은 '지적 동의'가 아니기 때문이다. 순종이요 행함이다. 그러므로 2천 년 전에 예루살렘에 찾아가 '큰 기쁨의 좋은 소식', 곧 복음을 유대인들에게 전한 동방박사들은 아주 대단한 사람들이었다. 그들은 지혜도 믿음도 유대인을 능가했었다.

육단계 선민을 다루시는 하느님의 방식

그리스도가 베들레헴에 탄생했을 때 하느님은 유대인 및 이방인 중에서 소수의 사람을 선택하여 아기 예수 앞으로 인도하셨다. 유대인으로서 택함 받은 사람은 밤중에 들에서 양을 지키고 있던 가난한 목자들이었다(누가복음 2장). 이방인 가운데서 부름 받은 사람은 한밤에 별을 관측하던 동방의 현자들이었다(마태복음 2장).

그러나 하느님께서 아기 예수 앞으로 그들을 인도하신 방식은 전혀 달랐다. 유대인은 천사를 통해서, 동방박사들은 별을 통해 인도하셨다. 나는 하느님께서 그 두 가지 방식을 반대로 사용하셨어야 적절했다고 생각한다. 즉 메시아의 별은 목자들이 발견하게 하시고, 주의 사자(Messenger)인 천사는 동방박사들에게 보내셨어야 했다는 것이다. 왜냐하면 구세주 탄생 사실에 관해 좀더 자세한 계시와 신뢰할 만한 증거가 필요했던 사람은 어디까지나 이방인인 동방박사들이었지 유대인인 목자들이 아니었기 때문이다.

만약 목자들이 어느 날 밤중에 들에서 양을 지키다가 하늘에서 유난히 빛나는 별을 발견했다고 치자. 그들은 그 별이 메시아의 별이라는 것을 몰랐을까? 그렇지 않았을 것이다. 이방인이 메시아의 별을 알아볼 수 있었다면, 유대인이었던 그들은 더 잘 알아봤을 것이다. 왜? 유대인에게는 기록된 계시인 성경이 있었기 때문이다. 따라서 하느님께서 행하시는 일을 이해하는 데 있어서 이방인보다 월등히 우월한 입장에 있는 것이 유대인들인 것이다. 그들은 조상대대로 민수기 24장 17절의 예언에 근거해 메시아가 탄생할 때에는 특별한 별이 출현할 것이라는 사실을 알고 있었다.

그렇기 때문에 하느님은 유대인인 목자들을 '별'을 통해 아기 예수 앞으로 인도하시고, 반대로 '천사'들은 이방인인 동방박사들 곁으로 보내주셨어야 마땅하지 않았겠느냐는 것이다. 즉 메시아 탄생 소식을 천사로부터 자세히 들었어야 할 대상은 목자들이 아니라 동방박사들이었다는 것이다. 그렇지 않을까?

더욱이 하느님께서 동방박사들을 의도적으로 예루살렘에 보내셨다면(하느님은 분명히 그랬다), 그들 곁에 천사를 보내어 메시아 탄생 소식을 전달하도록 해서는 아니 될 이유는 없는 것 같다. 그러나 이상하게도 하느님은 동방박사들을 오직 별을 통해서만 인도하셨다. 그들은 천사를 보내어 초자연적으로 명료한 계시를 주시며 인도하지 않았다.

우리는 이것을 어떻게 이해해야 할까? 이방인이었기 때문에 차별대우를 하셨는가? 그렇지는 않을 것이다. 왜냐하면 하느님께서 동방박사들에게도 직접 말씀해 주신 적이 있었기 때문이다. "꿈에 헤롯에게로 돌아가지 말라 지시하심을 받아 다른 길로 고국에 돌아가니라"(마 2:12). 이 구절에서 보듯이 하느님은 동방박사들에게도 특별수단을 사용하시어 당신의 음성을 직접 들려주시기도 하였다. 하느님은 마리아의 남편 요셉도 그렇게 친히 꿈을 통해 인도하셨다(마 2:13, 19, 22).

그렇다면 왜 하느님은 단순히 별만을 사용하시어 동방박사들을 메시아 앞으로 인도하셨는가? 왜 그들에게는 초자연적으로 천사를 보내어 알아들을 수 있는 음성으로 상세히 계시해 주시지 않았는가? 그 까닭은 말 그대로 그들은 '현자들(wise men)' 이었기 때문이다. 즉 그들에게는 하느님께서 주신 특별한 지혜가 있었다는 것이다. 동방박사들에게는 지혜와 계시의 영이 있었다. 그렇기 때문에 그들은 별 하나, 곧 '작은 계시' 만 주어졌지만 구세주가 태어났다는 사실을 능히 깨달았다. 그리고 별 하나만을 의지하여 예루살렘까지 먼 길을 찾아가 '큰 기쁨의 좋은 소식' 을 유대인들에게 전했던 것이다. 아주 놀라운 사람들이 아닐 수 없다.

이것은 하느님이 욕단계 선민 한국인을 다루시는 방식을 보여주신 것이다. 그들에 관한 계시는 성경에 아주 작게 기록되어 있다(창 10:21~30; 대상 1:17~23). 그러나 2천 년 전 동방의 현자들처럼 말세의 한국인은 하느님께서 특별히 부어주신 지혜와 계시의 영으로 말미암아(엡 1:8, 17), 자기들이 이 땅 위에 존재하고 있는 또 하나의 선민, 곧 욕단계 선민이라는 사실을 자각한다. 그리고 그 계시에 반응하고, 민족적 소명에 순종한다.

Once again go to jerusalem!

마지막 때에 동방의 성민 한국인은 사도 요한과 선지자 이사야의 예언을 성취하기 위해 2천 년 전의 동방박사들처럼 다시 한번(Once again) 알이랑(하느님과 함께) 고개를 넘어 예루살렘으로 복음 들고 힘차게 달려갈 것이다(사 41:25~27, 46:1~13, 52:7, 55:1~9; 계 7:1~8).

바로 그 때에 유대민족은 과거에는 결코 볼 수 없었던 큰 규모로 회개하고 예수님 앞으로 돌아와 구원을 받을 것이다. 그리고 유대민족이 구원 받으면 예수님이 재림하신다. 가위 다시 오실 왕의 대로를 수축해야 할 구원사적 사명이 또 하나의 선민 알이랑 민족에게 부여되어 있는 것이다. 이 얼마나 위대한 사명인가!

그러므로 한국교회에 합당한 구호는 "Once again go to jerusalem!"(예루살렘에 다시 가자!)이다. 우리 한국교회는 "Back to jerusalem"이 아니라 "Once again go to jerusalem!"(예루살렘에 다시 가자!)이라는 모토 아래 아시아 서쪽으로 복음을 들고 진격해 가야 한다.

2천 년 전에 이 땅에서 동방의 현자들이 "큰 기쁨의 좋은 소식"을 갖고 예루살렘에 찾아가 이스라엘 백성들 가운데 큰 소동이 일어나게 했듯이(마 2:3), 장차 욱단계 선민 한국인은 온 이스라엘 백성을 구원하기 위해 다시 복음을 들고 알이랑 고개를 넘어 예루살렘으로 달려가 또 한번 성지(聖地)에서 거룩한 소동을 불러일으킬 것이다. 실로 그들은 "마지막 세기의 동방박사들"이라고 할 것이다. 할렐루야!

제7장

'시님'의 군대란 없다

복음을 전하는 데 나라가 중요한 것은 아니다. 교회가 있는 국가라면 어느 나라든 열방에 복음을 전해야 하며, 그것은 모든 나라의 교회들이 서로 파트너십을 갖고 협력할 일이다.

그러나 누군가 아무 성경적 근거도 없이 촛대가 차이나로 넘어갔다고 가르친다면, 게다가 한국교회의 시대적, 역사적 사명은 마지막 전쟁을 수행할 차이나 교회의 '첨병' 역할을 하는 것이라고 주장한다면, 그러한 교훈은 전혀 성경적 사실이 아니므로 반드시 교정되어야 한다. 하지만 작금 이러한 비성경적 교훈이 유포되어 뜬금없이 사대모화(事大慕華) 정신을 부추기고 있다.

마지막 때에 예루살렘 땅 끝까지 열방을 치유하며 행진해야 할 우리 젊은이들의 웅대한 비전을 "차이나 교회의 첨병 되기"로 왜곡 축소시켜서는 아니 될 것이다.

한 청년이 나에게 질문했다: "마지막 때에 마지막 주자가 누가 되는 것이 주님한테 뭐가 그리 중요한 가요?" 마지막 주자로 쓰시려고 하느님께서 선택한 어느 한 나라가 있다면 – 그 나라가 어느 나라든 간에 – 그것은 주님께 아주 중요한 것이다. 왜냐하면 그 나라가 자신의 사명을 자각하고 반응하며 순종하기를 주님은 원하시기 때문이다.

그러므로 하느님의 특별한 계획과 목적을 위해 선택받은 나라, 특히 마지막 주자로 쓰실 나라는 주님께 소중하다. 코리아가 바로 그 나라이다.

일부 지나(支那) 교회가 펼치고 있는 '백투예루살렘(Back To Jerusalem)'이라는 복음전파운동이 있다. 복음을 지나 북서부 및 중동 등지를 거쳐 예루살렘까지 전하자는 운동이다. 이를 위해 그들은 2008년 북경올림픽 이후 향후 20년 내에 100만 명의 선교사를 파송하려는 목표를 세워 놓았다고 한다. 선교사 100만 명! 실로 엄청난 숫자다. 한 나라가 100만 선교사를 파송한다면 그것은 2천년 교회사에 유례가 없는 경이적 사건이 될 것이다. 그게 가능할까?

지금 인구대국 지나에는 약 8천만 명에 달하는 기독교인이 있다(1억 2천만 명이라는 설도 있는데 그것은 과장된 숫자다). 따라서 실현 가능성 여부는 차치하고 수적으로 아주 많은 기독교인이 있는 시나 교회는 얼마든지 "선교사 100만 명 파송"이라는 목표를 세울 수 있을 것이다. 어쨌든 박해 가운데 있는 지나 교회가 주님의 지상명령을 성취하기 위해 그렇게 놀라운 일을 계획하고 있다는 것은 대견한 일이다.

그런데 지나 교회의 백투예루살렘 운동을 이사야 49장 12절에 기록된 "혹자는 원방에서, 혹자는 북방과 서방에서, 혹자는 시님 땅에서 오리라"는 성경 예언의 성취라고 가르치는 국내 선교단체의 지도자가 있다. I선교회의 대표 C형제는 그의 책 「백투예루살렘」 130쪽에서 다음과 같이 말한다:

"중국교회의 백투예루살렘 비전은 이미 성경에서 예언한 말씀의 성취입니다. 이사야서 49장 11~12절에 기록된 것처럼 하나님은 이사야 선지자를 통해 마지막 시대 중국교회에서 시님의 군대가 예루살렘을 향해 일어날 것을 말씀하셨습니다. 지금까지는 소수의 선교사들이 마치 산골짜기를 따라 어렵게 선교사역을 감당하는 듯 했지만 마지막 시대는 다릅니다. 허다한 성도들이 일어나 대로를 따라 복음의 행진을 하게 될 것입니다. 원방에서, 서방에서 세계 곳곳에서 대로를 따라 성도들이 몰려올 것입니다. 그러나 이 가운데 마지막 역사를 감당할 주의 백성들은 중국에서 일어날 시님의 군대가 될 것입니다. 마지막 시대의 거룩한 100만 대군입니다."(「백 투 예루살렘」, 도서출판 펴내기, 2005, p.130)

그리고 같은 책 158쪽에서는 이렇게 설명한다:

"또 한 가지 중요한 사실은 마지막 때에 예루살렘으로 몰려올 시님의 군대에 관한 예언의 말씀으로, 대로를 따라 시님의 군대가 예루살렘을 향해 몰려올 것인데 여기서 시님은 곧 중국을 말한다(사 49:11~13)."

그래서 C대표는 '마지막 전쟁'은 하느님께서 지나 교회를 통하여 '순식간'에 이루실 것이라고 주장한다(같은 책 158쪽). 이게 무슨 말이냐 하면 지나 교회가 100만 명 선교사를 파송할 것이니까 '순식간'에 마지막 대추수가 이루어진다는 것이다.

따라서 그는 우리 한국 교회에 부여된 역사적, 시대적 사명이란 장차 지나 교회가 감당할 그 마지막 주님의 위대한 역사 앞에 약 10만 명 정도의 선교사를 내보내어 시님의 군대 100만 대군의 '첨병' 역할을 감당하는 것이라고 설명한다(같은 책 158쪽). 그는 촛대는 이미 지나 교회로 옮겨졌다고 말하고 있는 것이다.

과연 장차 지나에서 소위 '시님의 군대' 100만 대군이 일어나 '마지막 주자'의 사명을 감당할 것인가? 우리 한국 교회에 주어진 소임이란 그 위대한 '시님의 군대' 앞에 나아가 첨병 역할을 수행하는 것인가? 국어사전은 '첨병(尖兵)'을 다음과 같이 설명하고 있다: "군대가 행군할 때, 부대의 맨 앞에서 경계, 수색을 하는 임무를 맡은 병사나 소부대."

한국 교회의 지위가 지나 교회의 '소부대'란 말인가? 참으로 지나 교회의 소부대로서 그들의 첨병 역할을 하는 것이 우리 겨레의 시대적, 역사적 사명인 것인가? 정녕 그것이 우리 한국 교회 젊은이들이 가슴에 품어야 할 비전이란 말인가? 결코 그렇지 않다. 애석하게도 그것은 그릇된 성경해석과 사대주의 정신이 결합되어 나온 억설이다.

'시님'이 지나(China)로 간주되는 근거

먼저 '시님'이 왜 '지나(支那)'인지 그 근거부터 확인해 보자. 지나 사람을 부를 때 '시노(Sino)' 족이라고 한다. '시노' 족이 사는 땅이 바로 '시님(Sinim)'인 것이다. 앞서 언급했듯이 '시노'는 함의 후손 '신(Sin)' 족속에 해당 된다(창 10:17). '시노'의 어원이 '신'이다(강해설교의 대가인 미국 갈보리교회의 척 스미스 목사도 그의 창세기 강해서인 '천지창조'에서 이렇게 설명하고 있다). '신'은 가나안의 아들이요, 가나안은 함의 넷째 아들이다(창 10:6; 15). 지나의 기원은 함의 가계, 그 중에서도 가나안의 아들 '신'이 지나 민족의 고대 선조이다(창 10:17하). 그러니까 지나 사람은 셈의 자손이 아니라 함의 후손인 것이다.

지나인이 함의 후손이라는 사실을 뒷받침 해주는 과학적 증거도 있다. 2005년 1월 윈난(雲南)성 쿤밍(昆明) 소재 동물연구소 유전생물학

실험실의 장야핑(張亞平) 원사는 현재의 지나인들은 아프리카인과 조상이 같다는 연구 결과를 발표한 바 있다. 지나인의 유전자본체(DNA)에서 Y염색체를 추출해본 결과 아프리카 흑인들의 선조에서 나타나는 특징이 대체로 나타나고 있기 때문에 지나인의 조상이 고대 아프리카인이라는 결론을 내렸다는 것이다(문화일보 2005. 1. 15).

지나 사람이 셈족이 아닌 함의 후손이라는 사실은 고대로부터 용(龍)을 숭배하는 그들의 유별난 문화에 의해서도 입증이 된다. 용은 지나의 상징이다. 지나는 용으로 대표되는 나라다. 바로 이것이 지나인이 함의 자손이라는 사실을 여실히 보여주는 객관적 증거이다. 왜냐하면 용의 고향이 함의 손자 니므롯이 세운 바벨론이기 때문이다. 용은 바벨론의 성수(聖獸)였다. 이 용을 바벨론에 살던 지나인의 조상들이 고대에 동양으로 갖고 들어온 것이다. 당시 그들은 곤륜산을 넘어서 동쪽으로 이동하여 중원(中原)으로 들어왔다. 곤륜산은 일명 '화토(華土)'라고도 한다. '화토'를 지나왔다는 뜻에서 그 종족을 '화족(華族)'이라 하게 된 것이다.

용은 '옛 뱀' 이요 '마귀' 요 '사단' 이다(계 12:9, 19:2). 실제로 용은 신비감을 자극하는 뱀의 형상을 하고 있다. 이것은 지나의 기원이 함이라는 사실을 분명히 뒷받침해 준다. 고대로부터 뱀을 지극히 숭배하는 족속이라면 그들은 결코 셈의 후손이 아닐 것이기 때문이다.

따라서 지나 사람이 함의 후손이라는 사실은 자명한 것이다. 가나안의 아들 '신(Sin)' 족속이 바로 '시노(Sino)' 족이라 일컫는 지나인이며, '시노(Sino)' 족의 땅이 '시님(Sinim)'인 것이다. '시님'이 '지나'로 간주되는 이유가 여기에 있다.

이사야 49장 12절의 진정한 의미

이제 문제의 구절인 이사야 49장 12절을 바로 해석해 보자. "혹자는 원방에서, 혹자는 북방과 서방에서, 혹자는 시님 땅에서 오리라"(사 49:12). C대표는 이 구절을 이방 교회들의 이스라엘 선교에 대한 예언으로 이해하고 있다. 즉 허다한 성도들이 원방, 북방과 서방, 그리고 시님, 곧 지나 대륙 등 세계 곳곳에서 복음을 전하기 위해 예루살렘으로 몰려올 것을 예언하고 있다는 것이다. 특히 마지막 역사를 감당할 주의 백성들은 지나에서 일어날 시님의 군대라고 설명한다.

그러나 이 구절은 이방 교회들의 이스라엘 선교에 대한 예언이 아니라, 전 세계에 흩어져 있는 유대인들의 고토 귀환에 관한 예언이다. 그것은 12절 앞에 있는 8~11절 말씀을 보면 의문의 여지가 없다.

8 여호와께서 또 가라사대 은혜의 때에 내가 네게 응답하였고 구원의 날에 내가 너를 도왔도다. 내가 장차 너를 보호하여 너로 백성의 언약을 삼으며 나라를 일으켜 그들로 그 황무하였던 땅을 기업으로 상속케 하리라
9 내가 잡혀 있는 자에게 이르기를 나오라 하며 흑암에 있는 자에게 나타나라 하리라 그들이 길에서 먹겠고 모든 자산에도 그들의 풀밭이 있을 것인즉

> 10 그들이 주리거나 목마르지 아니할 것이며 더위와 볕이 그들을 상하지 아니하리니 이는 그들을 긍휼히 여기는 자가 그들을 이끌되 샘물 근원으로 인도 할 것임이니라
> 11 내가 나의 모든 산을 길로 삼고 나의 대로를 돋우리니

여기 8절 말씀 가운데 있는 "너"와 "그들"은 이스라엘 백성을 말한다. 또한 9절에 있는 "잡혀 있는 자"와 "흑암에 있는 자"도 의문의 여지없이 이스라엘 백성인 것이다. 물론 10절에 나오는 "그들"도 이스라엘 민족이다. 그러니까 "혹자는 원방에서, 혹자는 북방과 서방에서, 혹자는 시님 땅에서 오리라"는 12절 말씀은 어디까지나 8절에서 계속되는 "이스라엘 백성"에 대한 예언인 것이다.

그러면 12절이 의미하는 바는 무엇인가? 그것은 세계 곳곳에 흩어져 있는 이스라엘 백성이 말세에 그들의 고토로 귀환할 것이라는 예언인 것이다. '북방'은 이스라엘의 북쪽 지역, 주로 러시아의 유대인을 뜻한다. '서방'은 주로 북남미, 특히 유대인이 가장 많이 살고 있는 미국을 가리킨다. '시님'은 '지나'를 뜻한다. 2차 세계대전 당시 유대인들은 나치 학살을 피해 세계 각지로 탈출을 시도하였다. 그때 일부 유대인들은 지나 땅까지 도피했는데, 상해에 25,000명(당시 전세계에서 유일하게 상해만 비자 없이 입국이 가능했다), 북경에 5,000명의 유대인이 거주하였다. 1948년 이스라엘 국가 재건 이후 이사야 49장 12절의 예언은 명확히 성취되었다. 그리고 장차 주님의 재림이 임박할 때에 이 예언은 더욱 온전히 이루어질 것이다.

이처럼 성경의 예언에 따라 말세에 세계에 흩어져 있던 유대인들이

팔레스틴의 고토로 되돌아가는 것(신 30:3~6; 사 11:12; 렘 32;37; 겔 37:21), 바로 이것이 '백 투 예루살렘'의 진정한 의미이다. 가령 '대전으로 돌아가자'는 말은 충남 대전이 고향인 사람만이 쓸 수 있는 것과 같다. 그러므로 이방인들이 이스라엘로 복음을 전하러 가는 것, 혹은 이방 기독교인들이 이스라엘로 성지순례를 가는 행위 등을 '백 투 예루살렘'이라고 부르는 것은 언어의 오용이다. 한국 교회 성도들은 일부 지나 교회가 만들어 낸 이치에 안 맞는 '백 투 예루살렘'이라는 용어를 무분별하게 답습해 쓰지 않도록 주의해야 하겠다.

이사야 49장 12절과 동일한 예언의 말씀이 이사야 43장 5~6절에도 있다.

> **5** 두려워 말라 내가 너와 함께하여 네 자손을 동방에서부터 오게 하며 서방에서부터 너를 모을 것이며
> **6** 내가 북방에게 이르기를 놓으라 남방에게 이르기를 구류하지 말라 내 아들을 원방에서 이끌며 내 딸들을 땅 끝에서 오게 하라

여기에서 '동방'은 아시아를 의미하고, '서방'은 주로 북남미, 특히 유대인이 가장 많은 미국을 뜻한다. '북방'은 이스라엘의 북쪽 지역을 말한다. 거기에는 독일, 폴란드, 러시아가 있다. 오늘날 러시아는 이들 중 가장 큰 나라로서 유대인들이 가장 많이 남아 있다. 여기서 '남방'이라고 하는 것은 히브리어로 예멘을 지칭한다. 이스라엘 국가 재건 이후 예멘에서는 약 5만 명의 유대인이 이스라엘로 귀환했다.

이상 살펴본 바처럼 이사야 49장 12절은 흩어진 유대인들의 고토 귀환에 대한 예언이다. 따라서 이 구절에 나오는 "혹자는 시님 땅에서

오리라"는 문구를 지나 교회의 백투예루살렘 운동을 예언한 것이라고 설명하는 것은 어불성설(語不成說)이다. 성경에는 어디에도 마지막 주의 위대한 역사를 수행할 이른바 '시님의 군대'가 일어나리라고 예언한 말씀은 없다. 「하늘에 속한 사람」을 저술한 지나 교회의 지도자 폴 해터웨이도 "혹자는 시님 땅에서 오리라"라는 구절을 지나 교회의 백투예루살렘 운동과 연계시킨다. 아전인수(我田引水)격 해석인 것이다(2005년 2월 한국을 방문했던 폴 해터웨이의 동역자 수 형제는 영동제일교회 주최 부흥성회에서 「하늘에 속한 사람」은 약 50%가 과장된 것이라고 고백했다).

2008년 북경올림픽 이후 향후 20년 내에 100만 명의 선교사를 파송하겠다는 일부 지나교회의 이른바 백투예루살렘 운동은 성경 예언의 성취가 아니다. 그것은 다만 사람의 계획일 뿐이다. 따라서 그대로 이루어질지는 두고 볼 일이다. 결국 C대표는 실현 여부가 불확실한 인간의 계획을 성경 예언의 성취라고 잘못 해석하여, 마지막 전쟁을 수행할 '마지막 주자'는 '지나 교회'라고 단정하고 있는 것이다. 뿐만 아니라 그렇게 예언을 곡해한 것을 성경적 교훈인 양 한국 교회 청년들에게 가르치고 있다.

게다가 더 어처구니없는 것은 우리 한국 교회에 부여된 역사적, 시대적 사명이란 그 위대한 시님의 군대 100만 대군 앞에 약 10만 명 정도의 선교사를 파송하여 지나 교회의 '첨병' 역할을 하는 것이라고 교훈하고 있다는 것이다. 그는 전혀 성경적 근거도 없이 한국 교회의 지위를 함부로 지나 교회의 첨병, 곧 소부대로 격하시키고 말았다. 이렇게 성경을 잘못 해석하면 아주 엉뚱한 주장을 하게 된다. 그리하여 사

도 바울은 다음과 같이 권면했다:

"네가 진리의 말씀을 옳게 분변하여 부끄러울 것이 없는 일군으로 인정된 자로 자신을 하나님 앞에 드리기를 힘쓰라"(딤후 2:15).

사대주의자가 아니신 하느님

C대표는 잘못된 성경 해석을 토대로 우리 한국 교회 청년들이 가슴에 품어야 할 비전을 "열방과 예루살렘 땅끝까지"가 아니라 "지나 교회의 첨병 되기"로 축소시켰다. 개탄스러운 일이다. 그렇지 않아도 지나 사람들은 우리나라를 속국 취급을 하고 있다(지나인들의 이러한 대한(對韓) 인식은 기독교인도 예외가 아니다). 이런 현실에서 단순히 지나 교회의 숫자에 위압당해 아무 성경적 근거도 없는 '첨병론'을 들고 나와 소위 '시님의 군대'의 소부대를 자처하고 나서는 것은 어이없는 일이다.

이러한 사상은 마치 지나(支那)를 대국으로 숭배하던 조선시대의 사대주의자들이 조선을 소중화라고 자처하며 만족해했던 모습을 연상시킨다. 그러므로 이러한 교훈은 필연 한국 교회 청년들의 의식 속에 은연중 사대모화(事大慕華) 정신을 부추길 것이며, 결국 한국 기독교인들을 잠재적 사대주의자가 되게 할 것이다.

2005년 4월 10일, 한기총과 한국세계선교협의회는 당시 1만 3000명인 정규 선교사 수를 5만 명으로 대폭 늘리고 이르면 2020년까지 100만 명 자비량 선교사를 배출하기 위해 대대적인 선교활성화 운동을 시작한다고 발표했다(국민일보 4월 11일자 기사). 그러니까 100만 명의 선교사를 파송하겠다는 계획은 인구대국 지나 교회만 세울 수 있는 것이 아닌 것이다. 한국 교회도 얼마든지 그러한 계획을 세울 수 있으며, 또한 한국 교회는 충분히 이 목표를 실현할 수 있을 것이다.

분단의 고통을 겪고 있는 아시아 변방의 작은 나라 한국, 더욱이 복음을 수용한지 120년이라는 일천(日淺)한 역사를 가진 나라, 그러면서도 오늘날 우리나라는 세계 제2위의 선교대국으로 부상했다. 아주 놀라운 사실 아닌가? 이러한 사실을 감안한다면 한국 교회의 100만 명 선교사 배출 비전은 결코 과대망상이 아닌 것이다. 장차 통일 대한민국은 미국을 추월하고 능히 세계 제1위의 선교강국이 될 수 있다.

그러므로 누구든지 "한국 교회는 아무리 잘해도 10만 명 이상의 선교사는 내보낼 수 없을 것이다. 한국은 작은 나라이기 때문이다. 100만 명 선교사를 배출할 수 있는 나라는 인구대국 지나뿐이다. 따라서 한국 교회의 시대적, 역사적 사명은 지나 교회의 '첨병' 역할을 하는 것이다. 촛대는 지나 교회로 넘어 갔다. 마지막 전쟁은 선교사 100만 대군을 파송할 나라 지나의 몫이다"라고 예단한다면 그것은 메뚜기 콤플렉스(민 13:33)요, 사대주의의 부활이다.

지나는 인구대국이요 기독교인도 8천만 명이기 때문에 장차 100만 명의 선교사를 파송하여 마지막 전쟁을 수행할 나라라고 단정해야 하는가? 그렇다면 지나와 비슷한 인구대국 인도는 기독교인이 1억300만 명이니, 인도 교회는 적어도 150만 명의 선교사를 파송할 수 있지 않겠는가. 따라서 마지막 전쟁을 수행할 나라는 지나가 아니라 인도라고 해야 옳지 않을까? 더욱이 약 20년 후면 인도의 인구가 지나 인구를 앞지를 것이라고 한다. 지나는 국가가 하나만 낳아 기르도록 산아제한을 하고 있지만 인도는 그게 없기 때문이라는 것이다.

형제자매여, 우리 하느님이 숫자와 덩치의 크기를 보고 일하시는 분이란 말인가? 그것은 아주 비성경적인 발상이다. 전능하신 하느님은 어떤 전쟁이든 '인해전술(人海戰術)'을 의지하는 분이 아니시기 때문에 마지막 전쟁에 꼭 100만이라는 수의 선교사가 필요한지 의문이다.

그러나 마지막 대추수를 위해 100만 명의 선교사가 꼭 필요하다면, 하느님은 동방의 작은 나라 한국 교회를 통해 그 일을 행하실 것이라고 나는 확신한다. 왜 나는 그렇게 믿는가? 성경을 관찰해 보니 우리 하느님은 골리앗처럼 덩치 크다고 특별하게 쓰시는 사대주의자가 아니시기 때문이다. 하느님은 언제나 작고 약한 것을 선택하여 크고 강한 것을 부끄럽게 하신다.

"그러나 하나님께서 세상의 미련한 것들을 택하사 지혜 있는 자들을 부끄럽게 하려 하시고 세상의 약한 것들을 택하사 강한 것들을 부끄럽게 하려 하시며, 하나님께서 세상의 천한 것들과 멸시 받는 것들과 없는 것들을 택하사 있는 것들을 폐하려 하시나니…"(고전 1:27~28).

다윗과 골리앗

성경은 하느님이 어린아이와 젖먹이의 입으로 말미암아 권능을 세우시는 분이라고 말한다(시 8:2). 즉 세상의 약한 자와 어리석은 자를 영적 현자와 강자로 만드셔서 잘난 체 하는 자들의 허위와 교만을 격파시키는 분이 여호와 하느님이시라는 것이다. 그리하여 하느님은 항상 '소수'로 하여금 '다수'를 압도하게 하신다. 그는 "너희 다섯이 백을 쫓고 너희 백이 만을 쫓으리니"(레 26:8)라고 말씀하셨다.

기드온이 미디안, 아말렉을 비롯한 여러 이방족속의 연합 공격에 대비하려고 32,000명의 군사를 모집했을 때, 하느님은 31,700명을 집으로 돌려보내셨다. 그분은 단 300명으로 승리를 주시고자 했다(삿 6:33; 7:1~8). 약한 것들을 선택하사 강한 것들을 부끄럽게 하시고, 없는 것들을 선택하사 있는 것들을 쓸모없게 만들려는 것이 자비하신 하느님의 성품이기 때문이다.

따라서 마지막 전쟁을 위해 100만의 선교사가 꼭 필요하다면 하느님은 그들을 동방의 작은 나라 한국 교회에서 부르실 것이라고 얼마든지 단언할 수 있다. 이것은 하느님께서 이스라엘을 선택하신 이유도 그들의 수효가 작기 때문이라고 말씀하신 신명기 7:6~7 말씀에 의해서도 뒷받침 된다.

"너는 여호와 네 하나님의 성민이라. 네 하나님 여호와께서 지상 만민 중에서 너를 기업의 백성으로 택하셨으니 여호와께서 너희를 기뻐하시고 너희를 택하심은 너희가 다른 민족보다 수효가 많은 연고가 아니라 너희는 모든 민족 중에 가장 작으니라"(신 7:6~7).

그렇다! 수효가 많지 않은 작은 나라를 선택하셔서 구원의 계획을 이루시는 것이 자비로운 하느님의 성품이다. 따라서 우리나라는 '작은 나라' 임으로 오히려 큰 소망이 있는 것이다. 하느님은 사대주의(事大主義)자가 아니시기 때문이다. 그러므로 우리는 수효가 13억이 넘는 지나(支那)와 같은 영토대국, 인구대국은 '마지막 주자' 로 쓰실 백성이 아니라고 얼마든지 단정할 수 있다(이 글의 논지를 잘 이해해 주기를 바란다. 나는 지금 하느님이 우리나라만 쓰신다고 주장하는 것이 아니며, 지나 교회는 선교를 할 수 없다고 말하는 것도 아니다. 그리고 선교활동 영역에서 이웃 나라들과의 파트너십을 부정하는 것은 더더욱 아니다).

한국에 대한 게오르규의 예언

게오르규(1919~1992년)는 소설 「25시」로 세상에 알려진 루마니아의 작가이자 정교회의 사제이다. 그는 1949년에 「25시」를 간행하여 세계적인 명성을 얻었다. 「25시」에서 그는 서구 물질문명의 붕괴와 동방에서 빛을 발할 영적 부흥의 도래를 예언했었다. 그가 말하는 「25시」란 서구 물질문명이 초래한 인간성 부재의 상황과 폐허의 시간, 절망의 시간을 의미한다. 그런데 게오르규는 「25시」가 출간된 지 25년 후인 1974년, 그 절망에서 인간을 구원할 동방은 한국이라고 선언했다. 그는 1974년 3월 「문학사상」지의 초청으로 한국을 방문했을 때, 「25시」에서 자신이 예언한 동방은 동양의 '작은 나라' 인 한국이 분명하다고 했다.

"…나는 25시에서 직감적으로 '빛은 동방에서 온다' 는 말을 한 일이 있습니다. 빛은 아시아에서 온다고 말했습니다. 그런데 오늘날 「25시」

를 읽은 젊은 사람들은 그「동방」이 모택동의 중공을 의미하는 줄 생각하는 사람이 많습니다. 그러나 나는 오늘의 중공은 빛과 반대되는 암흑의 세계인 것을 압니다. 내가 작품 속에서 빛이 온다고 말한 그 동방은 당신들의 작은 나라, 한국에 잘 적용되는 말입니다. 이것은 인사치레로 하는 말이 아니며 당신네들의 마음에 들려고 과장해서 하는 말도 아닙니다.

내가 그걸 알 수 있는 것은 구주이신 예수님이 작은 나라에서 태어나신 걸 알기 때문입니다. 팔레스타인의 작은 마을 베들레헴, 지도에조차 제대로 나오지 않는 보잘 것 없는 작은 마을 베들레헴에서 그리스도는 태어났습니다. 광명의 상징인 예수님이 베들레헴이라 불리는 그 소촌(小村)에서 태어나리라는 것을 안 사람은 아무도 없었습니다. 빛은 결코 뉴욕이나 모스크바나 북경과 같은 큰 도시에선 오지 않습니다. 그리스도의 빛이 무명의 아주 작은 마을에서 온 것처럼 지금 인류의 빛도 작은 곳에서부터 비쳐올 것입니다.

내일의 빛이 당신네 나라인 한국에서 비쳐온다 해서 놀랄 것은 조금도 없습니다. 왜냐하면 당신네들은 수없는 고난을 당해온 민족이며, 그 고통을 번번이 이겨낸 민족이기 때문입니다. 당신들은 고난의 수렁 속에 강제로 고개를 처박힌 민족이지만 스스로의 힘으로 고개를 쳐든 사람들입니다. 당신네 한국 사람들은 내게 있어서 젊은 시절에 읽은 성서의 '욥'과 같은 존재입니다…"(제1·2차 강연-이화여대·대구 계명대, 1974년 *「문학사상」, 1974년 5월호, p.60~61, *게오르규, 「25시를 넘어 아침의 나라로」, 서울: 문학사상사, 1987, p.76~77)

게오르규의 이 말은 하느님의 말씀인 성경과 부합하는 예언적인 말이다. 「25시」의 작가 게오르규는 그가 모르고 있던 동방의 '작은 나라' 한국을 발견함으로서 25시라는 흑암의 시간을 향해 치닫고 있는 이 지구상에 아직 소망의 빛이 남아있음을 인지했던 것이다.

그리하여 그는 한국을 '열쇠의 나라'라고 정의하였다. 25시의 절망에서 인간을 구원할 열쇠가 한국이라는 것이다. 그의 말에 의하면 지도를 펴놓고 유심히 살펴보면 한국은 열쇠처럼 생겼는데, 한국은 동아시아와 러시아(유럽)가 시작되는 '태평양의 열쇠'라는 것이다. 실제로 지도상에서 한국은 아시아와 유럽 그리고 아프리카가 연륙된 이 세상에서 가장 큰 대륙이 시작되는 위치에 열쇠처럼 걸려있다. 그는 세계의 모든 난제들이 '열쇠의 나라' 한국에서 풀릴 것이라고 예언했던 것이다. 실로 뛰어난 영적 직관이 아닐 수 없다.

게오르규는 25시의 어두움 속에서 영적 등불이 될 한국이 존귀한 나라임을 분명히 알았다. 그리하여 그는 노한 한국을 '아시아의 보석'이라고 했다:

"한국은 내가 학교에서 배운 것처럼 중국과 일본 사이에 놓인 극동 아시아의 하나의 반도이다. 그러나 평면구형도(平面球形圖)를 놓고 볼 때 그것은 반도가 아니다. 한국은 아시아 대륙의 귀고리다.

아시아를 아름답게 만들기 위하여, 이 세상을 아름답게 만들기 위하여 하느님은 그 자리에 한국이라는 귀고리를 달아 놓은 것이다. 한국은 보석처럼 정교하게 깎여지고 만들어지고 가꾸어진 것이다. 그 해안은 레이스로 되어 있다. 칠보로 되어 있다. 그것은 정말로 자수이다. 오직 보석만이 그런 식으로 재단된다.

한국은 반도가 아니고 하나의 장식품이다. 하나의 보석, 하나의 귀고리이다. 레이스로 수놓은 1천8백km의 해안에 3천4백 개의 섬이 있다. 세공된 크고 작은 섬, 온갖 형태의 섬들이 해안을 장식하고 있다.

이 해안에서 등을 돌려 한국의 내부로 시선을 돌린다면 한국이 보석이라는 것에 대한 확신을 갖게 된다. 지리학자는 이 반도는 3/4이 산악지대라고 말할 것이다. 구름 위까지 뻗치는 산이 있고 거기에 다른 산들이 연결되어 있다. 토지의 기복을 제하면 그것은 해안과 마찬가지인 레이스이다. 산들은 구름에 걸린 레이스와도 같다. 레이스를 이루는 산꼭대기인지, 하늘과 구름인지를 때로는 분간할 수가 없다. 아시아의 귀고리는 부조(浮彫)로 된 작품이다. 그 산은 칠보의 레이스이다.

　지도상의 한국은 매우 작다. 모든 보석이 그런 것처럼 하나의 귀고리는 제아무리 커도 역시 작은 것이다." (게오르규, 「25시를 넘어서 아침의 나라로」, 문학사상사, 1987, p.15~16)

　지도를 펴놓고 유심히 살펴보면 한국 영토의 모양은 열쇠처럼도 생겼고 귀고리처럼도 생겼다. 여기에서도 게오르규는 한국이 '작은 나라' 라는 사실에 주목한다. 하느님께서 이 세상을 아름답게 만들기 위하여 아시아 대륙에 한국이라는 귀고리를 달아 놓으셨는데, 모든 보석이 그런 것처럼 귀고리는 제아무리 커도 작다는 것이다.

　현재 13억의 인구대국 지나에는 8천만 명이라는 많은 수효의 기독교인이 있다. 그러나 하느님이 어느 나라에서 수많은 사람에게 구원의 은혜를 베풀어 주신 것과 어떤 나라를 선택하여 마지막 주자로 쓰시는 것은 별개의 문제인 것이다. 왜냐하면 하느님은 덩치 크다고 쓰시는 분이 아니시기 때문이다.

　승패를 결정짓는 마지막 전투일수록 '소수 정예 특수부대' 가 더 필요하다. 특수부대는 혹독한 훈련을 많이 받은 부대이다. 하느님께서 우리 겨레를 수천 년 동안 고난으로 단련하신 까닭은 "마지막 전쟁의 특전사 군대"로 쓰시기 위해서이다. 즉, 다섯이 백을 쫓고 백이 만을 쫓는 하늘나라의 특전사 부대, 그들이 바로 '알이랑 민족' 한국인인 것이다.

충전을 오래 한 배터리는 강하고 오래 사용할 수 있다. 인간을 배터리로 비유한다면, 사람은 무엇으로 충전할까? 그것은 '고난' 일 것이다 (사 48:10; 욥 23:10). 우리 겨레는 오랜 세월 고난으로 충전되었다. 지금도 한민족은 국토가 분단되어 엄청난 고난을 겪고 있다. 하느님은 왜 우리에게 이렇게 크고 긴 고난을 허락하셨을까?

이웃 민족보다 죄가 더 많기 때문인가? 결코 그렇지 않다. 오랫동안 고난으로 충전하여 마지막 때에 귀하고, 강하게, 오랫동안 쓰시기 위해서다. 그래서 게오르규의 말처럼 동방의 의인 '욥' 과 같은 백성이 한민족이다. 고난의 사람 욥은 모년에 갑절의 복을 받았다(욥 42:12~16). 우리 '알이랑 민족' 도 말세에 넘치도록 큰 복을 받을 것이다.

그리하여 태평양시대의 중심 국가는 차이나가 아니라 통일 코리아가 될 것이다. 성경을 모르는 세상 학자들은 소위 팍스 시니카(Pax sinica)의 시대가 올 것처럼 이야기 한다. 일찍이 동아시아에서 차이나가 부상(浮上), 미·일과 전략적 대결을 벌일 걸로 전망한 이는 새뮤얼 헌팅턴(Huntington) 하버드대 교수였다. 그는 1996년 문제작 '문명 충돌과 세계 질서 재편' 에서 "차이나는 역사·문화·전통·크기·경제·역동성·자기 이미지 등 모든 점에서 동아시아에서 패권적 지위를 자처하게 돼 있다" 며 "동아시아 국가들은 이에 대해 홀로 혹은 동맹을 통해 균형을 취할 건지, 편승할 건지, 절충할 건지 선택해야 할 것"이라고 했다. 그러나 두고 보라. 하느님의 때에 찬 섭리와 경륜에 따라 통일 코리아가 차이나를 압도할 날이 반드시 올 것이다.

촛대가 지나로 옮겨질 수 없는 까닭

여호와 하느님은 '셈의 하느님'(창 9:26)이시다. 그래서 하느님은 구원의 역사를 셈의 후손을 통해 시작하셨다. 그렇다면 구원사의 피날레를 장식하는 마지막 대추수의 역사도 틀림없이 셈의 후손을 통해 이루실 것이다. 하느님은 '셈의 하느님'이시기 때문이다. 무릇 마무리는 시작보다 더욱 중요하다. 그래서 인류 구원의 마지막 대사명은 더더욱 셈족에게 맡기실 것이다.

바로 여기에 촛대가 지나 교회로 결코 옮겨질 수 없는 원초적 이유가 있다. 앞서 지적했듯이 지나의 기원은 함이기 때문이다. 더욱이 함족은 축복을 상실했다. 창세기 9장 24절에서 27절에 기록된 노아의 노래를 보라. 그때 노아는 함족 전부를 저주하지는 않았다. 그러나 축복하지도 않았다. 함족은 일반적으로 축복을 상실했다. 복을 상실한 족속을 마지막 주님의 위대한 역사에 크게 들어 쓰신다는 말인가? 그것은 이율배반(二律背反)적 논리로서 아주 비성경적 교훈이 아닐 수 없다.

게다가 역사적으로 지나는 이족천시(異族賤視) 사상인 중화사상으로 늘 이웃 나라들을 오랑캐라고 멸시하며 침략전쟁을 일으키고 패권을 추구해온 나라다. 그래서 지나의 손에는 피가 묻어 있다. 지금도 약소국 티베트를 총칼로 지배하고 있으며, 한반도를 자기들의 잠재적 영토로 간주하고 있다. 그리하여 한국 정부의 만류에도 아랑곳없이 엄연한 우리 민족사인 고조선, 부여, 발해, 고구려사를 도적질하고 있는 것이다. 차이나의 영토에 대한 탐심은 끝이 없다. 서북공정으로 위구르를, 서남공정으로 티베트를 빼앗더니, 이젠 동북공정으로 간도와 북한 땅까지 강탈하려고 하고 있다. 그리고 그들의 마수는 우리 영해 최남단에 있는 이어도까지 뻗치고 있다. 얼마전 지나 정부가 이어도에 대한 한국의 권리를 인정할 수 없다고 공식적으로 선언하고 나섰기 때문이다(이어도는 지나쪽보다 한반도에 더욱 가깝다).

이웃을 향해 공의를 행치 아니하고 이렇게 끊임없이 악을 자행하는 불의한 나라를 세상을 정의로 다스리시는 의로우신 하느님께서(시 67:4) '마지막 주자'로 귀하게 쓰신다는 말인가? 그것은 터무니없는 주장이다. 그렇다면 천하에 공리(公理)는 어디에 있을 것이고, 역사의 신성(神聖)은 어디에 있다는 말인가? 우리는 역사의 주관자가 살아계신 공의(公義)의 하느님이심을 믿는다.

따라서 지나 교회 지도자들은 세계선교를 논하기 전에 역사적으로 지나가 이웃 민족에게 저지른 죄악, 지금도 이웃 나라들에게 자행하고 있는 악행들을 회개해야 한다. 거룩하신 하느님은 손에 피가 묻은 자를 쓰시지 않는다. 다윗이 성전을 건축하기 원했지만 피를 많이 흘려 허락되지 않았다(대상 22:8). 그처럼 지나(支那)는 복음의 마지막 주자로 쓰임 받는 은혜가 허락되지 않는다. 왜냐하면 지나 사람들은 셈의 후손이 아닐 뿐더러, 그들의 손엔 피가 묻어 있기 때문이다. 그러므로 촛대는 절대로 지나 교회로 옮겨갈 수 없다(다시 말하건데 나는 지나 교회는 선교할 수 없다고 주장하는 것이 아니다. 하느님이 종말의 때에 마지막 대추수를 위해 사용하실 세계선교의 마지막 주자에 관해 성경적으로 설명하고 있는 것이다).

신약시대의 성전은 교회이다(고전 3:16). 따라서 복음을 전하여 주님의 교회를 세우는 것은 곧 성전을 건축하는 행위가 된다. 이 신약시대의 성전은 이방인의 충만한 수가 주께 돌아오고, 맨 나중에 온 이스라엘이 구원 받을 때 완성된다(롬 11:25~32). 그래서 말세에 유대민족을 구원하기 위해 예루살렘까지 복음 들고 달려갈 나라가 마지막 주자이다. 신실하신 하느님은 그 위대한 나라를 셈의 후손 중에서도 작은 나라이며, 손에 피가 묻어 있지 않은 양(羊)과 같은 백성을 선택하실 것이다. 그 귀한 백성이 바로 알이랑 민족 한국인인 것이다.

성경 어디에도 '시님의 군대'라는 것은 없다. 마지막 역사를 감당할 시님의 군대 100만 대군이 지나에서 일어날 것이라는 가르침은 성경적인 근거가 전혀 없는 이야기다. 하느님의 말씀이 아닌 그러한 픽션에 의거해 한국 교회의 위상을 지나 교회의 '소부대'로 격하시키고, 우리 겨레의 시대적, 역사적 사명을 그들의 '첨병'으로 축소시켜서는 아니 될 것이다. 그러나 현재 이러한 비성경적 교훈이 유포되어 한국 교회 청년들의 의식 속에 뜬금없이 사대모화(事大慕華) 정신을 주입시키고 있다. 이러한 거짓 교훈에 성도들이 더 이상 오도(誤導)되지 않도록 한국 교회 지도자들은 성경을 바로 가르쳐 주어야 할 것이다.

세계선교의 마지막 주자 코리아

앞으로 통일의 새 날이 오면 우리나라에 전 세계가 주목하는 전무후무한 부흥의 역사가 있을 것이다. 아직 한국 교회에 본격적인 부흥은 오지 않았다. 장차 예루살렘 땅끝까지 열방을 태우는 부흥의 불길이 한반도에서 타오를 것이다. 그리하여 우리 한국 교회는 마지막 때에 첨병 정도의 역할이 아니라 주력부대로서 세계 선교의 사명을 감당하게 될 것이다. 마지막 대추수를 위해 사도적 권능으로 충만한 복음 전도자들이 동방의 코리아에서 봇물 터지듯 열방으로 쏟아져 나갈 것이기 때문이다.

그리고 마침내 한국 교회는 마지막 세기에 예루살렘 땅 끝까지 복음을 들고 달려가서 온 이스라엘 백성이 구원을 받게 할 것이다(사 46:10~13; 41:25~27; 52:7~10, 55:5, 계 7:1~8, 롬 10:12~15). 유대민족이 구원 받으면 예수님이 재림하신다. 바로 이것이 우리 겨레에게 주어진 구원사적 사명이다. 즉 인류구원의 대업을 완수하여 다시 오실 주님의 길을 수축해야 할 사명이 욕단계 천손민족 우리 한국인에게 부여되어 있는 것이다.

새벽이슬 같은 한국 교회 청년들이여! 이 위대한 비전을 가슴에 품어라! 예루살렘 땅 끝까지 열방을 치유하며 행진하는 영광의 그 날이 우리 겨레와 한국 교회를 기다리고 있다. 할렐루야!

제8장

이스라엘의 시기심을 일으킬 동방의 코리아

요한계시록 7:1~8은 "온 이스라엘이 구원을 받으리라"는 로마서 11:25, 26의 약속의 구체적 성취의 때와 방법에 관한 계시이다. 계시록 7:1~8은 그 약속이 마지막 때에 특정 장소인 "해 돋는 데", 곧 동방으로부터 보내심을 받은 복음전도자들의 선교사역을 통해 실현된다고 말한다. 그 동방은 계시록 7:1~8과 병행 구절인 이사야의 예언들(사 41:25~27, 46:1~13, 52:7, 55:1~9)을 해석해볼 때 욕단계 선민의 나라인 극동의 코리아가 분명하다. 따라서 한국 교회는 우리나라가 세계선교의 마지막 주자라고 사실을 분명히 자각해야 한다. 기록된 계시인 성경이 그렇게 말하고 있기 때문이다.

본 단원에서는 로마서를 중심으로 어찌하여 유대인이 이방인을 통하여 구원을 받는지, 특히 우리나라의 선교 사역으로 인해 회심하고 그리스도 앞으로 돌아와 구원을 받게 되는지 그 신학적 이유를 살펴보자.

로마서 11장은 바울서신 가운데 유일하게 이스라엘의 구원에 관한 문제를 자세히 다루고 있다. 요한계시록 7:1~8은 로마서 11장의 약속의 성취이기 때문에, 로마서 11장에 대한 이해 없이는 계시록 7:1~8도 바로 이해할 수 없다. 로마서 11장은 계시록 7:1~8을 온전히 이해하는 열쇠이다.

로마서 11:25, 26에 약속된 "온 이스라엘의 구원"이 이방의 나라인 동방의 코리아에 의해 성취된다는 계시록 7:1~8의 교훈을 충분히 이해하려면 로마서 11:11~14까지 언급된 바울의 유명한 이른바 삼각관계의 신학(Triangle theology)을 이해해야 한다.

"그러므로 내가 말하노니 그들이 넘어지기까지 실족하였느냐 그럴 수 없느니라 그들이 넘어짐으로 구원이 이방인에게 이르러 이스라엘로 시기나게 함이니라 그들의 넘어짐이 세상의 풍성함이 되며 그들의 실패가 이방인의 풍성함이 되거든 하물며 그들의 충만함이리요 내가 이방인인 너희에게 말하노라 내가 이방인의 사도인 만큼 내 직분을 영광스럽게 여기노니 이는 혹 내 골육을 아무쪼록 시기하게 하여 그들 중에서 얼마를 구원하려 함이라"(롬 11:11~14).

삼각관계의 신학 (Triangle theology)

11절에서 바울은 이스라엘이 다시는 일어날 수 없을 정도로 실족한 것이 아니라고 말한다. 그 이유는 이스라엘 백성이 완악해진 것조차 이방인에게 구원을 가져다주고 이를 통해 결국은 이스라엘을 시기나게 하여 구원에 이르도록 하는 것이 하느님의 계획이기 때문이라는 것이다. 그러니까 이스라엘의 타락은 영원한 마지막 상태가 아니라 하느님의 계획 속에 구원사의 한 과정에 불과한 잠정적인 상태라는 것이다.

즉 때가 되면 이방인에게 격발된 이스라엘이 돌아와 구원에 참여하게 된다는 것인데 이와 같이, 이스라엘-이방인-이스라엘의 계통에서 바울이 말하는 바, 구원적 역사의 대계는 흐르는 것이니, 이것이 바울의 삼각관계의 신학이다. 이는 사실상 이스라엘에 대한 하느님의 거부가 일시적인 것이며, 하느님이 이스라엘을 포기하지 않으셨다는 근본적인 해답을 밝힌 것이다.

그리하여 바울은 12절에서 이스라엘의 타락이 이방인들에게 구원의 문을 열어 주는 계기가 되었다면, 하물며 이방인에 대한 시기심에 자극을 받아 이스라엘 백성이 충만히 그리스도 안에서 하느님 앞으로 돌아올 때, 그것은 더 좋은 세계적 축복을 가져다주는 계기가 될 것이라는 확신으로 나아간다.

> "저희의 넘어짐이 세상의 부요함이 되며 저희의 실패가 이방인의 부요함이 되거든 하물며 저희의 충만함이리요"(롬 11:12).

그러면 그 더 좋은 세계적 축복이란 무엇인가? 그 해답은 15절에 기록되어 있다.

> "저희를 버리는 것이 세상의 화목이 되거든 그 받아들이는 것이 죽은 자 가운데서 사는 것이 아니면 무엇이리요"(롬 11:15).

"죽은 자 가운데서 사는 것"이란 '부활'을 의미한다. 따라서 15절의 의미는 이스라엘의 회심이 부활의 직접적인 전조가 될 것이라는 뜻이다. 부활은 그리스도의 재림과 일치할 것이다. 성도들의 부활은 예수께서 재림하실 때 발생하는 것이기 때문이다. 그런즉 15절의 의미는 이스라엘의 회심이 예수님의 재림의 직접적인 전조가 된다는 말이기도 하다(F. F. 브루스 저, 권성수 역, 「로마서」, 기독교문서선교회, 1985, p.239). 즉, 후일에 이스라엘 사람들이 회개하여 하느님의 받아들여짐이 될 때에는, 죽은 자들의 부활의 시기가, 곧 그리스도의 재림의 시기가 임하리라는 뜻이다.

따라서 오늘날 유대인들이 여전히 그들의 불신앙으로부터 회심하지도 않았고, 불신앙과 결별하지 않았음에도 불구하고 예수님의 재림이 임박하였다며 현실 도피적 시한부 종말론을 가르치는 자가 있다면 그것은 분명한 거짓이다. 이스라엘이 회심하여 하느님의 받아들여짐이 되기 전에는 예수님의 재림의 시기가 임하지 않는 것이다.

왜 지금까지 그리스도의 재림이 지연되고 있는가? 이스라엘 백성이 아직까지도 그들의 메시아 앞으로 돌아오지 않았기 때문이다. 그리스도인들이 참으로 예수님의 재림을 대망한다면 이스라엘의 구원을 위해 힘써야 한다. 유대민족의 구원을 위해 기도하며 그들에게 복음전도자를 파송해야 한다.

예수 그리스도의 재림은 성도의 최대의 소망이다. 이것처럼 큰 우주적 축복이 어디에 있는가? 이때에 죽은 자들은 부활하고 살아 있는 성도들은 썩어질 육신이 썩지 아니할 몸으로 순식간에 변화하여 공중으로 들림 받는다(고전 15:51~54, 살전 4:15~17). 그리고 악한 마귀는 무저갱에 던져지고 마침내 하느님의 나라가 충만하고 완전히 이 땅에 임하는 것이다.

바울은 로마서 11:12과 15절에서 이스라엘이 이방인에 대한 시기심에 자극을 받고 그리스도 안에서 충만히 하느님 앞으로 돌아올 때, 이와 같은 더 좋은 세계적 축복의 때가 임한다고 교훈하고 있는 것이다.

그리하여 구원이 유대인으로부터 왔으므로(요 4:22) 구원사에서 유대인은 결정적인 역할을 하였지만, 이스라엘을 시기케 하여 하느님과 화목시키는 일을 담당할 주요 도구인 이방인 역시 그 역할이 심히 중요한 일이 아닐 수 없다. 자신의 역할에 대한 이방인의 성공적인 수행이 하느님의 나라가 이 땅에 충만하고 완전히 임하도록 하는 결정적 조건이 되기 때문이다.

앞에서 밝혔듯이 바울의 삼각관계의 신학(Triangle theology)이란 첫째, 이스라엘의 넘어짐으로 둘째, 이방인의 구원이 열렸고 셋째, 그 결과로 이스라엘의 시기(마치 어린 자녀가 젖을 먹지 않을 때 남의 집 아기에게 젖을 물리면 어린아이는 좋아서 우리 엄마 젖을 왜 네가 먹느냐며 빼앗듯이)와 그 결과로 구원이 그들에게 임할 것이라는 말씀이다. 바로 이것이 하느님의 이스라엘 구원 계획이다. 그리하여 바울은 13~14절에서 자기 동족을 시기케 하여 구원을 얻도록 하기위해 복음을 전한다고 다음과 같이 고백한다.

"내가 이방인인 너희에게 말하노라 내가 이방인의 사도인 만큼 내 직분을 영광스럽게 여기노니 이는 혹 내 골육을 아무쪼록 시기하게 하여 그들 중에서 얼마를 구원하려 함이라"(롬 11:13~14).

그런데 바울의 이와 같은 이스라엘 구원론은 율법과 선지자의 증거에 기초하고 있는 것이었다. 즉, 바울의 이른바 삼각관계의 신학의 배경은 율법서인 신명기와 선지서인 이사야서에 근거하고 있다는 것이다. 바울이 하느님의 이스라엘 구원 계획을 자세히 밝힌 로마서 11장은 그가 앞서 로마서 10:19~21에서 인용한 구약성경 신명기 32:21과 이사야 65:1,2에 바탕을 두고 있다. 먼저 로마서 10:19을 살펴보자.

"그러나 내가 말하노니 이스라엘이 알지 못하였느뇨 먼저 모세가 이르되 '내가 백성 아닌 자로써 너희를 시기나게 하며 미련한 백성으로 너희를 노엽게 하리라' 하였고 이 말씀은 '모세의 노래'라고 알려진 말씀의 일부로서 신명기 32:21절 말씀에서 인용한 것이다. 신명기의 말씀은 다음과 같다.

> "그들이 하나님이 아닌 자로 나의 질투를 일으키며 그들의 허무한 것으로 나의 진노를 격발하였으니 나도 백성이 되지 아니한 자로 그들의 시기가 나게 하며 우준한 민족으로 그들의 분노를 격발하리로다."

하느님은 이 말씀 가운데 이스라엘 백성이 그와 맺은 언약을 어기고 다른 신을 섬김으로써 하느님의 질투를 일으키고 하느님의 진노를 격발시키면, 하느님도 그들을 향하여 두 부류의 백성을 세우시겠다고 말씀하신다. 즉 "시기나게 할 자"와 "분노를 격발케 할 자"이다.

"시기나게 할 자"란 누구인가? 그들은 "분노를 격발케 할 자"와는 다른 민족이다. 시기는 나쁜 것에 대하여 일어나는 것이 아니라 좋은 것에 대하여 일어나는 것이다. 그러므로 '시기나게 할 자'는 하느님의 복을 받은 자들이다. 바로 이 '시기나게 할 자'에 대하여 설명한 사도가 바울인 것이다. 바울은 로마서 기록에서 복음은 율법과 선지자의 증거를 받았다고 말하고(롬 3:21), 율법서의 신명기 32:21을 인용하고 있는 것이다. 즉, 바울은 이방인이 구원을 받게 하신 것은 이스라엘로 시기나게 하려는 것이라고 했다(롬 11:11). 따라서 '시기나게 할 자'란 구원받은 이방 기독교 국가를 말하는 것이다. 그들이 바로 이스라엘을 시기케 할 자인 것이다. 바로 그와 같은 이유로 모세는 이스라엘을 "시기나게 할 자"를 가리키는 데는 단지 "백성 아닌 자"라고 말하고 있는 것이며, "우준한 민족"이라는 용어를 사용하지 않은 것이다. 구원받은 이방 민족은 더 이상 '우준한 민족'이 아니기 때문이다.

그러면 "분노를 격발케 할 자"란 누구인가? 분노는 시기심과 달리 자신을 해롭게 하는 자에 대하여서 일어나는 감정이다. 그러므로 이들은 이스라엘을 해롭게 할 민족인 것이다. 즉, 이스라엘이 불순종할 때 하느님은 그들을 이방 나라의 침공을 받고 포로로 잡혀가게 하시며, 멸시와 수욕과 학살을 당하게 하셨으니, 곧 앗수르, 바벨론, 애굽, 앗시리아, 헬라, 로마 같은 나라들로서, 이스라엘을 지배, 박해, 학살한 민족들이다. 이들이 바로 이스라엘의 "분노를 격발케 할 자"인 것이다. 하느님은 이와 같은 "우준한 민족"을 불신앙에 빠진 이스라엘을 징계하는 도구로 사용하신 것이다.

그러나 교회는 이스라엘의 "분노를 격발케 할 자"가 아니라 이스라엘을 "시기나게 할 자"인 것이다. 따라서 교회는 결코 유대민족을 박해, 학살하는 일의 주역이 되어져서는 안 된다. 이방인 교회가 이스라엘을 "시기나게 할 자"이며, 그리하여 이스라엘을 구원할 도구로 의도되었다는 사실을 바울은 다시 로마서 10:20, 21에서 선지서인 이사야 65:1,2을 인용하여서 확증하고 있다.

> "또한 이사야가 매우 담대하여 이르되 '내가 구하지 아니하는 자들에게 찾은바 되고 내게 문의하지 아니하는 자들에게 나타났노라' 하였고 (20절), 이스라엘을 대하여 가라사대 '순종치 아니하고 거스려 말하는 백성에게 내가 종일 내 손을 벌렸노라 하셨느니라'(21절).

이사야 65:1,2은 다음과 같다.

> "나는 나를 구하지 아니하던 자에게 물음을 받았으며 나를 찾지 아니하던 자에게 찾아냄이 되었으며 내 이름을 부르지 아니하던 나라에 내가

여기 있노라 내가 여기 있노라 하였노라(1절). 내가 종일 손을 펴서 자기 생각을 따라 옳지 않은 길을 걸어가는 패역한 백성들을 불렀나니"(2절).

바울은 로마서 10:20에서 이사야 65:1을 축약하여 인용하였다. 즉, "나는 나를 구하지 아니하던 자에게 물음을 받았으며, 나를 찾지 아니하던 자에게 찾아냄이 되었으며"를 "내가 구하지 아니하는 자들에게 찾은바 되고"라고 줄여서 인용하였고, "내 이름을 부르지 아니하던 나라에게 내가 여기 있노라 내가 여기 있노라"를 "내가 문의하지 아니하는 자들에게 나타났노라"라고 줄여서 인용한 것이다.

이사야 65:1의 뜻은 장차 하느님께서 복음을 통하여 이방인을 자기 백성 삼으실 것을 예언한 말씀이다. 그런데 그 말씀 바로 뒤에 2절에서는, 하느님은 또한 이스라엘 백성을 부르신다.

"내가 종일 손을 펴서 자기 생각을 좇아 불선한 길을 행하는 패역한 백성을 불렀나니"

1절과 2절은 도대체 무슨 관계가 있는가? 왜 하느님은 1절에서는 이방인을 부르셔서 당신의 백성을 삼으실 것을 말씀하시며, 2절에서는 곧바로 또 이스라엘 백성을 부르신다고 말씀하시는가? 그 이유는 이방인을 부르셔서 당신의 백성을 삼으시는 것이 곧 이스라엘을 부르시는 일이기 때문이다. 왜냐하면 하느님께서 이방인을 구원하신 것은 이스라엘을 시기나게 하여 결국 이스라엘을 구원하시려는 것이기 때문이다. 바로 이와 같은 이유 때문에 이방인을 부르셔서 당신의 백성을 삼으신다는 말씀과(1절) 불선한 길을 행하는 패역한 이스라엘을 부르신다는 말씀(2절)이 곧바로 연결되어 있는 것이다.

결국 바울은 율법서인 신명기와 선지서인 이사야의 말씀을 인용하여, 이방인 교회는 이스라엘을 시기나게 하여 그들을 구원시키는 자임을 증거하고 있는 것이며, 바로 이 구약성경의 구절들을 배경으로 이스라엘-이방인-이스라엘 순서로 이어지는 하느님의 이스라엘 구원계획을 자세히 밝힌 로마서 11장을 기록한 것이다.

따라서 이렇게 이방인 신자들이 유대인들을 화목시키는 일을 담당할 주요 도구가 될 것이기 때문에 바울은 이제 유대인에 대한 이방인의 태도가 우려되었다. 그것은 현재 유대인들이 불신앙으로 인하여 하느님으로부터 거부된 상태에 처해 있기 때문에 혹시 이방인들이 유대인들을 얕잡아 보는 유혹에 빠지지 않을까 하는 것이었다. 시기심이란 좋은 것에 대하여 일어나는 것인데, 이방인 신자들이 유대인들을 무시하고 우월감을 갖는다면 그들은 결코 유대인들의 시기심을 불러일으킬 수 없을 것이기 때문이다. 그리하여 바울은 이방인들에게 유대인의 근본적인 지위가 무엇인지를, 그리고 구원사에 있어서의 이스라엘과 구원을 받은 이방인들과의 관계를 설명함으로서 각별히 이방인들의 주의를 환기시키고 있다.

"제사하는 처음 익은 곡식가루가 거룩한즉 떡덩이도 그러하고 뿌리가 거룩한즉 가지도 그러하니라 또한 가지 얼마가 꺾여졌는데 돌 감람나무인 네가 그들 중에 접붙임이 되어 참 감람나무 뿌리의 진액을 함께 받는 자 되었은즉 그 가지들을 향하여 자긍하지 말라 자긍할지라도 네가 뿌리를 보존하는 것이 아니요 뿌리가 너를 보존하는 것 이니라"(롬 11:16~18).

바울은 먼저 16절에서 유대인의 신성성을 두 가지의 비유를 들어 입증함으로써 이방인으로 하여금 꺾여진 가지인 유대민족에 대하여 자긍하지 못하도록 하고 있으며, 17절 이하에서도 구원사에 있어서 이스라엘과 이방인들과의 관계를 설명하는 가운데 구원받은 이방인들의 위치가 무엇인지를 또 한 가지 비유를 들어서 자세히 설명함으로써 유대민족에 대한 이방인의 오만을 경계하고 있다. 그러니까 16절에서는 초점을 유대인에게 맞추어 말했고, 17절 이하에서는 이방인에게 초점을 맞추어 말하였다.

16절의 첫 번째 비유에서 바울은 "처음 익은 곡식 가루가 거룩한즉 떡덩이도 그러하다"고 하였다. 이 말은 민수기 15:19, 20의 제사법에서 온 비유이다. 거기에 보면 하느님은 이스라엘이 처음 곡식가루를 바치어 그 해의 모든 수확물을 다 바친 것으로 대표하게 하였다. 그렇게 함으로써 그 해의 모든 음식물은 다 하느님께 속한 것이 되는 것이다. 이 비유에서 바울이 의도한 "처음 익은 곡식가루"는 이스라엘의 근원인 초대족장들(특히 아브라함)을 의미한다. 또한 "떡덩이"는 그들의 자손들인 이스라엘 전체를 의미한다. 즉, 하느님께서 이스라엘의 족장들(아브라함, 이삭, 야곱)을 거룩히 택하시고 그들과 언약을 맺으신 만큼, 그들의 자손들도 거룩한 백성이라는 것이다. 그러므로 이스라엘 백성들도 마침내 회개하고 복음으로 돌아올 날이 있는 것이다. 두 번째 비유에서는, "뿌리가 거룩한즉 가지도 그러하니라"·고 하였다. 이는 첫 번째 비유의 뜻을 다른 각도에서 밝혀 준 것이다. "뿌리"란 두말할 필요도 없이 "처음 익은 곡식가루" 처럼 이스라엘의 조상을 말하고 "가지"는 그 자손들(유대민족)을 의미한다.

이 비유들을 통해 바울이 이방인의 주의를 분명히 환기시키고자 하는 요지는 유대인들이 현재 불신앙으로 말미암아 하느님으로부터 거부된 상태에 처해 있다 할지라도 그들은 여전히 하느님의 거룩한 백성이라는 것이다. 그들이 현재 불신앙 가운데 있다고 해서 선택된 백성으로서의 그들의 지위가 상실되었다고 생각해서는 안 된다는 것이다. 다시 말하면 선택된 백성으로서의 그들의 위치는 변함이 없다는 것이다. 이는 바울이 28절에서 말한, 이스라엘이 "조상들을 인하여 사랑을 입은 자"라는 말씀과도 일치한다.

따라서 오늘날 일부 기독교계의 통속적 견해인 "구주 예수 그리스도를 살해한 유대인은 버림받은 민족이며 교회가 이스라엘을 계승한 새 이스라엘이고, 하나의 민족 내지 국가로서의 이스라엘의 의미는 더 이상 존재하지 않는다"는 이론은 성경의 가르침과 정면으로 상충하는 것이다. 위의 비유들에서 바울은 사실상 이방인들이 이와 같은 유혹에 빠지게 될 것을 우려하고 있는 것이다.

유대민족은 아직도 하느님의 택한 백성인가? 물론이다. 진실로 하느님은 그들에게 축복의 언약을 주셨다. 하느님은 불변하는 의미 깊은 약속을 아브라함과 맺으셨고, 이어서 이삭과 야곱에게 여러 번 확인시켜 주셨다. 하느님은 창세기 12장에서 아브라함에게 본토 친척 아비 집을 떠나 하느님께서 그에게 지시할 땅으로 가라고 명하시고, 이어서 다음과 같이 말씀하셨다.

"내가 너로 큰 민족을 이루고 네게 복을 주어 네 이름을 창대케 하리니 너는 복의 근원이 될지라"(창 12:2).

또한 아브라함이 롯과 헤어진 뒤, 하느님은 다음과 같이 말씀하셨다.

"… 눈을 들어 너 있는 곳에서 동서남북을 바라보라 보이는 땅을 내가 너와 네 자손에게 주리니 영원히 이르리라"(창 13:14,15).

이어서 하느님은 아브라함과 이삭과 야곱에게 계속 자신의 약속을 확인시켜 주셨다. 창세시 15:1~7절에서 하느님은 축복에 대하여 다시 말씀하셨다. 또한 말씀하기를,

"… 이끌고 밖으로 나가 가라사대 하늘을 우러러 뭇별을 셀 수 있나 보라 또 그에게 이르시되 자손이 이와 같으리라…(창 15:5).

창세기 17:1~8까지의 말씀 속에서 하느님은 다시 한 번 자신의 언약을 확정하시며 또 나중에 이삭에게 다음과 같은 말씀을 하셨다.

"네 자손을 하늘의 별과 같이 번성케 하며 이 모든 땅을 네 자손에게 주리니 네 자손을 인하여 천하 만민이 복을 받으리라…(창 26:4).

그리고 그 후 야곱에게 말씀하기를,

"…나는 여호와니 너의 조부 아브라함의 하나님이요 이삭의 하나님이라 너 누운 땅을 내가 너와 네 자손에게 주리니 네 자손이 땅의 티끌같이 되어서 동서남북에 편만할지며 땅의 모든 족속이 너와 네 자손을 인하여 복을 얻으리라"(창 28:13,14).

하느님은 아브라함에게 개인적으로 약속을 하셨을 뿐만 아니라, 창세기 15:5에서는 하늘의 별들로, 창세기 22:17에서는 바닷가의 모래로, 그리고 창세기 13:16절에서는 땅의 티끌로 비유하신바, 그의 자손들에게도 동일한 축복의 약속을 확인시켜 주셨던 것이다.

이 언약은 아무런 조건도 없으며, 모든 범주를 포함하고 있는데, 즉 아브라함의 육적인 자손과 영적인 자손, 땅에 속한 축복과 하늘에 속한 축복을 모두 포함하는 것이다. 하느님은 아브라함과의 이 언약을 결코 취소하지 않으셨고, 앞으로도 그러하실 것이다. 그러므로 갈라디아서 3:17에서, 바울은 430년 후에 주어진 모세의 율법이 아브라함과 그 자손들에게 하신 하느님의 언약의 말씀을 폐할 수 없었다고 강조하여 지적하였다.

> "내가 이것을 말하노니 하나님의 미리 정하신 언약을 사백 삼십년 후에 생긴 율법이 없이 하지 못하여 그 약속을 헛되게 하지 못하리라"(갈 3:17).

하느님은 율법을 초월하여 그의 백성에게 신실하신 것이다. 아브라함의 후손에게 향하신 하느님의 언약의 신실함은 영원하며, 조건이 없으며, 돌이킬 수 없는 것이다. 이스라엘의 예수 그리스도를 거부한 죄가 하느님의 언약을 파하거나 폐하였다는 주장의 여지를 없이하려고 바울은 성령의 감동하심으로 다음과 같이 기록하였다.

> "그러므로 내가 말하노니 하나님이 자기 백성을 버리셨느뇨 그럴 수 없느니라 나도 이스라엘인이요 아브라함의 씨에서 난 자요 베냐민 지파라 하나님이 그 미리 아신 자기 백성을 버리지 아니하셨나니…"(롬 11:1,2).

인간은 신실치 못하여도 하느님의 신실하심은 영원히 변함이 없는 것이다. 인간에게는 미쁨이 없어도 하느님의 미쁘심은 영원하다. 바울은 로마서 11:28, 29에서 이점을 확언하고 있다.

> "복음으로 하면 저희가 너희를 인하여 원수된 자요 택하심으로 하면

조상을 인하여 사랑을 입은 자라 하나님의 은사와 부르심에는 후회하심이 없느니라"(로마서 11:28, 29).

그러나 오늘날 일부 기독교계의 그릇된 성향은, 교회가 이스라엘을 대치했다는 생각에서 이스라엘이 한 민족으로서 선민으로 남아 있다는데 정당성을 부여하지 않으려고 하고 있다. 이는 하느님의 말씀과 정면으로 배치되는 생각이다. 하느님은 예레미야를 통하여 다음과 같이 말씀하셨다.

"나 여호와는 해를 낮의 빛으로 주었고 달과 별들을 밤의 빛으로 규정하였고 바다를 격동시켜 그 파도로 소리치게 하나니 내 이름은 만군의 여호와니라 내가 말하노니 이 규정이 내 앞에서 폐할진대 이스라엘 자손도 내 앞에서 폐함을 입어 영영히 나라가 되지 못하리라 나 여호와가 이같이 말하노라 위로 하늘로 측량할 수 있으며 아래로 땅의 기초를 탐지할 수 있다면 내가 이스라엘 자손의 행한 모든 일을 인하여 그들을 다 버리리라 여호와의 말이니라"(렘 31:35~38).

이 말씀을 영적으로 "세상 나라들은 멸망 받으나 예수 교회 영영 왕성하리라"(찬송가 389장 3절의 가사)라는 뜻으로 해석할 수도 있을 것이다. 그러나 그것은 말 그대로 영적 해석으로서 이스라엘 자손에게 주신 말씀을 교회에 적용시킨 것이지, 본문의 실제적인 교훈은 아닌 것이다. 본문의 기본적인 의미는 역사적 이스라엘 자손에 대한 교훈인 것이다.

이 말씀에서 하느님은 분명히 "나 여호와는 해를 낮의 빛으로 주었고 달과 별들을 밤의 빛으로 규정하였고 바다를 격동시켜 파도로 소리치게 하나니, 이 규정이 내 앞에서 폐할진대 이스라엘 자손도 내 앞에서 폐함을 입어 영영히 나라가 되지 못하리라"고 약속하였다. 지금도 낮에 해가 뜨고 밤에 달과 별이 뜨며 바다에는 파도가 일고 있다. 그렇다면 이스라엘 나라는 하느님 앞에서 폐함을 입지 않았다. 그들은 선택된 민족으로서 여전히 존재하고 있는 것이다. 사시사철 낮과 밤에 뜨는 해와 달, 별들과 그리고 지금도 바다에 일고 있는 파도가 이스라엘이 한 나라로서 하느님 앞에서 폐함을 입지 않고 계속 존립하고 있음을 분명히 증거 하고 있는 것이다.

또한 하느님은 본문에서 "위로 하늘을 측량할 수 있으며 아래로 땅의 기초를 탐지할 수 있다면 내가 이스라엘 자손의 행한 모든 일을 인하여 그들을 다 버리라"고 말씀하였다. 그러니 인간의 지혜로는 무한한 하늘을 측량할 수 없고 땅의 기초도 탐지할 수 없다. 그렇다면 이스라엘 민족은 그들이 행한 모든 일에도 불구하고 분명히 버림을 받지 않은 것이다. 그들은 여전히 하느님의 택한 백성이다. 그러므로 이스라엘 백성도 마침내 회개하고 그들의 메시아 앞으로 돌아올 날이 있는 것이다. 예레미야 31:35~38절 말씀이 의도하고 있는 실제적인 교훈은 바로 이와 같은 것이다.

그러나 만일 본문의 자명하고 기본적인 이 같은 제일차적 의미를 도외시하고, 위의 말씀을 영적으로 해석하여 교회에만 적용되는 말씀으로 간주한다면, 그것은 사실상 신실하신 하느님을 거짓말쟁이로 만드는 결과가 될 것이다.

만일 J라는 사람이 성은 유(兪)씨요, 이름은(大仁)이라고 하는 한 여인을 사랑했다고 가정하여 보자. J는 그녀에게 이렇게 약속했다. "유대인(兪大仁)씨! 나는 당신을 사랑합니다. 당신이 나에게 그 어떤 일을 행할지라도 해와 달이 사라지지 않는 한 나는 당신을 버리지 않을 것입니다!" 그런데 어느 날 그녀가 J에게 심히 섭섭한 일을 행했다. 그러자 J는 그녀를 헌신짝 버리듯이 완전히 내버리고, 성은 이(李)씨요, 이름은 방인(方仁)이라고 하는 다른 여인을 사랑하기 시작했다. 그리하여 유대인(兪大仁)이라는 여자가 J에게 와서 이렇게 물었다. "당신은 나에게 내가 당신에게 무슨 일을 행할지라도 해와 달이 없어지지 않는 한 나를 버리지 아니할 것이라고 분명히 약속했습니다. 그런데 당신은 나를 버리고 이방인(李方仁)이라는 여자만을 사랑하고 있습니다. 내게 한 약속을 그렇게 쉽게 잊을 수가 있습니까?" 그때 J는 그녀에게 이렇게 대답했다. "유대인(兪大仁)씨, 이방인(李方仁)이라는 여자가 영적으로 유대인(兪大仁)씨 바로 당신입니다! 이방인(李方仁)이라는 여자가 내게 영적인 유대인(兪大仁)씨입니다. 그러니 그런 말 하지 마십시오!" 그러면 유대인(兪大仁)이라는 여자가 J에게 무엇이라고 말하겠는가? "당신은 거짓말쟁이! 신뢰할 수 없는 사람!"이라고 하지 않겠는가? 우리는 예레미야 31: 5~38절 말씀을 왜곡시키고 그 말씀의 실제적인 교훈을 고의적으로 변질시키는 잘못을 저질러서는 안 된다. 그 같은 행위는 신실하신 하느님을 거짓말쟁이로 만드는 것이다.

하느님께서 결코 이스라엘 백성을 버리지 아니하신다는 사실은 시편에도 기록되었다.

"만일 그 자손이 내 법을 버리며 내 규례대로 행치 아니하며 내 율례를 피하며 내 계명을 지키지 아니하면 내가 지팡이로 저희 범과를 다스리며 채찍으로 저희 죄악을 징책하리로다. 그러나 나의 인자함을 그에게서 다 거두지 아니하며, 나의 성실함도 폐하지 아니하리로다. 내가 나의 거룩함으로 한번 맹세하였은즉 다윗에게 거짓을 아니할 것이라. 그 후손이 장구하고 그 위는 해같이 내 앞에 항상 있으며 또 궁창의 확실한 증인 달 같이 영원히 견고케 되리라 하셨도다"(시 89:30~37).

하느님은 이스라엘 백성이 범죄하면 징계는 하시지만 버리지는 아니하시는 것이다. 이방인들의 회심이 구약하에서 유대인들 및 이방인들 자신에게 신비였던 것처럼(엡 3:3~6), 유대인들의 회심은 신약하에서 이방인들 및, 유대인들 자신에게 신비이다(롬 11:25, 26). 그런데 그때에 많은 유대인들이 전자를 믿지 아니하려 했던 것처럼(행 10, 11장) 지금은 많은 그리스도인들이 후사를 믿지 않는다. 즉, 많은 이방 기독교인들이 유대인들은 하느님으로부터 버림을 받았다고 생각하고 있다는 것인데, 이는 심히 안타까운 현실이다. 왜냐하면 성경을 결코 그와 같은 사상을 전혀 지지하고 있지 않기 때문이다.

그러면 오늘날 일부 기독교계의 통속적 견해인 교회가 이스라엘의 위치를 대치했다는 생각은 어디서부터 온 것인가? 잘못된 성경 해석으로부터 온 것이다. 그들은 교회가 이스라엘을 계승한 새 이스라엘이라는 근거로 흔히 롬 2:28, 29, 갈 3:27~29, 갈 6:15,16 등을 제시한다. 먼저 로마서 2:28,29 말씀을 살펴보자.

"대저 표면적 유대인이 유대인이 아니요 표면적 육신의 할례가 할례가 아니라 오직 이면적 유대인이 유대인이며 할례는 마음에 할지니 신령에 있고 의문에 있지 아니한 것이라 그 칭찬이 사람에게서가 아니요 다만 하나님에게서니라."

이 말씀은 유대인의 자손이면 다 유대인이 아니라 내면적으로 성령으로서 마음의 할례를 받아야 참 유대인이며, 이와 같이 마음의 할례를 받은 참 유대인은 사람이 아니라 하느님의 칭찬을 받는다는 말이다. 즉, 이 말씀은 이방인도 마음의 할례를 받으면 참 유대인이 된다는 말이 아니라 아무리 태어난 지 8일 만에 할례를 받은 유대인이라 할지라도 예수 믿고 죄사함 받아 성령을 받음으로서 마음의 할례까지 받지 못하면 그는 참 유대인이 아니라는 말씀이다.

이 말씀은 2:17에서 "유대인으로 칭하는 네가…"로 시작된 유대인의 죄를 지적하는 말씀의 계속으로 유대인에게 하는 말이지 이방인에게 하는 말이 아니다(이방인의 죄를 지적하는 말씀은 로마서 1:18부터 19절까지에 기록되어 있다). 문맥을 무시하고 이 구절만 따로 떼어보니까 말씀이 실제로 의도하는 바와는 전혀 다른 엉뚱한 해석을 하게 되는 것이다. 하나의 구절은 반드시 문맥의 흐름 속에서 해석되어져야 한다.

바울은 여기서 유대인들을 향하여 "진정한 유대인이란 예수를 믿는 유대인이다"라고 말하고 있는 것이며, 예수 믿는 이방인을 향하여 "네가 진정한 유대인이다"라고 말하는 것이 아니다. 원래 영적 이스라엘, 또는 참 이스라엘이란 말의 뜻은 성령으로 거듭난 이스라엘인을 말할 때 사용하는 것이 정상이다.

다음은 갈라디아서 3:27~29의 말씀을 살펴보자.

"누구든지 그리스도와 함하여 세례를 받은 자는 그리스도로 옷 입었느니라. 너희는 유대인이나 헬라인이나 종이나 자주자나 남자나 여자 없이 다 그리스도 예수 안에서 하나이니라. 너희가 그리스도께 속한 자면 곧 아브라함의 씨요 약속대로 유업을 이을 자니라."

이 말씀이 의미하는 바는 예수 그리스도 안에 있으면 남자와 여자의 구별이 없어지고 고용주와 고용인의 구분이 없어지고 유대인과 이방인의 차이가 없어진다는 뜻일까? 이 말씀을 그렇게 이해하는 사람이 있다면 그 사람은 지적 수준을 의심받아야 마땅하다.

예수 그리스도 안에 있어도 여자는 여자이고 남자는 남자이며, 미국인은 미국인이고 한국인은 한국인이며, 고용주는 고용주이고 고용인은 고용인이며, 유대인은 유대인이고 이방인은 이방인인 것이나.

본문이 의도하는 바는 이방인이라고 할지라도 그리스도를 영접한 자는 아브라함을 믿음의 조상 삼아 이스라엘과 함께 이스라엘에 약속하신 유업에 참여하게 된다는 뜻이다(참조, 엡3:6). 유대인과 이방인의 차이가 없어진다는 뜻이 아닌 것이다.

"너희가 그리스도께 속한 자면 곧 아브라함의 씨"라는 말은 '믿음의 자손'이라는 말이지 육체적으로 이방인이 유대인이 된다는 말이 아닌 것이다. 따라서 이 말씀도 교회가 이스라엘의 위치를 대치한 새 이스라엘이요, 참 이스라엘이라는 근거로 사용될 수 있는 구절이 전혀 아니다.

다음으로 갈라디아서 6:15,16 말씀을 살펴보자.

"할례나 무할례가 아무것도 아니로되 오직 새로 지으심을 받은 자뿐이니라 무릇 이 규례를 행하는 자에게와 하나님의 이스라엘에게 평강과 긍휼이 있을지어다."

본문은 바울이 할례는 의에 이르는 길에는 아무 효력이 없으며, 그리스도의 성령으로 말미암아 중생한 자만이 가치가 있다고 말한 후, 거기에 따라 행하는 자와 하느님의 이스라엘에게 복을 비는 말씀이다.

많은 학자들이 이 구절 가운데 있는 "하나님의 이스라엘"이라는 말을 '교회'를 가리키는 말이라고 간주하면서, 이 말을 교회가 새 이스라엘이며 참 이스라엘이라는 근거로 제시하고 있다. 즉, 하느님이 교회를 '이스라엘'이라고 부르고 있다는 것이다.

그러나 본문 가운데 있는 "하나님의 이스라엘"이라는 용어는 "하나님께 속하는 이스라엘"이라는 말로서, 예수 그리스도를 믿는 유대인, 즉 참 유대인을 뜻하는 것이다. 바울은 바로 이와 같은 의미로서 "하나님의 이스라엘"이라는 말을 사용한 것이다. 따라서 이 말 속에는 이방인들은 포함되어 있지 않다. 이는 사도 바울이 그의 서신 가운데 절대로 구원받은 이방인을 지칭하는 데 '이스라엘'이라는 말을 사용한 적이 없다는 사실이 보증하는 것이다. 바울은 그의 서신들 가운데서 이방 그리스도인들을 가리켜 이른바 "영적 이스라엘"이라거나 "참 이스라엘"이라거나 "새 이스라엘"이라는 말을 단 한 차례도 사용한 적이 없다. 그는 믿는 이방인을 가리킬 때 단지 "이방인"이라고 했을 뿐이다(참조, 롬 15:25~27). 따라서 이 구절 가운데 있는 "하나님의 이스라엘"이라는 용어 역시, 교회가 이스라엘을 대치한 새 이스라엘 내지는 참 이스라엘이라는 것을 입증하는 근거로 절대 사용될 수 없다.

이스라엘이 현재 불신앙으로 인하여 하느님으로부터 거부된 상태에 처해 있다 하더라도 우리가 앞서 자세히 고찰한 바와 같이 그들은 결코 폐함을 입지 않았으며, 하나의 나라와 민족으로서 선택된 백성으로 하느님 앞에 여전히 남아 있다. 교회가 이스라엘을 대치했거나 계승한 참 이스라엘이 아닌 것이다. 근본적으로 참 이스라엘이라는 말은 예수를 영접한 이스라엘인들을 뜻하는 용어로 사용되어져야 옳다.

그리고 "새 이스라엘"이라는 용어가 실제로 2세기가 될 때까지는 나타나지 않았다는 사실을 우리는 알아야 한다.* 오늘날 교회를 가리키는데 쉽게 사용하고 있는 "새 이스라엘" 혹은 '영적 이스라엘'이라는 용어는 희랍 철학의 영향을 받은 알렉산드리아 학파들로부터 유대인은 예수님을 죽인 민족이며, 이제는 완전히 하느님으로부터 버림받은 민족이고 성경 예언의 이스라엘에 대한 모든 언약은 교회로 넘어와 교회가 '새 이스라엘'이라는 학설이 주후 185~254년부터 나타나기 시작했던 것이다.

이 알렉산드리아 학파의 대표적인 인물이, 성경을 변질시켜서 예수는 작은 신에 불과하다고 하며 삼위일체를 부정하였던 오리겐(Origen)이다. 그는 성경해석방법 중 가장 불건전한 '풍유적해석법'(Allegorical interpretation method)이라는 것을 세운 사람이었다. 이 같은 해석법을 이용하여 교회신학자들은 이스라엘 민족이 구세주이신 예수를 배척했기 때문에 하느님께서 그들에게 준 모든 언약을 영구히 몰수당했다는 사

---

* P. Richardson, Isreal in the Apostolic Age, SNTS Monograph series 10(Cambridge : At the university press, 1969), pp. 1~32.

상을 전개하기 시작했던 것이다. 이 견해에 따르면 이러한 약속들은 이제 교회의 것이며 교회만이 지금부터 영원토록 '새 이스라엘'이라는 것이다.

따라서 하나의 국가와 민족으로서의 유대인의 특별한 지위는 더 이상 존재하지 않으므로, 유대인이 선민이라는 데에 더 이상 정당성을 부여하지 않는 것이다. 교회 그 자체를 이스라엘에게 내려진 언약의 상속자로서 하느님의 '새 이스라엘'이요 '참 이스라엘'로 생각하기 시작하자, 교회의 시각에서 볼 때 이스라엘 백성은 한 민족으로서 존재할 수 있는 어떤 합법적 근거나 권리는 끝장난 것이 될 것이다. 그리고 교회가 이러한 견해에 도달할 수 있었던 것은 오리겐의 성경에 대한 '풍유적 해석법'에서 기인한 것이다. 그리고 이와 같은 반유대주의 신학은 로마 제국이 몰락하던 시기에 카톨릭 교회를 변호하기 위한 어거스틴(A. D. 354~425)이 쓴 '신의 도성(City of God)'이라는 책자로 말미암아 더욱 견고히 뿌리를 내리게 되었다.

그 책에서 두 거대한 사회인 거룩한 사회와 타락한 사회는 하느님의 도시와 인간의 도시로 비유되었다. 모든 성도가 살고 있는 곳인 신국(神國; City of God)은 카톨릭 교회를 통하여 그 모습이 외부로 드러나며, 인간의 도시와는 완전히 구별된다. 이 책에서 어거스틴은 요한계시록 20:4에 있는 그리스도의 천년 왕국을 비유적으로 해석하여 카톨릭 교회의 현재적 통치로 이해하였다. 카톨릭 교회는 이 세상에서 실제로 통치하시는 그리스도의 대리 기관이기 때문에, 모든 인간적인 기관과 구별되어야 하며 인간의 도시를 지배해야 한다고 생각했다. 이 같은 사상은 로마 카톨릭 교회에 전폭적으로 수용되어 향후 천년동안 세상을 지배하였는데, 그것은 사실상 로마 카톨릭 교회가 이스라엘을 대치한 새 이스라엘임을 전제하고 있는 것으로서, 유대인은 더 이상 선민으로서의 정당성이 한 치도 인정 될 수 없게 되어 버린 것이다.

그러나 "새 이스라엘"이라는 용어는 "예수 그리스도를 영접한 유대인"을 지칭하는 데 사용하는 것이 가장 옳으며 우선적인 것이다.

이방 기독교 신자들은 바울이 로마서 11:6에서 언급하고 있는 "처음 익은 곡식 가루가 거룩한즉 떡덩이도 그러하고, 뿌리가 거룩한즉 가지도 그러하다"는 비유가 무엇을 의미하고 있는 교훈인지를 결코 잊으려고 해서는 안 될 것이다. 바울은 이 두 가지 비유들을 통하여서 이스라엘 백성의 변함없는 신성성을 입증함으로써, 이방인으로 하여금 불신앙으로 인하여 하느님으로부터 거부된 상태에 처해 있는 유대인에 대해서 자만심에 빠져서는 안 됨을 경계함과 동시에, 이스라엘의 시기심을 일으켜 유대인들을 구원해야 할 사명이 있는 이방인들의 주의를 환기시키고 있는 것이다.

17절 이하에서는 구원사에 있어서 유대인과 이방인과의 관계를 감람나무의 접목 비유를 들어 설명하는 가운데, 이방인의 위치가 무엇인지를 밝힘으로써 이방인의 유대인에 대한 오만을 경계하고 있다.

"또한 가지 얼마가 꺾어졌는데 돌감람나무인 네가 그들 중에 접붙임이 되어…"

이 비유에서 원래의 참 감람나무는 유대인, 그 뿌리는 유대인의 조상, 꺾이운 가지는 불신 유대인들, 접붙인 돌감람나무 가지는 믿게 된 이방인을 말한다. 즉, 이방인이 탈락한 유대인의 위치에서 유대인의 조상을 믿음의 조상 삼아 그 토대에서 복음을 듣고 구원받은 사실을 비유하고 있는 것이다.

바울은 여기서 이방 기독교인들을 "야생 감람나무"로 신중하게 언급하고 있다. 이방인들의 상태는 야생 바로 그것이었다. 곧 그들은 "재배되지" 않았다. 이스라엘과 대조적으로 그들은 하느님의 독특한 수련을 받지 못했다는 것이다. 로마서 9:4에서 바울은 타고난 혈육으로 인한 유대인의 특권을 열거한다. 그는 유대인들을 열매를 맺을 수 있는 참 감람나무로 비유하고 있다. 이와는 반대로 이방인들은 원래 결코 쓸 만한 기름을 생산하지 못하는 "야생 감람나무"의 상태였다.

이와 같은 그들이 참 가람나무에 접붙임을 받은 것은 결코 그들이 지닌 어떤 우월성 때문이 아니라 오직 그들의 믿음 때문이라는 것이다 (11:19, 20). 믿지 않는 유대인들이 잘려나간 것과 똑같이 믿음을 통해 이제 접붙여진 이방인들도 믿음이 없어지면 다시 잘려나갈 수 있다는 것이다. 바울은 이방인들에게 그들이 믿음이 있든 없든 유대인들을 넘어설 수 있는 그 어떤 우월성도 없다는 것을 이 비유를 통해 분명히 밝혀 주고 있다.

물론 이방인들도 이제 그리스도를 믿음으로 인해 하느님의 백성의 분담자가 되었을 뿐 아니라 그 뿌리에서 나오는 이익의 몫을 나눌 수 있게 되었다. 그러나 이 사실이 유대인들의 그 "뿌리"의 유리함을 제거해 버릴 수 있는 것이 아닌 것이다. 이는 곧 이방인들이 뿌리를 지탱하는 것이 아니라 뿌리가 그들을 지탱하고 있기 때문이다(11:18). 유대적인 뿌리는 이방 기독교인들에게는 하나의 필수 조건인 것이다. 그들은 그것 없이는 살 수 없다. 반대로 이방인들의 이러한 불리함에 견주어 볼 때 유대인들의 유리함은 실제적인 유리함인 것이다(11:24, 9:4,5).* 바로 이런 이유로 유대인들에 대한 이방인들의 오만은 배제되는 것이다. 바울이 이 감람나무의 접목의 비유를 통해 전하고자 하는 핵심 메시지가 바로 이것이다.

이방 신자들은 유대인들을 얕잡아 보려는 유혹에 빠져서는 안 된다. 그들을 하느님의 백성으로 접붙이고 성도들과 동일한 시민들(엡 2:19)로 삼으신 하느님의 은혜가 아니었다면 그들은 영원토록 생명도, 열매도 없었을 것이기 때문이다. 그들로 하여금 하느님을 위하여 열매를 맺게 하는 새로운 생명은 그들이 접붙임을 받은 이스라엘의 원둥치의 생명인 것이다. 이스라엘이 그들에게 빚을 진 것이 아니라 그들이 이스라엘에게 빚을 진 것이다. 이방인들이 뿌리를 지탱하고 있는 것이

---

* 그러나 이러한 유대인들의 유리함이 이방인들에 대한 그들의 우월성을 의미하지는 않는다. 이방인들의 우월성 주장에 대한 바울의 거부가 필연적으로 유대인들의 우월성에 대한 입증을 동반하는 것은 아니라는 것이다. 바울은 죄와 심판, 그리고 구원 자체에 관한 한 "유대인이나 이방인이나 아무런 차별이 없다"(롬 10:12, 3:9, 참조, 12-21)는 것을 역설하고 있다. 바울은 혈통이나 인종 또는 국적에 근거한 유대인들의 어떠한 우월성도 인정하지 않고 있는 것이다. 그러나 바울은 유대인들이 이방인들보다 더 쉽게 그리스도에게로 접근할 수 있는 유리한 점을 지니고 있음을 인정한다. 역사를 통해 줄곧 유대인들과 함께 해온 바로 그 똑같은 하느님에 의해 그리스도가 파견되었기 때문이다. 잘려나간 가지들이 원가지에 쉽게 접붙여지는 것은 대단히 용이한 일인 것이다(11:24). 유대인의 민족적 유리함은 오직 그리스도를 쉽게 믿을 수 있는 배경, 또는 그에 대한 접근의 용이성과 관련되어 있는 것이다. 즉, 그것은 그 "뿌리"(유대인들)가 이전에 하느님을 알지 못했던 "가지들"(이방인들)보다 그리스도를 더 쉽게 믿을 수 있음을 의미하는 것이다. 이방인들과 유대인들은 "믿을 수 있는 배경의 유사성이나 접근의 용이성"을 제외한 다른 모든 면에 관한 그 조건을 같이하고 있다.

아니라 뿌리가 그들을 지탱하고 있는 것이다.

본래 이방인에게는 새 언약이 없다. 왜냐하면 그들은 옛 언약이 없기 때문이다. 에베소서 2:12은 이방인을 향하여 "그때에 너희는 그리스도 밖에 있었고 이스라엘 나라 밖의 사람이라 약속의 언약들에 대하여 외인이요 세상에서 소망이 없고 하나님도 없는 자이더니"라고 말한다. 그러나 약속의 언약들에 대하여 외인이었던 그들을 하느님께서 참 감람나무에 접붙이심으로써 언약공동체에 속하게 되었고, 하느님의 백성의 분담자가 되었을 뿐 아니라 그 뿌리에서 나오는 이익의 몫을 나눌 수 있게 된 것이다. 그런고로 이방인은 유대인을 제쳐놓고 조금도 뽐낼 수가 없는 것이다.

이방인은 안 믿는 유대인, 즉 잘려버린 가지들을 보고 스스로 낫다고 생각하며 자긍할 것이 아니라, 그 잘린 가지로부터 오직 건전한 교훈을 배워야 할 뿐인 것이다. 왜 그들이 잘렸는가? 불신앙 때문이었다. 만일 교만한 마음이 새로운 가지, 즉 이방 기독교인으로 하여금 하느님의 은혜에 대한 의존성을 망각하고, 하느님에 대한 신앙 대신 자만심을 갖도록 한다면 새로운 가지도, 즉 이방교회도 믿지 않는 유대인들처럼 똑같이 잘릴 것이기 때문이다.

이방인이 하느님의 백성이 되어 계속 그 백성으로 남아 있는 것은 오직 믿음에 의한 것이지, 그들이 지닌 우월성 때문이 절대 아닌 것이다. 따라서 이방인은 유대인이 현재 불신앙으로 말미암아 하느님으로부터 거부된 상태에 처해 있다고 하여, 유대인들을 무시하는 유혹에 빠져서는 결코 안 되는 것이다. 만일 이방 기독교인들이 하느님은 유대인들보다 자신들을 낮게 생각하고 있다고 주장하며 유대인을 얕잡아 보는 마음을 갖는다면 그 같은 태도는 심히 어리석은 것이며 그들도 베임을 당할 것은 명백하다.

유대인들을 향하여 이방인들은 뽐낼 수가 없으니 무엇보다 그들은 유대인에게 빚진 자이기 때문이다. 왜냐하면 "구원은 유대인으로부터 오는 것"이기 때문이다(요 4:22). 스스로에 대해서 이방인들이 자랑스럽게 여길 것이 하나도 없으니, 그들이 참 감람나무에 접붙힘을 받은 것은 그들이 지닌 우월성 때문이 절대 아니기 때문이다. 이방인 교회는 첫 번째 교회인 유대인의 교회와 합해졌으며, 따라서 새로운 하느님의 통치는 옛날의 그것에 뿌리를 박고 있으며 따라서 아무 경우에도 그들이 가지는 특권은 원래부터 그들이 가진 것이 아니라 유대인으로부터 나온 이차적인 것이다. 만일 오늘날 이방 기독교인들이 스스로를 자랑하고 기독교가 생겨나온 유대인을 경멸하는 것은 스스로의 어리석음을 증거하는 것과 다름없다는 것이다. 고뎃은 다음과 같이 말하였다.

> "이와 같은 자만심으로써 기독교 왕국은 바로 자기의 모체가 되는 유대민족을 무시하였다. 그러므로 그들은 유대인이 버림을 받은 것과 같은 벌을 받도록 심판을 향해 걸어가고 있다. 그러나 그들은 이스라엘이 멸망당할 때 다시 일으킴을 받으리라는 약속을 가졌던 것과는 달리 아무런 회복의 약속도 없는 영원한 멸망의 심판대로 불리울 죄를 범하고 있다."

따라서 이방 기독교인들이 유대민족을 멸시하는 자리에 있다면 그들의 죄는 유대민족의 죄보다 더욱 크다는 것을 알아야 할 것이다. 우리는 그리스도인이 유대민족을 대신하는 새 이스라엘이라는 비성경적인 대체 신학(Replacement Theology)을 속히 추방시켜야 한다. 우리는 "새 이스라엘"이 아니라 참 감람나무에 접붙임을 받은 "돌감람나무의 가지"(wild branches)인 것이다(롬 11:17).

사도바울은 17절 이하의 감람나무 접목의 비유를 통해서 구원사에서 이스라엘과 구원받은 이방인과의 관계를 명확히 밝힘으로써 유대인에 대한 이방인의 오만을 단호히 경고하고 있는 것이다. 왜 그는 로마서 11장에서 이와 같은 경고를 하였는가? 이방인들이 이스라엘을 화목하게 하는 주요도구가 되어야 하기 때문이다. 즉, 이방기독교인들은 이스라엘을 시기케 하여 그들로 구원을 얻도록 해야 할 사명이 있기 때문인 것이다. 그러나 이방 기독교인들이 자긍하여 유대민족을 멸시하는 자리에 있다면, 그들이 어떻게 이스라엘의 시기심을 불러일으킬 수 있겠는가?

사단의 술책으로 굴절되어 버린 이스라엘의 분노를 일으키는 이방 기독교회

앞서 우리는 예수님은 이스라엘이 회심하여 하느님의 받아들여짐이 되어야 재림하신다는 사실을 깨달았다. 즉, 로마서 11:15의 "저희를 버리는 것이 세상의 화목이 되거든 그 받아들이는 것이 죽은 자 가운데서 사는 것이 아니면 무엇이리요"라는 말씀의 의미는, 이스라엘의 회심이 부활의 직접적인 전조가 된다는 뜻인데, 부활이란 예수 그리스도의 재림과 일치하기 때문이다. 로마서의 이와 같은 교훈은 "온 이스라엘이 구원을 얻으리라"는 로마서 11장의 약속의 구체적인 성취의 때와 방법을 계시한 계시록 7:1~8절 말씀에 의하여서 보증될 뿐만 아니라 구약성경 호세아 5:15절 말씀에 의해서도 뒷받침 된다.

"내가 내 곳으로 돌아가서 저희가 그 죄를 뉘우치고 내 얼굴을 구하기까지 기다리리라."

이 말씀의 의미는 예수님께서 '내 곳' 즉 하늘로 올라가셔서 이스라엘이 '그 죄' 곧 예수님을 메시아로 영접하지 아니한 그 죄를 그들이 뉘우치고 예수님을 다시 찾기까지 기다리시겠다는 말씀인 것이다.

구약성경 사무엘하 15장부터 19장에 나오는 그리스도의 모형인 다윗 왕에 대한 그 아들 압살롬의 반역사건은 다음과 같은 여러 가지 영적 의미를 담고 있다.

첫째, 압살롬이 백성들로 하여금 다윗을 거부하게 선동한 것은 예수님을 가장 먼저 맞이하고 환영했어야 할 이스라엘 지도자들이 오히려 백성을 선동해 예수를 이스라엘의 왕으로 거부하게 한 것과 유사하다(마 27:17,18).

둘째, 압살롬이 다윗의 신하 중 아히도벨을 통해 다윗을 배신케 했듯이 가룟 유다가 예수를 팔도록 된 것과 대제사장들의 예수에 대한 음모와 유사하다(눅 22:1-6).

셋째, 아히도벨이 밤중에 군대를 이끌어 다윗을 공격하려고 한 것은 가룟 유다가 예수를 밤중에 잡으러 온 것과 유사하다.

넷째, 아히도벨이 나중에 자살한 것과 가룟 유다가 자살한 것이 같다 (삼하 17장).

다섯째, 다윗의 피신 중에는 많은 이방인들이 다윗을 따랐는데(삼하 15:18~22), 예수님이 유대인의 배척을 받고 오히려 은혜가 이방인에게 임한 교회시대와 비슷하다.

여섯째, 압살롬의 반역사건 실패 후 이스라엘의 여론이 다윗의 복귀를 원했어도(삼하 19: 9~10), 유다족속 중 하나로서 12지파의 왕 노릇을 했던 다윗은 그의 자연적인 골육인 유다지파가 "돌아오소서"라고 할 때 까지 환도(還都)하지 않고 기다렸는데(삼하 19:11-15), 이는 예수 그리스도께서 그의 육신을 좇아 형제 된 유대인들이(롬 9:5) 회개하여 그를 그들의 메시아로 영접하고 환영할 때까지 재림하시지 않을 것임에 대한 표상인 것이다.

이는 매우 중요한 예표이다. 다윗이 복귀하기까지 그의 자연적 골육인 유다지파가 다윗의 환도를 원해야 했듯이, 메시아는 이스라엘의 회개와 영접을 요구하고 계시는 것이다. 왜 예수 그리스도의 재림이 이제까지 지연되고 있는가? 예수님께서 이스라엘의 회개와 영접을 기다리고 계시기 때문인 것이다.

이와 같은 사실은 마태복음 23:37~39에 기록된 예수님의 다음과 같은 예언에 의해서도 확증되는 것이다.

"예루살렘아, 예루살렘아! 선지자들을 죽이고 네게 파송된 자들을 돌로 치는 자여 암탉이 그 새끼를 날개 아래 모음같이 내가 네 자녀를 모으려 한 일이 몇 번이냐. 그러나 너희가 원치 아니하였도다. 보라, 너희 집이 황폐하여 버린 바 되리라 내가 너희에게 이르노니 이제부터 너희는 '찬송하리로다, 주의 이름으로 오시는 이여' 할 때까지 나를 보지 못하리라 하시니라"(마 23:37~39).

"너희는 찬송하리로다. 주의 이름으로 오시는 이여 할 때까지 나를 보지 못하리라"는 예수님의 예언은 두 가지의 의미를 함축하고 있는 말씀이다.

첫째, 언젠가 유대인들이 자신들이 한 때 배척했던 메시아 앞으로 돌아올 때가 있을 것임을 교훈한다. "찬송하리로다, 주의 이름으로 오시는 이여"는 유대인들이 그들의 메시아를 영접하는 찬송이다. 복음서에 보면, 예수님께서 나귀를 타고 예루살렘에 입성하실 때에도 그를 믿는 유대인들은 "호산나 찬송하리로다 오는 우리 조상 다윗의 나라여, 가장 높은 곳에서 호산나"하며 그를 맞이하였다.

그러므로 '너희는 찬송하리로다 주의 이름으로 오시는 이여 할 때까지 나를 보지 못하리라'고 하신 말씀은 어느 땐가 유대인들이 그들의 메시아 앞으로 돌아올 날이 있을 것임을 분명히 교훈하고 있는 것이다. 따라서 주님의 이 예언은 임박해 있는 암울한 이스라엘의 운명을 예언하는 말씀 가운데 있는 한줄기 소망의 빛이 되는 말씀이다.

둘째, 예수 그리스도의 재림은 유대인들이 회개하여 그를 메시아로 영접할 때까지는 임하지 않을 것임을 교훈한다. 왜냐하면 주님께서는 "너희는 찬송하리로다, 주의 이름으로 오시는 이여 할 때까지, **나를 보지 못하리라**"고 하셨기 때문이다.

따라서 이스라엘이 회심하여 하느님의 받아들여짐이 있기 전에는 예수 그리스도의 재림의 시기가 임하지 않는다는 로마서 11:15의 교훈은 예수님의 말씀에 의해서도 보증이 되는 바, 의문의 여지없이 명백한 계시이다. 예수님이 재림하시느냐 안하시느냐는 이스라엘이 회심하느냐 안 하느냐에 달려 있는 것이다. 이스라엘이 회심하기까지 예수 그리스도의 재림은 지연될 것이다.

그런데 이스라엘이 회개하느냐 안 하느냐는 우리가 앞에서 살펴본 것처럼 이방 기독교회가 이스라엘을 시기케 하느냐 못하느냐에 달려 있는 것이다. 하느님의 이스라엘 구원 방법은 이방인으로 하여금 이스라엘의 시기심을 일으켜 유대인들을 구원하는 것이기 때문이다. 여기서 우리는 "온 이스라엘이 구원을 받으리라"는 약속이 들어 있는 로마서 11:25, 26절 말씀을 다시 한 번 살펴볼 필요가 있다.

"형제들아 너희가 스스로 지혜 있다 함을 면키 위하여 이 비밀을 너희가 모르기를 내가 원치 아니하노니 이 비밀은 이방인의 충만한 수가 들어오기까지 이스라엘의 더러는 완악하게 된 것이라. 그리하여 온 이스라엘이 구원을 얻으리라."

바울은 "**그리고 나서** 온 이스라엘이 구원을 얻으리라"고 하지 않고 "**그리하여** 온 이스라엘이 구원을 얻으리라"고 했음에 주목해야 한다.

여기서 할레어 "후토스"(οὕτως, 그리하여)의 용법은 결코 시간적 의미로 이해해서는 안 된다. 시간적 순서보다는 이스라엘 민족으로 하여금 구원을 받게 하는 하느님의 경륜 방법을 가리킨다. 그 하느님의 경륜 방법이란 무엇인가? 그것은 바로 "이스라엘의 시기심"인 것이다. 이 사실은 바울이 앞에서 이미 명백히 밝혀 놓은 것이다. 즉, 때가 되면 이방인에게 격발된 이스라엘이 돌아와 구원에 참예하게 된다는 것이다. 다시 말하면 이방인에 대한 시기심의 영향 아래서 모든 이스라엘이 그리스도 안에서 하느님께 열납되고자 분투하게 되리라는 것이다.

"그리하여"라는 말은 로마서 10:19~21과 11:11~14의 전체적인 문맥 속에서 이해하여야 하는 것이다. 따라서 로마서 11:25,26절 말씀이 의미하는 바는, 이방인의 충만한 수가 차면 이스라엘의 완악함은 저절로 사라져서 모든 유대인들이 구원을 받으리라는 뜻이 결코 아니며, 또한 "이방인이 충만하게" 되는 때가 도래하면 하느님께서 열방들에 대한 관계를 갑자기 딱 끊으시고 이방인들을 버리시거나 하느님의 관심을 그들로부터 완전히 돌려버리신다는 의미도 아닌 것이다. 하느님은 이스라엘을 화목시키는 일을 담당할 주요 도구로 바로 이방인을 택하셨는데, 그들에 대한 관심을 갑자기 딱 끊으신다면 어떻게 이스라엘의 시기심을 일으킬 수 있겠는가? 로마서 11장의 전체적인 교훈을 바로 이해했다면 이와 같은 앞뒤가 맞지 않는 해석을 있을 수가 없다.

이스라엘 민족으로 하여금 구원을 받게 하는 하느님의 경륜 방법은 "이스라엘의 시기심"인 것이다. 이스라엘이 구원받느냐 못 받느냐는 이방 교회가 이스라엘을 시기케 하느냐 못하느냐에 달려 있는 것이다.

결국 예수님의 재림은 이스라엘이 회심하여 하느님의 받아들여짐이 되어야 도래할 것이기 때문에, 이스라엘을 회심케 하는 주요 도구인 이방인의 역할은 아주 중요한 것이다. 이방인이 자신의 역할을 성공적으로 수행하느냐 못하느냐에 따라서 그리스도께서 재림하심으로 하느님의 나라가 이 땅에 충만하고 완전하게 임하느냐 임하지 못하느냐를 결정하는 조건이 되기 때문이다.

그런데 사단은 이 땅에 하느님의 나라가 임하는 것을 결코 원치 않는다. 그때는 자신이 이 땅에서 완전히 쫓겨나야 할 때임을 사단은 잘 알고 있기 때문이다. 왕 되신 예수께서 재림하실 때 사단은 이 땅에서 쫓겨나야 하는 것이다. 따라서 사단은 예수 그리스도께서 이 땅에 재림하시는 것을 결코 원하지 않는다. 그런데 예수 그리스도께서는 언제 다시 강림하시는가? 이스라엘이 회개하여 하느님의 받아들여짐이 될 때 재림의 시기가 임한다. 그러면 이스라엘의 회심은 어떻게 이루어지는가? 구원받은 이방인이 이스라엘의 시기심을 일으킬 때 이루어진다.

그런고로 이 땅에서 쫓겨나기를 원치 않는 사단은 이스라엘을 화목시키는 주요 도구인 이방 교회가 그 역할을 수행하지 못하도록 하여야 했으니, 사단의 그 첫 궤계는 교회를 핍박하여 없애버리는 것이었다. 그리하여 사단은 교회를 멸하기 위해 초대 교회 성도들을 크게 핍박했다. 로마 황제들은 그리스도인들을 심히 박해했으며 수많은 그리스도인들이 순교했다. 그들은 십자가에 못 박히기도 했으며, 동물의 가죽을 꿰메어 이은 옷을 입고 많은 사람들이 보는 앞에서 맹수들에게 뜯어 먹히도록 던져지기도 했다. 또 어떤 사람은 사나운 황소 뿔에 받혀 죽고,

어떤 사람들은 사방으로 이끄는 말들에게 사지가 묶여 결국은 몸이 산산조각이 났으며, 또 어떤 사람들은 불에 타서 죽임을 당하기도 했다.

그리고 이러한 형벌 받는 것을 훌륭한 구경거리로 공중에게 보여주는 일이 흔하였는데 군중은 많이 모여와서 이 광경을 보고 매우 즐거워하였으며 그들의 죽음의 고민을 보고 크게 웃고 손바닥을 치며 기뻐하였다. 그리스도인들은 무수히 잡혀서 모욕과 고문을 당하고 죽임을 당했다. 사단은 이러한 방법을 통하여 온 세상으로 매우 급속하게 퍼져나가고 있던 하느님의 교회를 멸하려고 애썼던 것이다.

그러나 우리가 알고 있듯이 핍박은 그리스도인들을 끝내기는커녕 오히려 그들을 도와주었다. 모닥불을 꺼뜨리겠다고 몽둥이로 치면 불꽃이 사방으로 튀어나가 더 크게 불이 번지듯이, 핍박은 그리스도인의 신앙을 더욱 뜨겁게 타오르게 하고 순결하게 하였으며 오히려 교회의 부흥을 가져다주고 말았다.

초대교회 성도들은 이전에 있던 하느님의 종들과 같이 "더 좋은 부활을 얻고자 하여 악형을 구차히 면하지 아니하였다"(히 11:35). 그들은 진리 위해 고생하는 것을 가치 있는 것으로 여기고 바질바질 자신의 몸이 불타는 가운데서도 승리의 노래를 불렀다. 그들은 "네가 죽도록 충성하라 그리하면 내가 생명의 면류관을 네게 주리라"(계 2:10)는 하느님의 약속을 굳게 붙잡고 담대히 순교의 제물이 되었다.

어떤 성도는 그리스인들을 계속해서 박해해야 한다고 주장하는 한

방백에게 말하기를 "우리는 당신에게 벰을 받으면 받을수록 우리의 수효는 더 할뿐이다. 그리스도인은 피의 종자이다!"라고 말하였다. 그의 말처럼 무수한 사람이 갇히거나 살육을 당하면 다른 사람이 일어나 곧 이를 보충했다. 성도들은 죽임을 당하였으나 복음은 쉼 없이 전파되었고 믿는 자의 수효도 더욱 많아질 뿐이었다. 마침내 복음은 가까이 가기 어려운 데까지 들어가고 로마의 군대에도 전파되었다. 초대교회 성도들이 견딘 고난은 저들을 그리스도인으로서 서로 긴밀히 사귀게 하는 동시에 저희와 구속자로 더불어 더욱 가까이 하게 하였다. 또한 저들의 일상 생활의 모본과 임종시의 증거는 언제나 진리를 실지로 증거하는 바가 되어 뜻하지 아니하였던 사단의 부하로 하여금 그 일을 버리고 그리스도의 깃발 아래 참가하게 했다.

폭력을 가지고 그리스도의 교회를 멸하려던 사단의 노력은 허탕이 되었고 수포로 돌아간 것이다. 그리하여 사단은 그 술책을 바꾸었으니, 이제 폭력을 써서 손해 본 바를 계교를 써서 찾으려고 애썼다. 곧 교회 가운데 가라지를 뿌려 그 가라지로 하여금 알곡을 모두 쫓아내게 하여 하느님의 뜻을 대적하는 모조품 교회, 유사품 교회, 거짓된 교회를 세우기로 한 것이다. 사단은 하느님의 뜻을 대적하려고 아주 교묘하게 자기의 깃발을 그리스도의 교회 안에 세웠으니 그 거짓 교회가 무엇인가? 바로 지난 312(콘스탄틴)~1517(종교개혁)까지 교회사의 주류를 차지하였던 로마 카톨릭 교회이다. 이 로마 카톨릭 종교의 현저한 사상이 반유대주의(Anti-Semitism)이다. 로마 천주교는 하느님이 그녀를 세워 예루살렘을 대체하셨으며, 로마를 정치와 종교의 중심으로 삼으셨다고 말한다.

로마 제국의 황제 콘스탄틴과 그 병사들이 로마에 진군할 당시 이른바 밀비안(Milvian)다리 전투를 하여야 했다. 콘스탄틴은 당대의 관습에 따라 고대 로마에서 희생동물의 내장들을 보고 점을 치는 사람들에게 조언을 요청했다. 바벨론 왕들 역시 전투하기 전에 점을 쳤다. "바벨론 왕이 갈랫길 곧, 두 길 머리에 서서 점을 치되 살들을 흔들어 우상에게 묻고 '희생의 간(肝)'을 살펴서"(겔 21:21). 콘스탄틴의 경우에는 신들이 그를 도와주지 않아 전투에 패할 것이라는 점괘가 나왔다. 그러나 그 후 그가 진술한 바와 같이 환상 혹은 꿈 가운데서 그에게 한 십자가가 나타나며 말이 들려오기를 이것은 "정복의 표징"이라고 했다. 그는 다음날인 312년 10월 28일에 십자가가 그려진 깃발을 따라 진군하였다. 그는 그 전투에서 승리하여 적을 패퇴시켰으며 이어 자기의 개종을 선언하였다.

제8장 이스라엘의 시기심을 일으킬 동방의 코리아 273

그러나 우리는 그 환상의 장본인이 예수 그리스도라고 믿어야 하는가? 평화의 왕께서 이교 황제에게 십자가가 그려진 군기를 만들어 가지고 나가 정복하고 살육하도록 가르쳤다는 말인가? 로마 제국은(콘스탄틴이 대왕이 된 바의) 성경에 짐승으로 묘사되어 있다. 다니엘은 네 개의 세계 제국들 곧 바벨론(사자), 메대와 파사(곰), 그리스(표범)와 로마로 표상된 4마리의 큰 짐승들을 보았다. 네 번째 짐승인 로마 제국은 너무나 무섭기에 다른 어떤 짐승들과는 다른 짐승으로 상징되었다(단 7:1~8). 그리스도께서 이 로마 짐승 국가를 발전시키려고 콘스탄틴에게 십자가 깃발을 가지고 정복하라고 말씀하셨다고 추측할 건덕지가 없다.*

그 환상은 하느님으로부터 온 것이 아니라 사단으로부터 왔던 것이다. 콘스탄틴의 개종은 바로 이 사단으로부터 온 환상에서 비롯된 것이다. 그러나 그의 개종은 명목상의 개종에 불과했으며 참다운 개종이 아니었다. 그 명백한 근거는 그가 개종한 후 자기 부인과 아들을 죽이는 것을 비롯하여 몇 차례나 되는 살인을 저질렀을 뿐만 아니라, 로마 황제가 지니고 있던 이교종교의 최고 지도자(pontifex maximus, 최고 승원장)로서 계속하여 이교예배를 돌봐 주고, 그 권리를 보호하였으며 죽기 직전에야 세례를 받았다는 것에서 분명히 드러난다(죽은 시체에다 세례를 베풀었다는 설도 있다).

그러나 사단으로부터 온 십자가의 환상은 명목상에 불과한 것이었

---

* 랄프 우드로우, 로마 카톨릭주의의 정체, 할렐루야서원, 1989, p.103

으나 콘스탄틴의 개종에 결정적인 동기가 되었다. 그리하여 콘스탄틴에 의해 교회에 가해지던 핍박은 끝나고 기독교는 공인되었으며(A. D. 312), 그리스도인들은 완전한 종교의 자유를 갖게 되었으니, 참 교회 가운데 가라지를 뿌려 하느님의 뜻을 대적하는 거짓교회를 세우려는 사단의 술책이 표면에 드러나기 시작하였다. 즉, 그리스도인들이 심한 핍박을 받을 때는 주님의 사랑에 진정으로 마음이 감동되지 않는 한 아무도 그리스도인이 되려고 하지 않았으나, 이제는 그리스도인이 된다는 것은 명예로운 일로 여겨졌으므로 우상을 좇는 마음을 여전히 가지고 있으면서도 많은 사람들이 그들의 죄악된 행위들을 회개하지도 않은 채 교회에 영접되었다. 그들의 마음과 그들의 삶은 조금도 변화되지 않은 이전의 상태 그대로였다.

이것이 마태복음 13:24에서 30절까지에 언급된 가라지들이다. 그로 인해 기독교는 파괴되었다. 그들은 우상을 숭배하는 것과 같은 악한 관습들을 기독교에 도입하기 시작했고, 얼마 후에는 그리스도인들과 우상숭배자들 사이에 아무런 차이점도 찾을 수 없도록 교회가 변질되어 버린 것이다. 거룩한 교회를 가라지들이 모두 차지해 버렸다. 중생이 없는 모조품 기독교인들이 교회를 주인행세를 하게끔 되었던 것이다.

한편 콘스탄틴의 지도 아래 교회와 국가(세속권)간의 부정한 결혼이 실현되었으니 주후 313년 그리스도의 교회와 그 대표자들이 참된 그리스도인이 아니었던 로마 황제 콘스탄틴에 의해 소집되었고 많은 대표자들이 참석하여 동맹을 체결하였다. 이리하여 교권 제도가 조직됨에 따라, 그리스도는 교회의 머리에서 추방되었고 콘스탄틴 황제가 교회의 머리로 들어오게 되었으며, 이 교권 제도는 마침내 오늘날 알려져 있는 카톨릭 또는 '보편적' 교회로 발전될 하나의 뚜렷한 시작이었던 것이다. 그러나 분명히 기억해야 할 것은 콘스탄틴 황제가 그 종교 회의를 소집하였을 때 거기에 응하기를 거부한 많은 기독교인들(알곡)과 교회들(참교회)이 있었다는 점이다. 그들은 교회와 세속권(국가)과의 혼인 관계를 원치 않았으며, 중앙집권적인 교회 정치나 또는 개개의 교회 이외에 어떤 종류의 계급적인 교회 제도도 원치 않았다.

교회 안에 들어온 수많은 가라지들로 인한 손상이 4세기부터 6세기까지 로마 카톨릭의 창궐로 계속되었으며, 로마 카톨릭은 급격히 발달하여 보편적 교회로 하나가 됨으로서 마침내 사람들과 나라들 위에서 세계적인 힘을 과시하게 되었다. 로마 카톨릭은 어떠한 이견이나 반대도 용납하지 않았다. 로마 카톨릭이 지배한 수세기 동안 로마교가 참 그리스도인들을 죽인 수는 이전에 로마 제국이 죽인 수보다 더 많았다.

"암흑시대"라고 후세의 사가들이 명명한 로마 카톨릭 지배하의 약 1,200년 동안 5,000만 명의 사람들이 교황권에 의해 박해를 받아 죽었던 것이다. 이는 100년마다 평균 400만 명 이상의 비율로 죽은 셈인데, 이는 인간의 머리로 감히 상상도 할 수 없는 일이다. 이 기간의 로마 카톨릭 교회의 신성로마는 그 잔인성에 있어서 이교도들의 로마를 훨씬 능가했다. 이러한 암흑교회, 소위 말하는 암흑시대는 주후 약 312~1517년 종교 개혁이 시작될 때까지 약 12세기 동안 지속되었으며, 오늘날도 백성과 무리와 열국과 방언들 위에 앉은 큰 위세를 떨치고 있다(계시록 17장).

사단이 교회 가운데 가라지를 뿌려 불법을 행하는 이 거짓 교회를 세운 주된 목적은 앞서 지적한 바처럼, 이스라엘을 시기케 하여 유대인들이 구원을 받도록 함으로써 이 땅에 예수 그리스도의 재림의 시기가 임하도록 할 주요도구인 참교회를 멸하기 위함이었다. 따라서 로마 카톨릭 종교는 참 교회의 수천수만의 성도들을 학살했을 뿐만 아니라, 유대인들로 하여금 그 어떤 형태의 교회이든지 간에 교회를 근본적으로 배척하도록 만들기 위하여, 거룩한 교회와 예수 그리스도의 이름으로 유대인들을 혹독히 핍박했다.

콘스탄틴 황제 이후로 수세기에 걸쳐 유대인들은 어디를 가든지 핍박을 받았다. 콘스탄티우스 수많은 법을 제정하여 유대인의 사유를 제한하는 전례를 남겼다. 콘스탄틴은 기독교를 신성 로마 제국의 국교로 공표한 지 불과 2년 만에, 유대인들이 개종을 꾀하거나(기독교로) 기독교인들과 결혼하는 것을 금하는 법령을 포함하여 일련의 억압적인 칙령을 발의하였다. 그가 유대인들을 기독교 사회에서 격리시킨 것은 그들이 '흉악하고 고약한 집단'이라는 이유 때문이었다.

콘스탄틴의 재임 기간이 끝난 2세기 후 유스티니아누스 황제(A. D. 527~565년)는 유대인 배척 운동을 기독교국의 영구 정책으로 결정하게 된 법적 근거를 수록한 유명한 법전을 발간하였다. 이 법전의 한 조항을 소개하면 "그들(유대인들)은 존경받을 권리가 없다. 그들의 지위는 그들이 진심으로 택하고 원했던 비열함을 반영할 뿐이다"라고 주장하고 있다. 어거스틴(A. D. 354~425년)은 시편 59편 12절을 알레고리칼(Allegorical)하게 해석하며 유대인들은 기본권이 제한되어야 하고 계속해서 수모를 받아야 한다고 가르쳤다.

이윽고 교황권이 세속주권까지 지배하면서 정치와 종교에 있어서 절대적 권한을 행사하던 중세 암흑시대에 와서는 실로 유대인에 대한 로마 카톨릭 종교의 박해가 사단의 의도대로 확연히 두드러졌는데, 아래는 로마 카톨릭 종교의 대표적인 반유대행위의 사례들이다.

A. D. 1179년 제3차 라테란(Lateran) 공의회에서는 유대인이 그리스도인을 고용하는 것을 금하고, 그리스도인들이 유대인과 함께 거주하는 것을 금하였다. 이어 1215년 교황 이노센트 3세 주재 하에 열린 제4차 라테란 공의회에서는 제3차 공의회의 결정을 더 철저히 시행에 옮길 것을 강조하면서 다음 네 가지의 비인도적인 결정을 첨가하여 더 큰 악을 저질렀다.

1) 유대인들은 공직을 맡을 수 없으며, 유대인들에게 공직을 부여하는 자는 파문에 처한다.
2) 부활절, 주일에는 모든 유대인은 집의 문을 닫고 집에 있어야 하며 밖으로 나오는 것을 금한다.
3) 모든 유대인은 유대인세를 납부해야 한다(유대인이기 때문에 내야 하는 유대인세를 신설함).
4) 모든 유대인은 유대인임을 나타내는 표를 달아야 하며 특정한 모자를 써야 한다.

히틀러가 유대인들에게 '황색표'(yellow badge)를 달게 한 모자를 쓰게 한 것도 히틀러의 발명이 아니라 로마 카톨릭 종교의 창안이었던 것이다. 이러한 라테란 공의회의 결정들은 그 후에 카톨릭 교도들이 유대인들을 대함에 있어 그 잔인성을 더하게 하였으며 13, 14세기에 일

어난 그 수많은 유대인 대학살을 뒷받침하였다.

 이러한 라테란 종교회의의 정신에 따라 처음으로 '게또'(ghetto nuobo)가 이태리 베니스에 형성된 것도 교황 바오로 4세의 교서에 의한 것이었다. 오늘날 게또라고 하면 유대인의 빈민굴을 말하지만 원래는 유대인들을 차별하여 그들을 따로 살도록 특정한 지역을 경계하여 담을 쌓고 문을 해 걸은 곳이다. 그리고 유대인들은 주일과 카톨릭 교회의 휴일에는 게또 밖으로 나오지 못하게 되어 있었다.

 또한, 십자군에 의한 유대인의 대학살은 교회사에서 지울 수 없는 크나 큰 오점으로 남게 되었다. 십자군 전쟁이 표방한 것은 회교도들의 손에 들어가 있는 성지를 회복하자는 것이었다(주-이것은 실제적인 목적을 은폐하기 위한 표면상의 이유에 불과하다. 교황청은 베드로 성당에 있는 베드로의 무덤이 가짜란 사실을 알고 있고 베드로가 로마에 간 사실이 없다는 것도 잘 알고 있기에 교황청을 로마에서 예루살렘으로 옮기려는 계획을 오래 전부터 하고 있었다. 그리하여야만 교황이 "하느님의 아들의 대리자"라고 자처하며 세상을 호령하던 저들로서 예수님의 흉내를 보다 완벽히 연출할 수 있었기 때문이다. 그러한 음모로 A. D. 1096년 교황 우르반 2세에 의해 제1차 십자군의 예루살렘 원정이 시작되었던 것이다).

그러나 이러한 목표의 당연한 추론으로 진작된 정신은 '불신자인 회교도로부터 예루살렘을 해방시켜야 한다면 그리스도를 죽인 자들(the Christ killer)을 먼저 처단해야 되지 않겠느냐'하는 것이었다. 교황 이노센트 3세는 프랑스의 루이 7세에 보낸 그의 편지에 "회교도보다도 더 악한 유대인들이 그리스도를 모독하면서도 처벌되지 아니하고 자유를 누리고 있을진대, 원방에서까지 가서 적과 싸움이 무슨 유익이 되리요" 하고 그의 심중을 토로하고 있다.

십자군은 그들이 예루살렘을 정복하러 가는 도중에 도처에서 유대인 주거지를 습격하여 그리스도의 이름으로 대학살을 감행하였다. 또 후방에서도 신부들과 수도원의 수사들이 지휘한 도처의 대학살은 예수 그리스도의 이름으로 행하여졌을 뿐 아니라 "유대인들을 죽여서 너의 영혼을 구하라. 그 공로로 너의 연옥에서의 기간을 줄여라"라는 표어까지 내걸어 가며 자행되었다고 한다.* 그리고 마침내 십자군이 제1차 원정에서 예루살렘을 점령하였을 때에는 예루살렘에 살던 모든 유대

---

* 카톨릭의 교의에 따르면, 성도들의 대부분이 죽어서 먼저 연옥에 내려가 못다갚은 자신의 죄의 대가를 치르어야 비로소 천당에 올라갈 수 있다고 한다. 그래서 살아 생전에 선행을 많이 하여 공로를 쌓아 두면 연옥에서 죄의 대가를 치르는 기간 감해질 수 있다고 믿는다. 그들은 그리스도를 위하여 유대인을 죽이는 것으로 생각하였고 그것이 연옥의 기간을 줄일 수 있는 공로가 된다고까지 생각한 것이다.

인들을 잡아 회당에 쓸어 넣고 불을 질러 몰살시켜 버렸던 것이다.

이백 년에 걸친 십자군 전쟁을 통하여 유대인들은 끊임없이 십자군과 카톨릭 교도들에 의해 피습되어 학살을 당하였다. 그리고 부녀자들은 그들로부터 무수히 강간을 당하여 유대인들은 가계 제도를 바꾸지 않으면 안 되었다. 그것은 유대인들은 원래 아버지가 유대인이면 이방인 어머니에게서 태어났다 하더라고 유대인으로 인정받도록 되었다. 그런데 십자군에 의한 강간으로 인하여 유대인이 아닌 사생아가 많이 태어났으며, 또한 아버지가 분명치 않은 아이들이 많이 태어나 이 문제를 해결하기 위하여 그들은 십자군 전쟁을 계기로 불가피하게 어머니가 유대인이면 유대인으로 인정하도록 기계 제도를 바꾸어야 했던 것이다.

그리고 카톨릭 교도들과 교회는 어떤 불행한 사태가 일어나면 그 탓을 곧 유대인들에게 돌려 유대인을 학살하기가 일쑤였다. 예를 들면 흑사병이 유행하면 유대인들이 우물물을 오염시켜 크리스천들을 죽이려 한 것이라고 몰아부쳐 유대인의 주거지 등을 공격하여 그들을 마구 죽이는 것이었다. 흑사병이 유행하면 유대인들은 이방인에 비해 사망률이 낮았다고 하는데, 그것은 그들이 율법에 의하여 비교적 정결하게 살았기 때문이었다고 한다. 그러나 교인들은 그 사실을 오히려 유대인들이 우물물을 오염시킨 증거로 삼았던 것이다. 나병이 성행하였을 때도 마찬가지였다. 어린이가 실종되어도 유대인들이 유월절에 사용할 무교병을 만드는데 어린이의 피를 넣어 만들기 위해 그들이 유괴되었다고 몰아부쳐 그들을 습격하곤 하였다.

교황 바오로 4세가 된 카라파 추기경은 루터의 종교개혁의 원인까지도 유대인에게 돌려 탈무드와 히브리어로 된 책들을 닥치는 대로 불살라버렸고 25명의 모라노가 발견되자 그들을 불살라 죽여 버렸다고 한다. 모라노란 스페인에서 카톨릭 교도들의 박해를 못이겨 강제로 카톨릭교에 입교한 유대인들을 말하며, 그들은 겉으로는 카톨릭 교인으로 행동하면서 지하에서는 유대교 신앙을 그대로 지키고 있던 사람들이다.

로마 카톨릭 교회는 또 사건을 조작하여 유대인들의 학살하는 구실을 마련하기도 했다. 그중 가장 잘 알려진 예는 카톨릭 교회에서 성찬 때 사용하는 면병(성찬에 사용하는 떡)을 산속의 나무에 못으로 박아 놓고는 유대인들이 그리스도를 다시 십자가에 못 박기 위하여 성당에서 성체를 훔쳐다 나무에 못 박은 것이라고 몰아부쳐 그들을 학살하곤 하였다. 카톨릭 교리에 의하면 면병을 축성하면 예수님의 몸이 된다는 것이다(화체설 교리). 그래서 축성된 면병을 가리켜 성체라고 하며, 그것을 예수님과 동등하게 취급하는 것이다. 따라서 그들에게는 성체를 못 박는 것을 곧 그리스도를 못 박는 것이 되는 것이다(공영길, 「내게 부르짖으라」, 하나님의 말씀 연구회, 1988, pp. 38~40).

그런데 위대한 종교개혁자인 루터까지도 그가 사제로 몸담고 있던 로마 카톨릭 교회의 반유대주의 정신에서만큼은 온전히 개혁되지 못했다는 것은 슬픈 일이다. 루터는 그의 목회 사역 초기에 로마 카톨릭 교회가 유대인들을 모욕적으로 대접했던 사실들을 인정하는 연민에 찬 소책자들을 저술하고 그들을 부드럽게 대접할 것을 역설했다. 그리고 유대인들이 개혁된 교회에 입교할 것을 기대하였었다. 그러나 그들이 개혁된 교회에 대하여 변화된 반응을 보이지 않자 그는 먼저 쓴 책과 정반대의 노선을 주장하는 또 한 권의 책자를 저술하였다.

유대인들은 수세기 동안 '예수 그리스도의 이름으로' 박해, 추방, 학살 등을 쉬지 않고 당해 왔으므로, 그들에게 예수의 이름은 이미 저주에 가까운 표현과 다를 바 없었고, 따라서 예수와 예수의 이름을 부르는 모든 교회는 어떤 형태의 교회이든지간에 배척하도록 되어 있었다. 로마 카톨릭 교회는 유대인들을 하느님께 가까이 가도록 한 것이 아니라 하느님으로부터 더욱 멀리 떠나도록 만들어 놓았던 것이다. 따라서 개혁된 교회에 유대인들이 입교하기를 원했던 루터의 생각은, 사실상 기대하기 어려운 일이였던 것이다.

그러나 루터는 자신의 기대대로 유대인들이 개혁된 교회에 대하여 변화된 반응을 보이지 않자, 그는 그 원인이 자신이 속해있던 로마 카톨릭 교회가 그 초기부터 루터 당시에 이르기까지 오랜 세월 동안 예수의 이름으로 유대인에게 행한 가혹한 핍박과 학살에 있음을 깊이 인식하고서 유대인들을 구원에 이르도록 하기 위한 참된 방안을 찾기 위해 노력하는 것이 마땅했으나 오히려 그는 그가 살던 시대에 행해졌던 온갖 반유대주의 선전에 호응하여 반유대주의를 부추기는 책자를 저술하였던 것이다.

불행히도 루터의 이 책자는 후일 유대인들로 하여금 한층 더 예수 그리스도를 배척하게 만드는 사단의 도구가 되었다. 1543년에 쓰여진 루터의 소책자의 일부 내용을 여기서 소개하겠다.

"그러면 우리 기독교인들은 이렇게 저주받고 배척받은 유대인종을 어떻게 다루어야 하겠는가? 그들이 우리와 함께 살고 있고 우리가 그들의 거짓과 불경스러움과 저주를 익히 알고 있으니 이러한 그들의 행위에 동조하기를 원치 않는 한 우리는 그들을 용납할 수 없다…우리는 기도하는 마음과 경건한 자세로 자비로우면서도 한편으로는 가혹한 태도를 보여야 한다. 나는 여러분에게 다음과 같은 진심어린 충고를 하고자 한다. 첫째, 유대인 회당과 학교를 불태우고 태우지 못할 것은 파묻어 버림으로서 아무도 그 잔재를 보지 못하게 하라. 이는 우리 구주와 기독교를 위해서 마땅히 해야 할 일이다. 둘째, 그들의 가옥 또한 완전히 파괴할 것을 권고한다. 셋째, 우상숭배, 거짓말, 저주 그리고 불경함을 가르치고 있는 그들의 온갖 기도서와 탈무드 책자를 압수할 것을 권고한다. 넷째, 지금부터 유대인 랍비들이 가르치는 것을 금하고, 이를 위반했을 때에는 사형에 처하거나 사지 절단도 감수하도록 해야 한다. 다섯째, 유대인에 대한 도로 안전 통행권을 완전히 폐지할 것을 권고한다. 왜냐하면 그들은 영주도 공무원도 상인도 아니므로 지방에 갈 이유가 없기 때문이다. 그들은 집에 머물도록 하라(독자 여러분은 상기 두 번째 사항에 나오고 있는 바와 같이 유대인의 모든 가옥이 불태워졌을 텐데 '무슨 집이냐'고 의문을 제기함직 하다). 여섯째, 그들의 고리 대금업을 금지시키고 그들이 가지고 있는 모든 현금과 금은 패물로 압수하여 보관할 것을 권한다. 일곱째, 젊고 건강한 남녀 유대인들의 손에 도리깨, 도끼, 호미, 삽, 물레 혹은 물레 가락을 건네주어 그들이 이마에 땀을 흘려야 빵을 먹을 수 있도록 하라."

유대백과 사전은 루터가 저술한 책자에 관해 다음과 같이 정확하게 평하고 있다. "여기에는 아우슈비츠의 화덕과 유대인의 멸종만 없을 뿐이지 나치의 대학살에 대한 윤곽이 이미 나와 있다." 히틀러와 스타라이헤르가 '유대인에 대한 최종 해결책'이라는 살인 계획을 정당화시킬 때 루터의 말을 인용한 것은 조금도 이상할 게 없는 것이다. 이미 잘 알려진 바와 같이 히틀러는 2차 세계대전 당시 전 유럽에 900만 명이었던 유대인 중 600만 명을 독가스로 학살하였는데, 히틀러의 이 유대인 멸종계획에 루터의 책도 영향을 미쳤던 것이다.

히틀러는 1단계로 유대인의 취업을 박탈했고, 2단계로 게토 지역을 설정했으며, 3단계로 유대인들을 독일 전지역의 200개 포로수용소에 분산 수용하여, 가스로 독살하여 죽였던 것이다. 그 200개의 포로수용소 중 198개는 전후에 없애버렸고 2개의 수용소만 기념물로 보존되고 있다. 이 보존된 포로수용소에는 당시 유대인들이 수용소에서 당했던 말로 표현하기 힘든 고난과 박해의 장면이 사진으로 찍혀 전시되어져 있다. 그리고 운동장 한 모둥이에는 그들을 독가스로 학살했던 소그마한 건물이 있다. 이 건물에는 3개의 방이 있는데 첫째 방은 대기실이며 둘째 방은 독가스실인데 이방에 들어가면 삽시간에 뿜어 나오는 스글론-B 가스에 질식되어 순식간에 죽을 수밖에 없었다. 세 번째 방은 이 죽은 시체들을 전기로 태워 재를 만드는 전기 화장실이다. 이때 전기화장실에서 시체가 타면서 뼈에서 이글이글거리며 기름이 엉기자 이 잔인한 나치당 놈들은 그 기름을 긁어모아 비누를 만들어 2차 대전 중에 독일군들에게 공급했다고 한다. 이때 잔존된 비누들이 예루살렘 박물관에 보관되어 있다.

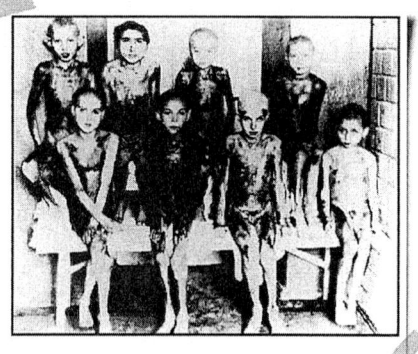
못 먹어서 뼈만 앙상하게 남은
아우슈비츠 수용소의 아이들

수용소의 비참한 생활

처형 직전의 유대인 노인들

처형 직전의 유대인 표정엔 두려움이 역력하다

수용소 트럭에 유대인을 꾸역꾸역 태우는
독일 SS요원들의 즐기는 표정

구덩이를 가득 메운 시체들

루터는 앞에서 소개한 자신의 주장대로 그렇게 유대인들을 가혹하게 대우하면 유대인으로 하여금 예수를 믿고 구원받게 할 수 있으리라고 믿었을까? 아마 그렇지는 않았으리라. 왜냐하면 루터는 멍청이가 아니었기 때문이다. 그렇다면 어떻게 루터와 같은 성경에 박식한 위대한 신앙가가 그러한 끔찍한 책자를 저술할 수 있는가? 로마 카톨릭 종교의 사제였던 그는 로마 카톨릭 종교를 늘 지배하고 있는 반유대주의의 영(spirit)에게 계속 붙잡혀 있었다고 볼 수밖에 없다. 그는 사단의 충동질로 인하여 그와 같은 반유대주의를 부추기는 책을 썼던 것이다.

아무튼 루터는 "의인은 믿음으로 말미암아 산다"는 이신칭의의 구원을 말하고 있는 로마서 1장에 대해서는 눈이 밝았다. 그러나 이방인은 유대인에 대하여 결코 오만해서는 안 되며 아무쪼록 그들을 시기나게 해서 구원받도록 해야 한다고 가르치고 있는 로마서 11장에 대해서는 소경이었다. 루터가 쓴 반유대주의를 부추기는 그 책자가 이 사실을 입증한다.

초대 교회 성도들은 이미 믿음으로 구원받고 그 은혜에 감격하여 모진 박해에도 굴하지 않고 죽기까지 충성하며 예수 그리스도를 섬겼으나, 성경에 없는 연옥설을 만들어서 신자는 누구나 죽으면 연옥에 가서 정화 기간을 가져야 하는데 그 기간을 줄이기 위해서는 선행을 쌓아야 한다는 카톨릭 교회의 비성경적 교리에 눈이 어두워져 있던 카톨릭 교회의 사제 루터는 여전히 죄와 구원의 문제로 고민하며, 평안을 얻고자 성당 계단을 무릎으로 오르내리며 고행을 하였던 바, 어느 날 "의인은 믿음으로 말미암아 살리라"라는 말씀이 기록되어 있는 로마서 1장

16, 17절이 대단히 큰 감동으로 부딪혔던 것이다. 그리하여 종교개혁자들이 카톨릭 교회의 비성경적 행습이나 사상과 투쟁하는 과정에서 이루어 놓은 여러 공헌들 가운데 중요한 한 가지가 이신칭의(以信稱義)와 같은 구원론의 재발견이었기 때문에 마치 로마서의 핵심이요 주제는 "의인은 믿음으로 말미암아 살리라"는 구절이 있는 로마서 1장이라고 인식되어져 왔다. 그러나 이것은 로마서를 바로 이해하지 못한 것이다.

바울은 자신의 죄와 구원 문제를 해결하려고 씨름하다가 이신칭의의 교리를 생각하게 된 것이 아니다. 바울이 이신칭의의 교리를 다루게 된 것은 유대인과 이방인의 관계를 다루는 구속사적 문맥에서인 것이다. 최근의 대부분의 신약학자들은 이신칭의의 교리가 크게 대두되는 갈라디아서와 로마서에서 바울의 진정한 관심은 "내가 어떻게 구원을 받을 수 있는가" 하는 개인적 문제의 해결에 있다기보다는 유대인과 이방인의 구속사적 관계 문제를 해결하는 데 있었다는 것을 인정한다. 즉, 유대인에게는 율법과 할례가 의에 이르는 길이 아니라 오직 예수 믿음으로 의에 이른다는 가르침의 맥락에서, 또한 이방인에게는 유대인에게 부여되었던 할례와 같은 것이 구원에 이르는 길로 그들에게 요구되어서는 아니 된다는 가르침의 맥락에서 바울이 이신칭의 교리를 언급하고 있는 것이지, 개인적이며 실존적인 구원의 문제를 설명하기 위해서가 아니라는 것이다.

따라서 로마서의 진정한 핵심 부분은 이스라엘—이방인—이스라엘로 이어지는 하느님의 인류 구원 역사의 경륜과 대계를 자세히 설명함과 아울러 구원사에서 유대인과 구원받은 이방인의 관계를 신약성경 가운데 유일하게 설명하고 있는 로마서 11장인 것이지, '이신칭의'의 교리를 다루고 있는 로마서 1장 26, 27절 말씀이 아니다. 바울의 이신칭의의 구원론은 갈라디아서에도 발견되며(갈 3:11), 히브리서에서도 발견되는 것이다(히 10:38). 우리는 이 문제를 보다 명확히 하기 위해 바울의 로마서 기록 목적이 무엇이었는가를 잠시 더 살펴보기로 하자.

로마서를 기록하려고 했던 바울의 동기와 목적을 바로 알려면 교회 공동체의 구체적인 상황을 이해하여야 한다. 로마 교회는 유대교적 바탕 위에 세워졌다. A. D. 49년에 그라오디오 황제가 유대인의 '추방칙령'을 내릴 때까지 태어났던 그리스도인들은 모두 유대인으로서 태어났다고 해야 할 것이다. 몇 년 후 '추방칙령'이 폐지되고 유대인들이 다시 로마로 돌아오자 로마 시내에 그리스도인들의 사회가 재구성되었다. 이번에는 이방인의 비율이 상당히 늘어나서 유대인과 더불어 꽤 많은 이방인들이 거기 포함되었다. 그런데 이방인들은 오만하게도 유대인 교우들을 영원히 몰락해버린 이스라엘 중에서 하느님의 자비를 받아 구원된 "불쌍한 이웃" 정도로 여겼다.

이방인들은 오직 하느님이 그들을 "참 감람나무"(11:17이하)에 접붙임을 받게 해주었기 때문에 언약 공동체에 속하게 되었다. 그러나 그들은 이제 기독교적 유대인들(Messianic Jews)과 기독교의 모체가 되는 유대민족을 제껴 놓고 자신들을 자랑하기 시작했다. 몇몇 이방 기독교인들은 거만하게 하느님이 자신들을 유대인들보다 낫게 생각하고 있을 뿐만 아니라 자신들을 구원하기 위해 유대인들을 잘라내 버렸다고 주장하는 데까지 나아갔다(11:19).

따라서 바울은 로마교회 공동체의 이방인 멤버들에게 복음과 유대인의 지위에 대해 바르게 이해시킴으로써 그곳 안팎의 유대인들에 대항하는 대결적 자세를 취하지 못하도록 설득해야 할 긴박성을 느끼게 되었고, 그리하여 로마서를 기록했던 것이다. 이것이 로마서의 가장 중요한 일차적인 목적인 것이다. 로마교회 공동체의 구체적인 정황을 무시한 채 로마서의 기록 동기를 바로 찾을 수는 없다.

그러므로 앞서 지적한 바처럼 로마서의 클라이맥스이며 핵심이요 중심은 로마서 11장인 것이다. 바울의 이신칭의의 구원론은 그의 다른 서신들에서도 추적해 볼 수 있지만 이스라엘—이방인—이스라엘로 이어지는 하느님의 인류구원역사의 심오한 경륜 및 대계에 관한 가르침과 이스라엘의 운명에 관한 바울의 사상은 로마서 11장이 없었다면 다른 곳에서는 추적해 내기가 어려운 것이다.

이와 같은 관점에서 볼 때 사실상 반유대주의 책자를 저술한 루터는 로마서에서 가장 중요한 핵심적인 부분인 11장에 대하여 소경이었던 것이다. 루터가 쓴 반유대주의를 부추기는 책자는 후일에 히틀러의 유대인 박멸운동의 한 근거가 되었고 결국 600만 유대민족이 학살당하는 데에 공헌을 한 셈이 된 것이다. 루터가 1546년 2월 그가 사망하기 3,4일 전에 그의 고향인 에이스레벤(Eisleben)에서 전한 그의 마지막 설교의 요점도 유대인은 기독교인들에게 위험한 적이므로 독일에서 추방되어야 한다는 것이었다고 한다. 그의 영향을 받아 유럽에서는 반유대주의 감정이 현저히 고취되었음은 물론이다.

'야곱 텔만'(Jacob L. Talman)은 그의 저서 "대학살의 모판인 유럽역사"(European History of the seedbed of the Holocaust)에서, 한두 사람도 아닌 한 민족의 모든 사람들을 전멸시키려는 끔찍한 살육의 광란이 가능할 수 있었던 그 이유에 대해 다음과 같이 기술하고 있다.

"유대인 대학살이 가능할 수 있었던 가장 즉각적이고도 단순한 답변은 히틀러이다. 확실히, 히틀러의 직접적인 책임을 과소평가할 필요도 없을 뿐더러 그럴 이유도 전혀 없다. 그가 없었더라면 최종적 해결(the Final Solution)에 잇따른 그 조처들이 결코 취해지지 않았을 것이기 때문이다. 그러나 이러한 답변은 전혀 만족스럽지 못하다. 히틀러는 그의 기괴한 계획들을 실행에 옮길 동조자들의 동의를 필요로 했다. 즉 그는 모든 계층의 협조자들, 수백, 수천 아니 아마도 수십만의 협조자들을 필요로 하였던 것이다."

히틀러는 로마교회의 전폭적인 지원 아래 정치적 제수이트들을 참모로 기용했다.

제8장 이스라엘의 시기심을 일으킬 동방의 코리아

그렇다! 히틀러는 동조자들의 동의를 필요로 했다. 또한 협조자들의 협조도 필요로 했다. 그렇다면 히틀러의 유대인 대학살에 동의한 가장 거대한 동조자가 누구인가? 히틀러를 옹호한 가장 큰 힘이 되어준 협조자가 누구인가? 바로 로마 카톨릭 교회이다.

다음은 히틀러가 사망한 1945년 5월 3일자로 발행된 스페인 독재자(프랑코)의 신문인 "리포매(Reforme)"게재된 히틀러의 장례식 조사의 한 부분이다.

"카톨릭 교회의 아들 아돌프 히틀러는 기독교를 수호하다가 사망하였다. 너무나도 많은 사람들이 그의 고귀한 삶을 알고 있었기 때문에 그의 죽음을 애도하는 글이 따로 없음은 당연하다. 그의 죽음으로 그는 정신적 승리자가 되었다. 하나님께서는 순교자의 월계관을 승리자 히틀러에게 씌워 주셨다."

천주교 성당을 나서는 히틀러

고토로 귀환할 때의 유대인들

그런데 로마 카톨릭 교회는, A. D. 70년 로마의 침공에 의한 예루살렘 멸망을 기점으로 유랑 민족이 되어 유럽 전역에 흩어져 살면서 수세기 동안 교황권으로부터 무수한 박해와 학살을 당하며 살던 유대인들이, 또한 2차 세계 대전 당시에는 바티칸의 묵시적 지지 가운데 히틀러에 의해서 600만 명이나 학살을 당했던 유대인들이, 마침내 제2차 세계대전 직후 그들의 고토인 팔레스틴 땅으로 돌아가 국가를 수립할 당시에 (이는 하느님의 섭리에 의한 역사의 기적이다), 이스라엘 국가 수립에 심히 분개하여 1948년 5월 14일 이스라엘 독립 전날 밤, 로마 선언문을 시급히 작성하여서 "현재의 이스라엘은 성경상의 이스라엘의 상속자가 아니며, 성지와 그 성읍들은 참 이스라엘인 기독교(로마 카톨릭)에게만 속한다"라고 공표하였다. 이것은 '우리는 이스라엘을 대신 한다'는 대리 발언인 것이다.

어떻게 바티칸이 이스라엘을 대신한다고 자처할 수 있는가? 카톨릭 교회가 이스라엘을 대치·계승한 새 이스라엘이기 때문이라는 것이다. 따라서 그들은 하나의 민족과 나라로서 유대인들이 이스라엘 땅에 남아 있고자 하는데 결코 정당성을 부여 할 수 없는 것이다. 팔레스타인 땅은 바티칸이 접수해야 하는 새 이스라엘인 로마 카톨릭 교회의 소유인 것이다. 이것이 바로 로마 카톨릭 종교가 지난 수세기 동안 유대인들을 가혹히 박해하고 학살할 수 있었던 근거이며, 또한 바티칸이 이스라엘을 국가로 승인하지 않는 연유인 것이다.

실로 사단이 뿌린 가라지로부터 시작된 콘스탄틴이 만든 로마 카톨릭 교회는 -기독교의 발상지는 예루살렘이나, 천주교의 발상지는 로마이다- 그 초창기부터 지금까지 유대인을 집요하게 중오하고 있는 것이다. 이스라엘을 국가로 인정하지 않는 로마 카톨릭 교회의 이 같은 반유대 행위는 이미 성경에 자세히 예언되어 있는 바이다.

> "하나님이여 침묵치 마소서. 하나님이여 잠잠치 말고 고요치 마소서. 대저 주의 원수가 헌화하며 주를 한하는 자가 머리를 들었나이다. 저희가 주의 백성을 치려하여 간계를 꾀하며 주의 숨긴 자를 치려고 서로 의논하여 말하기를, 가서 저희를 끊어 다시 나라가 되지 못하게 하여 이스라엘의 이름으로 다시는 기억되지 못하게 하자 하나이다"(시 83:1~4).

오늘날 이스라엘은 총인구 500여만 명 중 그리스도인은 약 3천 명 정도에 불과하다. 유대인들은 오늘날도 예수 그리스도의 이름을 경멸하고 심지어는 증오하기를 멈추지 않고 있다. 오늘날 이스라엘에서는 그리스도의 이름이 거의 저주의 표현으로 쓰이고 있다. 심지어 유대 어린이들은 십자가를 보면 역겨움을 느끼어 덧셈 부호를 '플러스' (+)

가 아니라 '티'(T)로 표시할 정도이다. 이 모든 것은 결코 놀라운 일이 아닌 것이다. 유대인들은 지난 2천년 동안 기독교인을 자칭하는 카톨릭교도들에게 참혹한 박해를 당해왔고, 몇 백만도 넘는 유대인들이 참 유대인임을 자처하는 천주교인들로부터 과거에 죽임을 당하였기 때문이다. 그리하여 오늘날까지 유대인들에게 예수 그리스도의 복음이 거부되고 있는 것이다.

1977년 12월 27일 이스라엘 의회인 크네세트에서는 개종 금지법안을 통과시켰다. 그 내용은 "개종을 목적으로 다른 사람에게 돈이나 금품을 제공하는 자는 5년의 징역이나 5만 파운드의 벌금형을 받으며 금품을 받는 자는 3년의 징역이나 3만 파운드의 벌금형을 받는다"이다.

오늘날 이스라엘에서 유대인의 정의는 "유대 여인에게서 태어난 아이나 유대 종교법에 의하여 개종한 사람"을 이른다. 만일 유대인이 기독교로 개종하면 유대인으로 인정하지 않으며 유대사회에서 냉대를 받는다. 그들은 기독교로 개종한 유대인을 가리켜 제13지파라고 부르기도 한다. 유대 민족은 본래 야곱의 열두 아들인 12지파로부터 형성된 민족이다. 따라서 제13지파라 함은 예수 믿는 유대인은 유대인이 아니라는 뜻인 것이다. 이스라엘은 현재 국내에서 적극적인 선교를 못하도록 하고 있다. 각종 전도회는 유대인들에게 어떠한 전도활동도 벌이지 않겠음을 서약한다고 되어 있는 동의서에 서명해야만 한다.

아! 참으로 사단의 술책은 크게 성공하였다. 사단은 교회 가운데 가라지를 뿌려 이스라엘을 시기케 하여 하느님과 화목시키는 주요 도구인 참 교회를 쫓아내고 하느님의 뜻을 대적하는 거짓 교회를 세웠다. 그리고 이 가라지 교회가 교회사의 주류를 차지한 긴 세기동안에 교회와 예수 그리스도의 이름으로 가혹히 유대인을 박해·학살함으로써 유대인으로 하여금 예수의 이름을 부르는 교회는 그 어떤 형태의 교회이든지 간에 무조건 배척하게 만들고 말았다.

그리하여 유대인들이 그들의 메시아 예수 앞으로 돌아와 구원받을 여지를 원천적으로 막아 버린 것이다. 유대인들이 회심하면 그리스도의 재림의 시기가 임할 것인 바, 예수님께서 재림하시면 자신이 이 땅에서 쫓겨나야 할 것을 잘 아고 있는 사단은 메시아의 재림을 막기 위하여 유대인들이 결코 구원을 받지 못하도록, 유대인들의 의식 속에 예수 그리스도의 교회를 시기심을 일으키는 대상이 아니라 오직 분노를 일으키는 대상으로 완전히 굴절시켜 버린 것이다.

우리가 앞서 자세히 상고하였거니와 이스라엘의 구원을 위한 하느님의 경륜 방법은 이방인을 통해 이스라엘의 시기심을 일으켜 구원을 얻도록 하는 것이다. 그러나 사단의 술책으로 인해, 유대인들에게 이방 기독교회는 시기심의 대상이 아니라 분노를 일으키는 대상이요, 질시와 타기의 대상으로 크게 굴절되어 버린 지 이미 오래이며, 이 같은 상황은 기독교의 이름으로 박해받고 학살당한 수많은 역사적 사실들에 기초하고 있기 때문에 이제는 인간의 노력으로는 돌이킬 수 없는 상황이 되어 버렸다. 오늘날 이방 기독교회가 유대인들의 시기심을 기대한다는 것은 거의 불가능한 일인 것이다. 그리하여 지금까지 유대인들이 민족적으로 그리스도를 배척하고 있는 것이며, 기독교를 거부하고 있는 것이다.

기독교에 대한 유대인들의 깊은 증오감은 사람의 힘으로는 변화될 가능성이 거의 없다. 그러므로 영국의 저명한 신약신학자 F. F. 브루스는 "기독교인들은 유대인들에게 복음을 증거하기 전에 복음을 전할 만한 권리부터 획득해야 한다"고 말한 바 있다.

그러면 이방인을 통해 이스라엘의 시기심을 일으켜 이스라엘을 구원하고자 하신 하느님의 심오하신 이스라엘 구원 계획은 사단의 술책으로 인해 실패할 수밖에 없는 것인가? 아무쪼록 내 동족을 시기케 하여 구원을 받도록 해야 하겠다며, 이방인들에게 생명을 다해 복음을 전했던 바울의 기대와 수고는 헛된 것이었던가? 그럴 수는 없다. 하느님은 당신의 계획하신 바를 반드시 실행 하신다. 왜냐하면 여호와 하느님은 사단보다 더 지혜로운 분이시기 때문이다.

이스라엘의 시기심을 일으킬 한 동방의 나라

사단의 술책으로 인해 이스라엘의 시기심을 일으켜야 할 이방 기독교회는 이스라엘인들의 마음속에 분노와 배척과 질시와 타기의 대상이 되어버렸다. 즉 이방 기독교회는 "이스라엘의 시기심" 대신 "이스라엘의 분노심"을 일으키는 대상으로 유대인들의 의식 속에 깊이 각인되어 있는 것이다.

바울은 로마서 11장에서 자기 동족을 시기나게 하여 구원을 받도록 하고자 이방인들에게 복음을 전한다고 토로했다. 이방인들이 이스라엘을 회복시키는 주요 도구가 될 것이기 때문에, 그는 이방인의 사도가 된 자신의 직분을 영광스럽게 여긴다고까지 고백했다. 그러나 사단의 술책으로 말미암아 이방 기독교회나 기독교 국가들은 이스라엘의 시기심을 일으키는 자가 아니라 이스라엘의 분노를 일으키는 존재로, 질시와 타기의 대상으로 완전히 굴절되어 버렸다. 그리하여 로마서 11장에서 바울이 기대했던 이스라엘의 구원은 사단의 궤계로 인해 실현될 수 없는 상황이 되고 말았다. 이방 기독교회는 이스라엘을 하느님과 화목시키는 도구가 아니라 이스라엘을 하느님으로부터 더욱 멀어지도록 하는 악당으로 존재해 왔기 때문이다. 유명한 한 랍비의 비난에 이런 요점이 담겨 있다. "기독교는 우리로부터 그리스도의 얼굴을 숨겼다."

이제 하느님은 어떻게 하심으로써 이방인을 통해 이스라엘을 시기케 하여 유대인을 구원하시려는 당신의 계획을 실행하실 것인가? 그것은 하느님께서 이스라엘의 시기심을 능히 일으킬 한 기독교 국가를 세우시면 되는 것이다. 즉 이방 기독교회에 대한 이스라엘의 피해의식과 상처를 씻고 위로하며 굴절된 기독교에 대한 그들의 인식을 반전시키기에 충분한 이스라엘의 시기심을 능히 일으킬 수 있는 한 정의로운 기독교 국가를 유대민족의 목전에 일으켜 세우시면 된다는 것이다. 그 나라는 어떤 나라일까? 동방의 코리아이다. 왜? 한국인은 에벨의 혈통 욕단의 후손으로서 나중에 쓰시려고 감추어 두신 또 하나의 선민이기 때문이다.

도마가 듣고 또 보고도 믿지 못하였을 때 예수님께서는 그가 손으로 만져보도록 하여 믿도록 도와주셨다. 그처럼 하느님은 벨렉의 후손 이스라엘이 마땅히 이루어야 했을 복음의 나라를 일으켜 세워 그들로 하여금 주목하고 만져볼 수 있게 하신다. 이스라엘은 장차 하느님의 임재와 영광이 충만한 극동의 그 특별한 나라를 목도하며 시기심에 큰 자극을 받을 것이다. 그리고 마침내 유대민족은 그리스도 안에서 하느님께 열납되기 위하여 분투하게 될 것이다. 바로 그 때가 이스라엘의 회심이 이루어지는 하느님의 때(The season)인 것이다. 한국교회는 그 때를 놓치지 않고 예루살렘으로 신속히 복음을 가져갈 것이며, 마침내 온 이스라엘이 복음을 믿고 구원을 얻게 되는 것이다. 바울이 예언한 바 "온 이스라엘이 구원을 받으리라"(롬 11:25~26)는 약속은 마지막 때에 동방의 코리아을 통해 그렇게 극적으로 성취될 것이다.

어떻게 이 같은 사실을 알 수 있는가? 로마서 11:25~26에 약속된 "온 이스라엘이 구원을 받으리라"는 말씀의 구체적인 성취의 때와 방법을 계시한 요한계시록 7:1~8말씀이 바로 이와 같은 하느님의 계획을 가르쳐 주고 있기 때문이다. 또한 그 말씀과 뗄 수 없는 병행 관계에 있는 이스라엘의 회복에 관한 선지자 이사야의 여러 예언의 말씀들(사 41:25~27, 46:1~13, 52:7, 55:1~9)도 이와 같은 사실을 분명히 교훈하고 있기 때문이다. 할렐루야!

맺는 말

알이랑 고개를 넘어 예루살렘 땅 끝까지

벨렉의 후손 유대민족은 복음의 첫 번째 주자였다. 그러나 욕단의 후손 배달민족은 복음의 마지막 주자로서 이 말세에 구원의 복음을 기독교의 발상지인 예루살렘 땅 끝까지 열방에 전하므로(계 7:1~8, 사 41:25~27; 46:10~13; 52:7; 55:1~9) 능히 주의 백성들을 예비하고 다시 오실 주님의 길을 수축할 것이다.

그렇기에 한국인은 엘리야의 사명을 지닌 백성이다. 밤이 낮으로 전환기를 이루는 새벽에 샛별이 동쪽에 떠올라 태양 빛을 반사시키는 것처럼, 의(義)의 태양이신 주님께서 나타나시기 전에 그 빛을 반사시키는 샛별 역할을 할 민족이 동방에 있는 아침의 나라 코리아인 것이다.

빛의 근원이신 하느님을 공경하던 우리 겨레의 선조 욕단의 가계는 대홍수 후 광명의 본원지를 찾아 알이랑(하느님과 함께) 고개(파미르고원~

천산산맥~알타이산맥)를 넘어 동방의 땅 끝까지 멀리 천동(遷動)해서 아침에 해 뜨는 밝은 땅에 붉돌나라(배달나라)를 세웠다.

그와 같이 마지막 때에도 욱단계 천손민족 한국인은 다시 알이랑 고개를 넘어 서쪽의 땅 끝 예루살렘까지 복음을 들고 달려갈 것이다(계 7:1~8, 사 41:25~27; 52:7; 46:10~13; 55:1~9). 바로 그때를 위해 "철의 실크로드"가 열리고 있다. 시베리아를 횡단하여 중앙아시아를 지나 예루살렘까지 가는 길이 열리고 있는 것이다.

실로 마지막 때에 성령의 인치는 강력한 구원의 역사가 알이랑 민족의 세계 선교사역으로 인해 동방으로부터 예루살렘 땅 끝까지(계 7:1~8, 사 41:25~27; 46:10~13; 52:7; 55:1~9) 열방을 덮을 것이다. 하느님께서 감추어 두신 자기 백성을 찾아 동방 코리아에 영광으로 임하실 것이기 때문이다. 새로운 부흥의 불이 한반도에서 일어나 열방을 태울 것이며, 그 불은 예루살렘을 태우기까지 계속 타오를 것이다. 마지막 대추수를 위한 하느님의 강한 군대가 동방 코리아에서 일어나 세계 구석구석을 누비며 성령의 인치는 역사를 감당할 것이다.

열방의 중심 한반도

릭 조이너(Rick Joyner) 목사는 1999년 미국에서 출간된 그의 책 「21세기를 위한 예언적 비전」(A Prophetic Vision for the 21st Century)에서, 교회는 20세기에 회복(Renewal)의 기간을 통과했으며 —회복은 교회를 치료하고 깨우는 일을 한다— 21세기에는 회복에서 부흥(Revival)으로 가는 다리를 건너게 될 것인데 —부흥은 잃어버린 자를 구원하고 시대의 영적 어두움에 도전하기 위해 주의 백성들을 강하게 만드는 결과를 낳는다— 이 부흥으로 가는 다리를 이루는 가장 큰 디딤돌이 코리아라는 것을 그가 1997년에 보았던 환상에 근거해 아래와 같이 간증하였다.

"내가 앞에서 말한 다리(Bridge)에 관한 환상에서 나는 부흥을 향한 디딤돌을 보았습니다. 이것들은 다리를 이루기 위해 그 곳에 놓여진 돌들이었습니다… 나의 환상에서 서로 맞물린 기도 운동들이 다리를 넓혀 갔습니다. 그것들은 한편에서 다른 편으로, 또 한쪽 끝에서 다른 쪽 끝으로 모든 길들을 가로질렀습니다. 이 돌들은 양쪽 모두에 있어서 땅과 맞닿아 있었습니다…이것들은 가장 수가 많고 두드러진 돌들이었을 뿐만 아니라 또한 다리 전체를 하나로 묶어주고 있었습니다…나는 이 기도 운동의 영은 한국의 서울이라는 말씀을 들었습니다. 서울에서 한 핵폭탄의 버섯구름이 올라와서 지구 전체로 퍼져나갔습니다. 이 영적 방사선은 인간의 육체를 관통하는 에너지였고, 그것들은 모든 육체들을 어느 정도 부드럽게 했고 복음을 위하여 그들을 준비시켰습니다."(릭 조이너 지음, 김병국 옮김, 「21세기를 위한 예언적 비전」 도서출판 바울, 2000, pp, 322~323).

국제 예수전도단(YWAM) 설립자인 로렌 커닝햄 목사는 2003년 한국을 방문했을 때 "20세기의 대부흥이 대부분 미국인들에 의해 주도되었다면, 21세기에는 한국인들, 한국교회가 그 역할을 맡게 될 것" 이라고 예언했다.

역사철학자 슈펭글러는 "서유럽이 몰락하고 유물론의 나라들이 시들고 부강한 나라들의 백성들이 모두 퇴폐해지면 하느님은 한국을 택하여 제2의 이스라엘을 삼고 아시아 일각에서 새 나라, 새 민족, 새 정신문화를 이룩하게 하여 세계사의 정신적·영적 경륜을 펴실 때 한국은 만방의 영감의 원천이 될 것이다"고 예언하였다.

하느님은 돌들로도 소리치게 하실 수 있으며, 심지어 당나귀의 입을 열어 당신의 뜻을 전하기도 하셨다. 그 하느님은 때로는 이방인의 입을 통해서도 그분의 계획을 이야기 하게 하실 수 있다. 슈타이너는 유럽 녹색운동, 유기농과 영성운동의 발도로프 학교 창시자이며 인지학교(人智學校)의 창건지이다. 독일의 신비주의자 루돌프 슈타이너는 다음과 같이 예언했다(아래의 글은 김지하 시인의 책 「예감」에서 발췌한 글).

"인류문명의 대전환기에는 반드시 변화된 새 삶의 원형을 제시하는 성배(聖杯)의 민족이 역사에 나타난다. 그 민족은 본디 개인적으로나 집단적으로나 깊은 영성과 지혜를 간직한 민족으로서 세계에 대한 근본적인 이상(理想)을 품고 있으나 끊임없는 외침(外侵)과 사악한 폭정(暴政) 아래 억압되어 그 이상이 깊은 내상(內傷)으로 변질된 쓰라린 삶을 살아가는 민족이다. 그러나 대전환의 때가 이르면 새 삶의 원형을 제시하는 성스러운 소명을 반드시 수행하고야 만다. 로마가 지배하는 지중해 문명의 전환기에 그 민족은 이스라엘이었으나, 그때보다 더욱 근본적인 전 인류 문명사의 대전환기인 현대에 그 민족은 분명히 극동에 있다. 그 이상은 나도 알 수 없으니 너희는 그 민족을 찾아 경배하고 힘껏 도우라."

그의 제자로서 일본 인지학교 교장인 다카하시 이와오 선생은 슈타이너의 유언을 다음과 같이 해석했다.

> "그 민족은 바로 한국 민족이다.
> 오늘의 이스라엘은 한국 민족이며
> 오늘의 로마는 미국이다."

한민족의 생명 평화의 이상은 「산해경」이라는 동이계(東夷系) 방사(方士, 점쟁이)들의 경전에까지도 "살리기를 좋아하고 죽이는 것을 싫어하며 양보하기를 좋아하고 다투기를 싫어하는(好生 不殺生 好讓 不爭鬪)" 민족으로, 그래서 "죽지 않는 군자의 나라(不死君子之國)"로 묘사되었으며 지나(支那)의 성인인 공자(孔子)마저도 군자의 나라 한국에 가서 살고 싶다고 말할 정도였다.

그러나 이 같은 생명 평화의 이상을 품은 한민족도 1000회의 외국 침략 아래 짓밟히면서 그 숭고한 이상이 거꾸로 쓰라린 내상(內傷)이 되어 버렸다. 한(恨)이라는 내상이다. 독일의 신학자 위르겐 몰트만도 한민족의 이 한(恨)을 신을 향한 한민족의 슬픈 도약력이자 아픈 근거라고까지 말한다. 하지만 오늘날 태평양을 건너는 또 한 사람의 바울이 코리아인 것이다(김지하, 「예감」, 323쪽, 296쪽).

인도의 시성(詩聖) 타고르는 1922년 일본에 왔을 때 한국에 대한 시 한수를 남겼는데, 그 속에서 한국을 가리켜 "동방의 등불"이라고 표현하였다. 타고르는 시인의 영감으로 동방의 한국에서 무한한 영적·정신적 저력을 보았던 것이다.

기억하라! 셈에게 주어진 축복은 한국 백성을 위한 존귀한 유산이다. 따라서 마지막 때에 한반도는 아주 귀중한 장소가 될 것이다. 우리 겨레는 셈족의 현저한 가지인 욕단의 후손으로서, 나중에 쓰시려고 동방에 은닉해 두신 또 하나의 선민이기 때문이다. 할렐루야!

깨어라, 알이랑 민족!
일어나라, 한국 교회!

부 록

아리랑의 비밀과 한국인의 정체성
아리랑과 성경과 민족사의 만남

아리랑 아리랑 아라리요
아리랑 고개를 넘어 간다
나를 버리고 가시는 님은
십리도 못가서 발병난다

행마다 열자씩 4행 40자의 이 분장(分章) 가요. 이 노래를 우리는 '아리랑'이라고 부른다. 아리랑…. 이 노래만큼 우리 민족의 애환을 달래 온 노래도 없으리라. 슬플 때도 아리랑, 기쁠 때도 아리랑…. 아리랑은 우리 겨레의 역사와 함께 민족의 한과 기쁨을 노래해 온 단 하나의 노래다.

겨레의 노래 아리랑이 서양에 처음 알려진 것은 19세기 말. '한국인보다 한국을 더 사랑한 미국인'으로 알려진 호머 헐버트(1863~1949) 선교사는 구전으로 전해오던 아리랑을 1896년 서양식 오선지에 처음 채

보해 외국에 알렸다. 그는 "아리랑은 조선인에게 쌀과 같다"고 하였다.

한국인은 아리랑을 부를 때 저절로 흥이 난다. 기쁜 자리 슬픈 자리 없이 언제 어디서나 불러서 기쁘고, 들어서 정다운 노래…. 무슨 이유로 '아리랑'은 한국인의 마음에 그토록 크게 자리를 잡고 있는 것일까? 아득한 옛날부터 남녀노소 상하귀천 없이 입을 모아 불러 온 노래…. 들어도 들어도 싫지 않은 이 노래는 과연 언제부터 무슨 연유에서 불려지기 시작한 것일까? 현재까지 아리랑의 비밀이 무엇인가라는 문제를 두고 오랫동안 연구가 거듭되어 왔으나 시원한 해답은 찾을 수 없었다.

아리랑은 굉장히 큰 비밀을 간직하고 있는 특별한 노래이다. 놀랍게도 아리랑은 셈의 후손인 우리 배달겨레의 조상들이 대홍수 후 광명의 본원지(붉돌=배달)를 찾아 동방으로 천동(遷動)할 때 험한 산과 높은 고개, 그리고 고원들을 넘어오면서 부른 '찬송가'였다(창 10:21~30).

1. 인류 최고(最古)의 찬송가 아리랑

우리의 문화와 역사를 논하려면 종교적인 시각으로 접근해야 한다. 배달 동이겨레는 창조주 하느님을 섬기던 제천민족(祭天民族)으로서 단순한 정치세력(민족, 국가)이 아닌 '종교적' 집단이었기 때문이다. 우리 겨레는 다신숭배가 만연한 고대 세계에서 제천신앙으로 유일신 하느님을 숭배하던 특별한 민족이었다. 단군조선시대에는 제천의식이 북으로는 백두산에서, 남으로는 강화도 마리산 산정의 참성단에서 행하여졌다. 이 제천행사야말로 동이문화의 정수(精髓)이며, 우리 문화의 본성(本性)인 것이다. 따라서 동이의 후예인 우리가 부르는 '아리랑' 도 종교적인 관점에서 접근해야 그 비밀이 드러날 것이다.

아리랑

가장 중요한 것은 '아리랑' 이라는 말의 의미이다. 모든 종류의 아리랑 노래에서 변하지 않고 쓰이고 있는 후렴구가 '아리랑' 이다. 그만큼 한국인에게 '아리랑' 이라는 말은 특별한 뜻과 사연이 배어 있다는 증거다. 실지로 우리 한국인은 '아리랑' 이라는 말 자체에 친근감을 느끼며 흥분하는 것이다.

그러나 어떤 아리랑 연구가는 '아리랑' 은 뜻이 없는 단순한 후렴구에 지나지 않는다고 말한다. 단지 흥을 돋우고 음조를 메워나가는 구실을 하는 말이라는 것이다. 과연 그럴까? 아무 뜻도 없는 말이 한국인의 마음을 그토록 오랜 세월 동안 사로잡아 왔단 말인가? 당치도 않은 소리다. 만에 하나 그의 주장대로 '아리랑' 이 단순히 '흥을 돋우고 음조를 메워나가는 구실을 하는 아무 뜻이 없는 말' 이라고 치자. 그럴 경우에도 여전히 의문은 남는다. 왜 하필이면 그것이 '아리랑' 인가? 꼭 그렇게 소리 내야만 할 이유가 없지 않은가. 차라리 '아리랑' 은 끝까지 해명이 필요한 어떤 특별한 뜻이 있는 말로 간주하는 것이 더 타당할 것이다.

더욱이 '아리랑' 은 후렴구이다. 후렴(refrain)이란 노래 곡조 끝 혹은 앞에 붙여 반복해 부르는 짧은 가사를 말한다. '아리랑' 이 노래의 후렴구라는 사실은 오히려 '아리랑' 이라는 말이 굉장히 중요한 뜻을 담고 있다는 것을 보여 준다. 왜냐하면 대부분 후렴은 그 노래의 중요 메시지가 들어있기 때문이다.

그렇다면 '아리랑' 에 담겨져 있는 메시지는 무엇일까? '아리랑' 에는 한국인의 원형과 정체가 무엇인지를 알려주는 아주 귀중한 비밀이 감추어져 있다. '아리랑' 은 성민(聖民) 한민족의 키워드(keyword)이다. 먼저 기억해야 할 사실은 '아리랑' 은 한자말이 아니라는 것이다. 만약 그렇다면 '아리랑' 이라는 한자가 기록된 책이 고서(古書)가운데 단 한 권이라도 발견되어야 할 것이다. 하지만 그러한 책은 전혀 없다. 왜냐하면 아리랑은 구전으로만 전해온 순 우리말의 민요이기 때문이다. '아리랑' 은 원래 '알이랑' 이다(알이랑→아리랑).

> 알이랑 알이랑 알 알이요
> 알이랑 고개를 넘어 간다

그런데 오랜 세월동안 글이 없는 가운데 구전으로만 전해지다 보니, "아리랑 아리랑 아라리요"로 부르게 되었고, 결국 가사가 그렇게 굳어지고 만 것이다. 그러니까 원래의 노랫말을 잃어버린 것! 따라서 아리랑이 진정 어떤 노래인지를 알려면 먼저 가사부터 "알이랑 알이랑 알 알이요"로 복원해야 할 것이다.

'알이랑' 은 '알' 과 '이랑' 으로 구분된다. '알' 은 '하느님' 을 의미한다. '하느님' 이라는 신명(神名)은 처음에 '알' 이었다. 그런데 '알'

앞에 '한' 이라는 관형사를 붙이고, '알' 뒤에 '님' 이라는 존칭명사를 붙여서 '한알님' 이라고 했다. 그것이 [한올님→하놀님→하늘님→하느님] 으로 바뀐 것이다. 그래서 '알' 은 '하느님' 이다.

창조주 하느님을 뜻하는 원시 언어가 '알' 이었다. 유대인의 '엘 (EL)', 아랍인의 '알아(알라)' 는 바로 이 '알' 에서 파생된 말이다('알라' 는 아랍어로 유일신 하느님을 지칭하는 말이다. 그렇기에 그리스도인인 아랍 사람들도 이 단어를 사용한다). 구약성경에 나오는 하느님의 이름인 '엘로힘' (단수는 Eloah)은 '알라(alah)' 라는 말에서 유래했다(벌코프 조직신학 239쪽* 크리스챤 다이제스트 간). 즉 창조주 하느님을 뜻하는 인류 최초의 신명 (神名)이 우리말 '알' 이었는데, 노아에 의해 홍수 이후의 세대로 전해졌다.

'이랑' 은 '~와 함께' 라는 토씨로서(언어학자들은 '토씨' 는 6천년 이상 간다고 한다) 영어의 'With' 이다(예, 갑돌이랑=갑돌이와 함께, 갑순이랑=갑순이와 함께). 따라서 '알이랑' 은 '하느님과 함께(With God)' 라는 말이다.

창조주 유일신의 이름 '알'

왜 '알' 이 유일신 하느님을 뜻하는 말이었을까? '알' 이 수많은 생명을 낳기 때문이다. 쌀도 볏알(볍씨)에서, 과실도 씨알에서 생기고, 하늘과 땅과 바다의 허다한 생물들이 또한 '알' 에서 탄생한다. 그래서 '알' 은 '모체(母體)' 요, '근원(根源)' 이요, '시작(始作)' 과 같은 뜻을 갖는다. 따라서 창조주 하느님도 '알' 이었다. 왜냐하면 그는 만물의 모체이시고 근원이시며 시작이시기 때문이다.

다만 우리 한국인은 그 '알' 이 '큰 모체' 이시고 '큰 근원' 이시며 '커다란 시원(始原)' 이시기에 '알' 앞에 '한' 이라는 관형사를 붙였다. 또한 그 '알' 이 인격적 존재이심으로 '알' 뒤에 '님' 이라는 존칭명사를 붙였다. 그래서 창조주 유일신을 '한알님' 이라고 부른 것이다. 이 '한울님' 이 [한울님→하눌님→하늘님→하느님] 으로 변한 것이다. 따라서 '알' 은 하느님을 뜻하는 말이다.

더욱이 '하늘' 은 둥글어서 '알' 인데, '하늘' 이라는 말도 처음에는 '한알', 즉, '큰 알(大卵)' 이었다. 한올→하눌→하늘로 변한 것이다. 만물을 내신 한알님(하느님)은 한알(하늘)에 계신다. '큰 알(大卵)', '큰 모체(母體)', '큰 근원(根源)' 같은 뜻으로서의 '한알' 에 '하늘' 이라는 말의 기원이 있는 것이다.

지난날의 우리 신화·전설에서, 한 시조(始祖)의 탄생이 난생(卵生)으로 이어지던 것을 우리는 기억하고 있다. 신라를 세운 박혁거세(붉불거뉘)는 망아지가 알을 품고 있다가 뛰쳐나간 그 알에서 태어났다. 그 밖에도 비슷한 이야기는 많다. 짐승이나 사람이 알을 낳는다. 너무도 이상해서 갖다 버린다. 그러면 새와 짐승들이 그 알을 보호하며 노래 부른다. 그렇게 하늘의 뜻에 따라 보호를 받으며 태어난 것이 고주몽(高朱夢)이기도 하고, 금와(金蛙)이기도 하다.

'알' 이라는 것은 우리 조상들에게 있어서 사물(事物)의 핵심이었다. 그리고 '시작' 이기도 했다. 그러므로 '커다란 시원(始原)' 으로서의 '알' 이 곧 한올→ 하눌→ 하늘로 된 것이다. 그러한 하늘이었기에

삼라만상(森羅萬象)은 곧 당신의 것이었다. 당신이 낳으시고, 당신이 기르시고, 또 당신이 주재하시는 것이었다. 홍수 전 사람들이 창조주 유일신을 '알'이라고 불렀던 이유가 여기에 있는 것이다.

하느님을 뜻하는 성경 원어 '엘(EL)'은 바로 이 '알'에서 가지 쳐 나온 말이다. '엘'은 '다스리는 이', '강하신 분'이란 뜻을 가진 신명(神名)으로 셈어(Shemitic)에서 전반적으로 사용된 '하느님' 또는 '신성(Divinty)'에 관한 호칭이다. 이 '엘'은 바로 '알'의 변음이다. 홍수 이전의 사람들은 하느님을 '알'이라고 불렀다. 이 '알'이라는 단어는 창조주 하느님을 뜻하는 일종의 원형 언어로서 노아에 의해 홍수 이후의 세대로 전승되었다.

'알'이 고대에 하느님의 이름이었음을 보여주는 언어학적 증거로서 '메아리'를 들 수 있다. '메아리'는 본래 말이 '뫼알이'이다. 이 말은 '뫼의 알', 즉 '산신'을 말한다. 산에 가서 '야호~' 하고 고함을 치면 '야호~, 야호~, 야호~'라고 산이 있는 숫자만큼 되돌아오는 소리를 우리 조상들은 산신의 소리로 연상했던 것이다. '엘(EL)', '얼', '일'과 같은 말들은 모두 바로 이 '알'의 변음이다.

'알'에서 가지 쳐 나온 말 '얼'

'얼'이라는 토박이말도 '알'에서 가지 쳐 나온 말로서 역시 '신(神)', '넋'과 같은 의미의 말이다. '정신 나간 사람'을 두고 '얼간이'(얼이 간 사람) 혹은 '얼 빠진 사람'이라고 하고, '얼떨떨함'이나 '얼이

둥절'(어리둥절)은 '정신을 가다듬지 못한 상태'이며, '얼뜨기'는 '다부지지 못하고 겁이 많은 사람'을 뜻하며, '얼버무림'은 '제대로 버무리지 못함'을 이르는 말이다. 이렇게 '얼'은 '정신'을 뜻하는 우리의 훌륭한 토박이 말이다. 이 '얼'이라는 말의 시작이 바로 '알'이었다. 이와 같은 사실은 고대 수메르어에서도 인간의 정신(Human spirit)을 뜻하는 단어가 'A-LA'였다는 것이 뒷받침 해준다.

이 '얼'을 드러내는 곳이 인체에 있어서는 '얼골'(얼골→얼굴)이다. '얼골'을 보면 그 사람의 영적인 상태, 즉 '얼'이 어떤 것인가를 대충 알 수 있다. '얼골'에 그것이 나타나기 때문이다. 그러므로 몸 안에서 '얼'이 사라지면 송장이 되고 나중엔 뼈만 남는데, 그것은 더 이상 '얼골'이 아니므로 '해골'이라고 한다.

한국인의 무덤이 동그란 까닭

한국인의 무덤은 동그란 모양의 봉분인데, 그것은 '큰 알'을 뜻한다. 셈의 후손으로서 '한알님'께 제사지내며 생활했던 한국인의 선조들은 스스로 천손민족(天孫民族), 즉 '한알님'의 백성이라고 알고 있었다. 그리하여 그들에게 죽음이란 '한알'의 품으로 돌아가는 것이었다.

그래서 무덤이 동그란 모양의 '알'인 것이다. 그들은 '한알님'의 백성으로서 '알'에서 왔으니 '알'로 돌아가고자 했다. 실로 한국인은 '알이랑 정신'으로 살고 죽는 '알이랑 민족'이 아닐 수 없다.

이제 우리는 '알'이 원래 무슨 말인지 확실히 깨달았다. 그것은 홍수 이전 최초의 인류 가계로부터 내려온 지상 최초의 낱말 중 하나로서, 고대에 창조주 유일신을 뜻하는 하느님의 이름이었다. 그래서 '알이랑'은 '하느님과 함께(With God)' 라는 말이다.

고개를 넘어 간다

'고개를 넘어 간다'는 가사는 무슨 뜻일까? 그것은 고대 한민족이 이란고원을 지나 파미르고원을 넘어, 천산산맥과 알타이산맥을 넘어 갔다는 말이다. 실로 수많은 고개를 넘은 것이다. '파미르 고원'을 지나(支那) 사람들은 총령(蔥嶺: 파총, 재령)이라고 하는데, 이는 한국어 파(蔥) 마루(嶺) 그대로 파마루(파미르)이다.

지리학에서도 역시 파미르 고원(蔥嶺)에서는 파(蔥)가 많이 야생한다고 한다. 파미르 고원은 '파마루'로서 파(蔥)가 많이 자생하는 산마루(嶺)이기에 파마루(파머루) 고원인 것이다. '파미르'의 어원이 한국어 '파마루'이다.

한국인은 남자를 사내라고 한다. 사내는 원래 '산아이'가 [산아이→사나이→사내]로 변한 것이다. 우리 선조들이 고대에 산지, 파미르고원 천산산맥 알타이산맥을 넘어 동방으로 왔기 때문이다. 이러한 언어적인 연관성은 고대 한국인이 참으로 '파미르고원'을 지나 '천산산맥'을 넘고 '알타이산맥'을 넘어서 동방으로 이동해 왔음을 보여주는 하나의 고고학적 증거이다.

알타이 고개를 넘어서 동쪽으로 조금 더 이동하면 바이칼(붉을) 호수가 나온다. 한국인의 선조들은 이 바이칼 호수를 거쳐 동쪽으로 계속 이동하다가 마침내 아시아 동녘에서 제일 높고 밝은 산인 한밝산(犬白山 = 白頭山)에 이르러 배달나라를 세웠던 것이다. 백두산 산정에 올라 창조주 한알님께 천제(天祭)를 드린 후에!(우리 겨레가 평지가 아닌 산꼭대기에서 드렸던 산정제사는 대홍수 후 노아가 알아랏 산정에서 거행했던 역사적 '제천의식'을 답습한 것이었다.)

    알이랑 알이랑 알 알이요
    알이랑 고개를 넘어 간다

따라서 이 노래 가사를 해석하면 다음과 같다.

    하느님과 함께 하느님과 함께 하느님(과 함께) 하느님이요
    하느님과 함께 고개를 넘어 간다.
    (with God, with God, with God, just God.
    accompany with God, I will take over the mountains.)

'아리랑'은 창조주 하느님을 섬기던 고대 한국인이 이 땅에 오기까

지 수많은 산과 언덕과 고원들을 넘어 오면서 부른 '찬송가'였던 것이다. '아리랑'이 우리 겨레의 마음속에 그토록 크게 자리 잡고 있는 까닭이 바로 여기에 있다. 그것은 겨레의 역사와 가장 오랫동안 함께 해 온 민족의 숨결이며 역사의 맥박이기 때문이다.

나를 버리고 가시는 님은

'나를 버리고 가시는 님'이란 누구를 뜻할까? 문맥상 그들은 "하느님과 함께 고개를 넘어 가는 나를 버리고 가시는 님"이 된다. 왜냐하면 "알이랑 고개를 넘어 간다"는 바로 앞의 가사는 "하느님과 함께 고개를 넘어 간다"는 뜻이기 때문이다.

그 가사는 유일신 하느님을 섬기는 자들, 곧 천손민족의 찬송이며 믿음의 고백이었다. 그러므로 '나를 버리고 가시는 님'이란 창조주 하느님을 불신, 배척하는 무리들을 의미한다.

십리도 못가서 발병 난다

'십리도 못가서 발병 난다'는 것은 나를 버리고 가시는 님에 대한 악담이나 저주가 아니다. 만약 노래 가사가 "나를 버리고 **가는 놈**은 십리도 못가서 발병 난다"고 했다면, 그것은 실제로 발에 병이 나라고 욕하는 것이 될 것이다. 그러나 가사는 가는 놈이 아니고 **가시는 님**이다. 따라서 '십리도 못가서 발병 난다'는 것은 발병이 나서라도 더 떠나가지 못하고 나의 품으로 되돌아오라는 회귀원망(回歸願望)의 연정(戀情)을 노래한 것이다.

즉 창조주 하느님에 대한 믿음을 버린 자들을 향해 다시 순수한 하느님 신앙으로 되돌아 올 것을 사랑으로 촉구하는 것이다. 이렇게 겨레의 노래 '알이랑'에는 '하느님을 위한 열정'과 '잃은 자를 위한 연민'이 함께 깊이 배어 있다. 즉 경천애인(敬天愛人)의 얼이 담겨 있는 것이다. 성경에 의하면 경천애인(敬天愛人)은 온 율법과 선지자의 강령이다(마 22:37~40).

청천 하늘엔 잔별도 많고, 우리네 가슴엔 수심도 많다

아리랑의 2절은 푸른 하늘의 잔별만큼이나 우리 가슴엔 수심도 많다고 노래한다. 왜 알이랑 찬송을 부르며 동방으로 친동(遷動)하던 우리 조상들의 가슴엔 그리도 근심이 많았을까? 그것은 1절의 '나를 버리고 가시는 님' 때문이었다. 즉 유일신 신앙(제천신앙)을 저버린 자들이 제천민족 우리 조상들의 커다란 근심거리가 되었던 것이다. 따라서 그것은 세상 근심과는 차원이 다른 '거룩한 근심'이었다(고후 7:10).

이와 같은 역사적 사연을 간직한 '알이랑' 찬송은 우리 조상들이 동방의 산지를 넘어 이 땅에 오기까지 끊임없이 불리어졌다. 그리고 오늘도 겨레의 삶 가운데 계속 이어지고 있다.

이상 자세히 살펴본 바처럼 아리랑은 찬송가이다. 그래서 '아리랑'은 우리 한민족의 정체성을 한마디로 알려주는 '천손민족(天孫民族)' 코드이다. 우리 배달겨레는 세계 만민 중 민족사를 '알이랑' 곧 '하느님과 함께'라는 유일신 신앙으로 시작한 단 하나의 민족인 것이다.

2. 알이랑 민족 한국인의 성경상의 기원

우리 겨레의 근본 사상은 "알이랑 정신"이다. '알이랑'은 "하느님과 함께(with God)"라는 뜻이다. 따라서 그것은 "하느님 중심 사상"이요, "신본주의 정신"이다. 홍수 후에 그렇게 철저한 유일신 신앙을 갖고서 알이랑(하느님과 함께) 고개(파미르고원→천산산맥→알타이산맥)를 넘어 동방으로 천동(遷動)한 족속은 누구였을까? 그들은 셈의 셋째 아들 아르박삿의 손자 에벨의 둘째 아들 '욕단'의 가계이다.

셈족의 종가(宗家) 욕단 족속

창세기 10장 21절에 보면 "셈은 에벨 온 자손의 조상"이라는 말씀이 있다. '에벨'은 셈의 셋째아들 아르박삿의 손자였다. 셈은 아르박삿 외에도 네 아들이 있었고(창 10:22), 따라서 셈은 이 모든 자손들의 조상임에도 틀림이 없다. 그런데도 셋째 아들 아르박삿의 손자 '에벨'을 먼저 언급하면서, "셈은 에벨 온 자손의 조상"으로만 구별해 놓았다. 그 의미는 무엇인가?

셈의 후손들

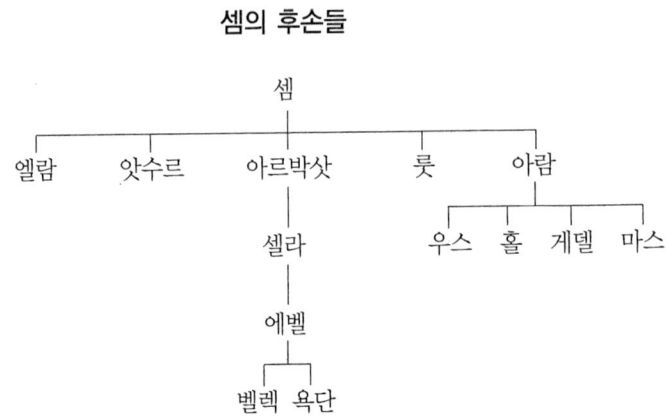

셈의 후손들 가운데서도 특별히 셈의 셋째 아들 아르박삿의 손자 '에벨의 혈통'이 선택된 종족이라는 것이다. 즉 셈의 하느님(창 9:26)은 이제 '에벨 자손의 하느님'이 되신 것이다. 그러면 '에벨의 자손'이란 누구인가? '벨렉'과 '욕단' 두 형제뿐이다.

"에벨은 두 아들을 낳고 하나의 이름을 벨렉이라 하였으니
그 때에 세상이 나뉘었음이요
벨렉의 아우의 이름은 욕단이며"(창 10:25).

따라서 신적 선택을 받은 종족인 '에벨의 온 자손'이란 곧 '벨렉 자손'과 '욕단 자손'을 말하는 것이다. "셈은 에벨 온 자손의 조상"이라고 했으니 셈은 곧 그 두 형제의 자손들의 조상이 된다는 말이요, 하느님은 '셈의 하느님'이라 했으니(창 9:26) 곧 '벨렉 자손의 하느님'이시요, '욕단 자손의 하느님'이신 것이다. 여기에서 여호와 하느님은 선택된 백성이 하나가 아닌 둘인 근거를 분명히 예비하셨다. 선택받은 백성은 '벨렉계 선민'과 '욕단계 선민' 두 계열의 백성이 존재한다. 이것을 칼빈은 그의 창세기 주석에서 다음과 같이 잘 설명하고 있다:

> "**셈은 에벨 온 자손의 조상이요**: 셈의 아들들에 대하여 말하려는 기회에 모세는 간단하게 서론을 시사하고 있다. 그런 서론은 다른 사건들에 대하여는 하지 않았던 것이다. 그러나 그렇게 한 것은 이유가 있다. 왜냐하면 이 계열은 하느님의 선택을 받은 종족이기 때문에 하느님은 다른 민족들 가운데서 특별한 표로서 이 종족을 격리시키기를 원하고 계셨던 것이다. 그리고 다음과 같은 것이 모세가 특별히 그를 가리켜서 '에벨 자손들의 조상'이라고 묘사하고 있는 이유가 되고 있다. 그것은 셈의 복이 무차별하게 그의 모든 자손들에게 내려오는 것이 아니고 다만 한 가족에게만 그것이 상속되어 남게 되었기 때문이다."(존 칼빈 원저, 「성경주석 창세기」, 서울: (주)성서원, 1999, P. 301)

셈을 "에벨 온 자손의 조상"으로만 부각시킨 까닭은 '에벨의 자손'이 선택된 종족이며, 셈의 복이 한 가족 '에벨의 후손'에게만 승계되었기 때문이라는 설명에 주목하라. 여기에서 '셈의 복'이란 창세기 9장 26절에 기록된 것으로서 하느님이 '셈의 하느님'이 되신다는 복이다. 즉 천손(天孫)으로 구별되는 복인 것이다.

이 계시를 깨닫는 것은 굉장히 중요하다. 에벨은 24절에 나오며, 24절에 에벨이 나오기 전에 벌써 셈의 후손이 여럿이 나오는데, 다른 사람들은 그냥 이름만 대고 넘어가면서 에벨만은 셈의 후손 꼭대기에다 올려놓은 것은 선민, 즉 '천손민족'이 에벨을 통해서 나오기 때문이다. 바로 이것이 '에벨'이 그렇게 중요한 이유이다.

에벨은 셈의 4대손이지만 천손민족의 조상이기 때문에 21절에서 특별히 언급되고 있는 것이다. 다시 말하면 '에벨'은 창세기 10장 21절에 근거해 볼 때 셈 계열 내에서 두 계열의 천손민족, 곧 벨렉계 천손과 욕단계 천손으로 연결되는 가장 중요한 인물이므로 그의 이름이 셈의 족보에서 먼저 소개된 것이다.

벨렉의 후손에서는 그의 6대손 아브라함이 하느님의 부름을 받음으로서 '언약 백성'인 이스라엘이 탄생했다(창 11:10~32). 그렇다면 또 하나의 천손(선민)인 욕단의 후손은 어디로 갔을까? 성경은 그들이 동방의 산악 지대를 넘어 아시아로 갔다고 말한다.

"그들의 거하는 곳은 메사에서부터 스발로 가는 길의 동쪽 산이었더라"
(창 10:30)

여기에서 '산'이란 히브리어로 '하르'(הר)라고 하는데, 그 뜻은 '산맥', 혹은 '일정한 지역의 산들' 곧 '산지'를 가리킨다. 동양에는 큰 산들이 많이 있다. 즉 욕단은 동쪽 산악 지대를 넘어 -파미르고원→천산산맥→알타이산맥- 아시아로 천동했던 것이다.

욕단의 가계는 에벨의 혈통으로서 셈족 중에서도 특별선택을 받은 셈족의 종가(宗家)였다. 그러므로 그들은 하느님을 아는 지식이 있는 백성이었고, '알이랑 정신', 곧 "하느님 중심 사상·신본주의 정신"이 가장 확고한 족속이었다. 따라서 욕단 족속은 셈족의 정통성을 승계한 백성답게 "하느님과 함께 고개를 넘어 간다", 즉 "알이랑(With God) 고개를 넘어 간다"라고 찬송하면서 '스발'을 향해 동방으로 이동했던 것이다.

그들은 천손민족답게 하느님이 자기들과 같이 계신다는 믿음을 가지고 있었다. 그래서 '알이랑', 즉 '하느님과 함께' 고개를 넘어간다고 노래했다.

'스발'의 위치는 어디일까? '스발'을 히브리어에서 음역하면 '새팔'이다(우리말 성경 개역판의 히브리어 음역 표기는 고대 헬라어 번역 성경인 70인역으로부터 왔다). 먼저 기억해야 할 사실은 '새팔'은 결코 당시에 존재하거나 알려진 도시와 장소의 이름이 될 수 없다는 것이다. 모든 것이 홍수로 인해 지워졌기 때문이다. 욕단이 천동하기까지 동양에는 아직 누구도 살고 있지 않았다. 따라서 창세기 10장 30절에 언급된 '새팔'은 현실적인 지명이 아니다. 그것은 '예시적'인 지명이다. '예시'

란 나중에 원형으로 구체화 될 어떤 진리가 미리 '암시적'으로 드러나 있는 것을 말한다. 그러므로 '새팔'의 원형에 해당할 수 있는 지명 및 위치를 찾아야 한다.

예시적 지명 '새팔'은 어디일까? 일단 그곳은 아시아 동쪽의 어느 곳에선가에서 추적되어야 한다. 왜냐하면 욕단은 동방의 산악지대(파미르고원→천산산맥→알타이산맥)를 넘어 동쪽으로 이동하고 있었기 때문이다. 그곳은 과연 어디를 뜻할까? '시베리아'이다. 알타이산맥을 넘어 동쪽으로 좀 더 이동하면 '시베리아' 벌판이 펼쳐진다. 시베리아는 고조선의 창건 무대인 만주 대륙이 연장된 땅으로 우리 한민족의 역사의 고향이다.

알이랑 고개를 넘어 유라시아 대륙 동쪽으로 멀리 천동한 욕단 족속은 남북만주 및 시베리아를 아우르는 동방의 새 땅을 '새발'이라고 하였다. '새발'은 '새벌'의 고어로서, '새 땅' '새 벌판'이라는 뜻이다. 욕단의 목적지 '새팔'은 바로 우리 한민족의 발상지 '새발'(시베리아~만주)을 예시한 것이다. '새팔'과 '새발'은 발음이 아주 유사하다. 'ㅍ'을 약하게 소리 내면 'ㅂ'이 된다. 'ㅍ'과 'ㅂ'은 모두 '파열음'으로서 한 계통의 소리이다. 따라서 자주 혼용되기도 한다. 예를 들면 '안팎'은 '안밖'이요, 동이족의 후예인 인디언은 '아버지'를 '아파치'라고 부른다. 더욱이 우리말에서 '벌'(발)의 옛말이나 거센말은 '펄'(팔)인데 "매우 넓고 평평한 땅"을 의미한다. 그러므로 '새팔' = '새발'로 간주할 수 있다.

그러니까 우리 알이랑 민족 한국인의 성경상의 직계 조상은 셈의 현손(玄孫) '욕단'이다. 따라서 동방의 한국인은 이 땅 위에 존재하고 있는 또 하나의 선민인 것이다. 여호와 하느님께서 나중에 쓰시려고 "감추어 두신 선민"이 바로 알이랑 민족 우리 한국인이다(그러나 당신이 누구이든 꽉 막힌 고정관념에서 벗어나고 싶지 않다면, 상실되었던 계시가 드러나고 회복되더라도 결코 그것을 취하지 못할 것이다).

우리 겨레가 하느님이 감추어 두신 '또 하나의 선민'이라는 교훈은 새로운 선민주의(particularism)인가? 결코 그렇지 않다. 그것은 어디까지나 특별계시인 성경에 근거한 객관적 사실이다. 아시아 서쪽 땅 끝에 거주하는 유대인은 셈족의 현저한 '좌측 가지'인 벨렉의 후손이다(창 10:21,25; 11:10~32). 그리하여 그들은 천손민족이다. 아시아 동쪽 땅 끝에 거주하는 한국인은 셈족의 현저한 '우측 가지'인 욕단의 후손이다(창 10:21,25,30). 그리하여 그들도 천손민족, 곧 이 땅에 존재하고 있는 또 하나의 선민인 것이다.

사람이 눈에 보이는 '겉사람'과 눈에 보이지 않는 '속사람'이 있는 것과 같이 선민, 곧 천손민족도 겉으로 드러난 선민(벨렉 계열 유대민족)이 있고 속으로 감추인 선민(욕단 계열 배달민족)이 있다. 전자를 명시적 언약백성, 후자는 묵시적 언약백성이라고 규정할 수 있다.

창세기 10:21에 의하면 벨렉 계열과 욕단 계열은 셈족의 현저한 두 가지(branch)로서 신적 선택을 받은 족속인 '에벨의 혈통'이다. 이것은 상실되었던 진리로 마지막 때에 회복되어야 할 아주 중요한 계시이다.

유대민족과 배달민족의 사명

셈의 복을 상속받도록 약속된 '에벨의 자손'은 하나가 아니라 둘이었다. 벨렉과 욕단 두 형제의 후손이다. 셈은 에벨 온 자손의 조상(창 10:21)이라 했기 때문이다. 벨렉의 후손에서는 아시아 서쪽의 유대민족이 탄생했다. 욕단의 후손에서는 아시아 동쪽의 배달민족이 탄생했다. 셈족의 현저한 가지인 이 두 천손민족의 사명은 무엇인가?

벨렉 계열 선민 – 먼저 사용하셨음 – 구원사를 여심 – 복음의 첫번째 주자
욕단 계열 선민 – 나중에 사용하심 – 구원사를 완성 – 복음의 마지막 주자

벨렉의 후손 이스라엘을 통하여 구주 예수님의 오시는 길을 예비하셨듯이 신실하신 하느님은 욕단의 후손을 통해서도 반드시 한번 크게 역사하실 것이다. 어떻게? 하느님은 욕단의 후손을 세계선교의 마지막 주자, 곧 다시 오실 주님의 길을 예비할 백성으로 사용하실 것이다. 나중에 쓰시려고 동방의 땅 끝에 감추어 두신 선민이 알이랑 민족 코리아이다. 이스라엘을 통해 구원사를 여신 하느님은 코리아를 통해 구원사를 마무리 하신다. 그는 '셈의 하느님' 이시기 때문이다.

밝은 땅(붉돌)의 임금 욕단

빛의 근원이신 하느님을 공경하던 욕단 족속은 빛이 시작되는 땅, 곧 광명의 본원지를 찾아가는 것이 꿈이었다. 그래서 아침에 뜨는 해를 따라 알이랑 고개를 넘어 쉬지 않고 동쪽으로 이동하다가, 마침내 동해에 해 떠오르는 '붉의 땅', 동방의 땅 끝에 당도하였다. 그리고 백두산과 그 변두리를 근거지로 배달나라를 세운 우리 붉돌겨레(배달겨

레)의 조상이 되었다. '붉달'의 '달'은 '아사달'의 '달'로서 '땅'이라는 말이다. 양달이 양지(陽地)요, 응달이 음지(陰地)요, 빗달은 비스듬한 땅(傾斜地)이다.

그때에 사람들은 욕단을 무엇이라고 불렀을까? 물론 '붉돌임금'이라고 했을 것이다. 왜냐하면 욕단은 사람들을 '붉의 땅'으로 이끌고 온 '붉돌족'(광명족)의 우두머리(Headship)였기 때문이다. 그래서 우리는 '단군'이 성경상의 '욕단'이라는 사실을 비로소 알 수 있다. 왜냐하면 '단군'이란 칭호는 '붉돌임금'(檀國의 君長: king of Bakdal)의 이두식 표현이기 때문이다. '단군'은 '밝달임금' 또는 '배달임금' 등으로 구전되어 내려오던 우리 동방(조선)의 고유의 호칭을 후세에 한자(韓字)로 의역(意譯)하여, '檀(박달)' '君(임금)'이라고 표기하여 놓았기 때문에 비로소 '단군'이라는 칭호와 발음이 생겨난 것이다.

그러므로 '단군'이란 이름은 고유명사가 아니라 '밝달임금'이란 뜻의 보통명사이다. '단군'은 한 사람이 아니고 그 자리를 물려받은 후손들 모두가 단군이라고 불리어졌다.「제왕운기」와 기타 여러 기록에 의하면 단군이 47대라고 하니, 건국한 이는 제1대 단군이고 아사달에 입산(入山)한 이는 제47대 단군인 것이다. 이른바 '단군'이라는 한 임금이 조선을 건국한 지 천여 년 만에 산에 들어가 신(神)으로 화(化)했다는 전설은 이와 같은 역사적 사실이 후대에 와전된 것이다.

한민족의 직계 조상 욕단은 배달나라를 세울 때 먼저 백두산 산정(山頂)에 올라 창조주 하느님께 천제(天祭)를 드렸다. 그것은 일찍이 노아가 대홍수 후 거행했던 아라랏 산정의 제천의식(祭天儀式)을 답습한 것으로서, 이렇게 '평지'가 아닌 '산정'에서 제사하는 관습은 셈족의 종가(宗家)인 욕단 족속에게는 아주 당연한 제사 방식이었다.

단군의 연대와 욕단의 연대

단군의 조선 건국 연대에 대하여 지금까지는 일반적으로 기원전 2333년이라는 설이 통용되어 왔다. 이 기원전 2333년 설은 고려의 13세기 말 이승휴의 「제왕운기」에서부터 시작된 것인데, 그때 이승휴는 자기 저서에서 우리 민족의 시조 단군의 조선 건국 연대를 중국의 요(堯)임금 건국 연대와 똑같이 무진년(戊辰年)으로 본 것인데, 그것은 실제 우리나라의 그 어떤 구체적인 자료에 기초한 것이 아니었다. 다만, 그는 당시 요임금을 중국 한족의 시조로 보면서 -요임금은 동이족이었다- 그의 건국 연대가 우리 단군의 건국 연대보다 앞설 수 없다는 것에서부터 그런 논법을 세웠던 것이다.

건국시조 단군 때로부터 상당히 긴 세월이 흐른 후세에 살던 우리 선조들은 단군이 나라를 세운 연대에 대하여 잘 알지 못하였고, 다만 단군이 매우 오랜 옛적에 나라를 세웠다는 막연한 인식만을 가졌던 것 같다. 그렇기 때문에 단군의 건국 연대를 자기들이 알고 있던 가장 오랜 옛 임금에 비교하여 '지금으로부터 2천년 전'이요, '요와 같은 시대'라고 표현했던 것이다. 그러므로 오늘날 통용되고 있는 주전 2333년인 단군기원을 액면 그대로 믿을 수는 없다.

다시 말하면 단군의 즉위 원년의 절대 연대는 사실로서의 의미가 없다는 것이다. 「삼국유사」등이 전하고자 하는 핵심은 단군이 요와 동시에 즉위해 나라를 건국했다는데 의의가 있을 뿐이다. 요와 순은 이상적인 통치시대를 펼친 인물의 대명사격이다. 특히 요는 공자가 성군으로 추앙하던 인물이다. 바로 그러한 요임금과 단군이 동시대에 즉위해 조선을 건국하였다는, 즉 우리나라가 중국과 대등한 시기에 건국된 유구한 역사를 지닌 나라라는 것을 알리려는데 그 의의가 있는 것이다. 이렇게 단군의 즉위 연대는 그 절대 연대에 집착할 것이 아니라 당시 사람들이 내세우고자 했던 의식세계를 이해하는데 초점을 맞춰야 한다.

따라서 단군을 성경상의 셈의 현손(玄孫) 욕단이라고 추정할 때에 단군 시대와 욕단 시대의 일치 여부는 논란의 소지가 될 것이 전혀 없다. 주전 2333년이라는 단군기원은 사실로서의 연대가 아니기 때문이다. 실제는 그보다 훨씬 더 옛날로 소급될 수도 있다.

그런데 우리가 주목해야 할 사실은 현재 통용되고 있는 주전 2333년인 단군기원이 성경상의 욕단의 연대와 비슷하다는 것이다. 성경에는 인류의 조상 아담으로부터 예수 그리스도에 이르기까지 모든 연대가 기록되어 있는데, 그것을 역추적하여 계산해 보면 아담이 금단의 열매를 따먹고 에덴에서 추방당한 타락 원년(元年)은 BC 4114년이 된다. 그리고 그 자손들이 타락을 계속해서 온 땅이 강포와 죄악으로 가득 차 하느님께서 큰 홍수로 세상을 심판하셨는데, 그 홍수가 발생한 연대가 BC 2458년이다. 셈의 증손자 에벨은 BC 2391년에 태어나 BC

2357년 욕단의 형인 벨렉을 낳았고, BC 1927년까지 살았다.

이 성경 연대는 성경 연구가에 따라 연대 계산에 조금씩 차이가 있어 좀 더 위로 소급되기도 하는데, 중요한 것은 정확무오한 연대 산출 (그것은 불가능할 것이다)이 아니라 욕단의 연대가 바로 단군 시대에 해당한다는 것이다. 그러므로 어떤 관점을 취하든 우리는 아득한 옛날 백두산정에서 창조주 하느님께 제천의식을 거행하고 조선을 건국한 붉돌임금, 곧 단군이 성경에 산맥을 넘어 동방으로 갔다고 기록된 욕단이라고 얼마든지 단정할 수 있다.

누가 단군을 믿을 수 없다고 했는가

애석하게도 많은 그리스도인들이 단군을 역사적 인물이 아닌 신화에 등장하는 가상의 인물이라고 생각한다. 심지어 때로는 '우리는 곰의 자식이 아니다' 라며 비장한 자세로 목소리를 높이면서 단군을 부정한다. 그들은 단군을 그렇게 신화 속의 인물로 오해하게 만든 것이 일제의 식민사관이었다는 것을 모르고 있는 것이다.

일제 식민지 지배시기에 일본인 학자들은 단군 신화가 우리 겨레 최초의 국가인 고조선의 건국 사화라는 사실을 부정하기 위해 온갖 학설을 늘어놓았다. 그들은 단군은 원래 묘향산의 산신 또는 평양 지방의 토지신이었는데 이것이 책에 기록되었다가 뒷날 몽고의 침입 때 고려인의 일치단결을 위해 건국 신화로 고쳐졌다고 주장했다. 심지어 단군 신화는 일연 등이 날조한 것이라고 주장하기도 했다.

물론 이들의 주장은 그 동안의 연구를 통해 전혀 타당하지 않다는 것이 입증되었다. 그런데 왜 일본 학자들은 그토록 단군을 부정하려고 했을까? 여기에는 일본 제국주의의 간교한 침략 논리가 숨어 있다.

20세기 초 조선을 강탈, 영구 지배를 꿈꾸던 일제의 가장 큰 고민은 조선이 그들보다 긴 역사를 가진 문화 민족이라는데 있었다. 구한말 조선 강점 당시 자기들의 역사는 기원 후 1700년인데 비해 조선의 역사는 기원전 단군 조선(고조선) 이래로 4200년이었기 때문이다. 조선 역사의 반에도 못 미치는 어린 역사를 가진 섬나라 일본이 조선을 강탈한 것이다. 이것은 마치 어린 아이가 할아버지와 같은 분의 멱살을 쥐고 흔드는 격으로서 그들 스스로 생각하기에도 논리적이지 않았다. 따라서 일제는 우선 그들의 역사보다 2천년 이상 앞서 있는 조선 상고사를 말살하는 것이 시급했다. 그 방법은 단군을 부정하고 단군 조선을 말살하는 것이었다.

게다가 교활한 일제는 단군을 말살하면 일석이조의 효과를 거둘 수 있다고 생각했다. 민족의 시조가 없어지는 것이니 한국인은 단군을 하나의 조상으로 하는 단일민족으로서의 민족적 긍지와 자부심을 잃게 되어 그 기(氣)가 꺾일 수밖에 없으며, 또 민족이 분열되어 서로 싸우게 만들 수 있다고 생각했다. 그러므로 일제 침략자들은 단군과 조선 고대사 말살 작업을 저들의 대조선 식민지 정책의 중요한 하나의 고리로 삼았던 것이다.

이를 위해 일제는 1920년대부터 우리의 역사를 날조·축소·왜곡·부정하는 작업을 조선 총독부 차원에서 대대적으로 시작하였다. 가장 먼저 우리나라 전국 각지에서 단군 관계 역사책들에 대한 전면적인 약탈과 소각활동을 단행하였다. 일제의 초대 조선 총독 데라우찌는 헌병들을 내세워 우리나라 전국 각지의 책방들과 향교, 서원, 개인 집들을 샅샅이 뒤져 조선을 영구히 지배하는데 장애가 될 수 있다고 보이는 단군 관계 역사책들을 비롯한 우리 민족의 귀중한 역사, 문화, 지리책들을 수십만 권이나 압수하여 불태우는 만행을 저질렀다. 이때 총 51종 20만권이나 되는 책들이 사라졌다. 그 후 일제는 유구한 우리 민족의 역사를 저들의 역사보다 뒤늦은 것으로 만들기 위해 조직적인 조선사 위조 작업을 감행하였다.

·교활한 일제는 「조선사」를 편찬함에 있어 자료가 부족하다는 구실을 걸어 단군조선의 역사를 빼버렸으며 이마니시 류(今西龍) 같은 역사 위조의 '명수' 들을 내세워 단군은 후세에 꾸며낸 신적 존재이며 실재한 인물이 아니라는 것을 애써 '논증' 하게하고 단군이 신화적 인물이기 때문에 「조선사」에 서술할 수 없다고 하였다. 그렇게 일제는 한국 고대사를 말살하여 4천여 년 조선의 장구한 역사를 2000년으로 깎아내렸고, 자기 나라의 역사는 5백년을 소급하여 2200년 이라고 했다.

일제는 조선을 영구지배 하고자 그들이 만든 새로운 역사, 조작된 역사 설계도에 두 나라의 국민을 맞춰 일본을 형으로 조선을 아우로 하는 이른바 동조동근(同祖同根)의 한나라를 만드는 망상을 실현하고자 허구의 역사를 만들었던 것이다. 가소롭기 짝이 없는 소행이었다. 그리스도인으로서 현(現) 숙명여대 한국사 교수인 이만열 박사는 당시

일제 식민 사가들의 그 간교한 단군 말살 책동에 대해 다음과 같이 설명하고 있다:

> "단군 연구가들은 단군에 관한 기록들이 신화적인 요소와 함께 사실적인 부분도 있음을 중요시 한다. 즉, '옛날에 단군이라는 분이 있어서 평양에 도읍을 정하고「조선」이라는 나라를 세우니, 중국의 요(堯) 임금과 같은 시기였다'고 한 기록은 신화적인 내용이라기보다는 사실적인 기록이라는 것이다. 이 기록에 근거해서 예부터 단군을 우리의 조상으로 인식해 왔던 것이다. 물론 신화적인 부분으로 전해지고 있는 내용에 대해서도 그것이 역사적 사실의 어떤 부분을 일정하게 반영하는 것으로 보고, 그 기록에서 신화적인 내용을 벗기고 실체의 알맹이를 찾아내려는 작업을 게을리 하지 않았다….
>
> 그러나 식민주의 사관론자들은 신화에 나타난 역사적 실체를 탐구하려는 데에는 노력을 기울이지 않고, 신화가 곧 역사 일수 없다는 전제하에 단군에 관한 기록을 왜곡하기에 급급했다. 그들은 단군 관계 기록에서 신화적인 요인을 부정하기 위해 앞서 말한 사실적 부분도 신화와 함께 거부해 버렸다. 이렇게 거부한 것은 신화가 역사일 수 없다는 표면상의 이유와는 달리 식민지 한국의 역사가 그들의 소위 2200 여년의 역사보다 훨씬 상한선이 높다는 것을 도저히 인정할 수 없다는, 말하자면 일종의 왜곡된 민족 감정 때문이었다."(이만열,「우리 역사 5천년을 어떻게 볼 것인가」, 바다출판사, 2000, p.57)

단군의 고조선 개국사화에 신화적인 요소가 있다고 해서, 그것이 사료적 가치가 없는 것은 결코 아니다. 왜냐하면 그 신화적 내용은 단순히 허황된 이야기가 아니라 한국인의 역사적 체험을 반영하고 있기 때문이다. 단군 신화는 단순한 신화가 아니라 당시대의 역사성이란 근거위에 그 시대상이 반영된 이야기인 것이다.

그것은 우리 겨레 영아기 때의 이야기로서 한국인의 역사적 체험을 담고 있는 귀중한 사료이다. 따라서 그 속에 감추어져 있는 현실의 대지를 밟아보려는 노력이 필요하다. 그러나 간교한 일제 식민사학자들은 처음부터 끝까지 단군 관련 기록을 몽땅 '신화'로만 해석했다. 그래야만 단군조선, 곧 고조선을 말살시키고 우리 민족사의 상한선을 내려잡을 수 있었기 때문이다.

실로 우리나라의 역사를 축소 왜곡하려는 일제 어용 식민주의 역사가들에게 '단군'의 문제는 늘 하나의 걸림돌이었다. '단군'을 역사적인 사실로 인정해 버리면 우리 겨레의 건국 역사가 무려 반만년에 이르게 되기 때문이었다. 그들이 '단군'이나 '단군 조선'에 대한 역사적 기록을 철저하게 무시하고 왜곡했던 이유가 바로 여기에 있었다.

그런데 아직까지도 한국 교회의 일부 무지하기 짝이 없는 그리스도인들이 과거 일제 식민 사학자들이 한국 상고사를 말살하기 위해 주장했던 논리를 마치 앵무새처럼 되풀이하고 있다. "단군은 신화다"라고. 이는 서글픈 일이다. 학문적 검토 없는 한국 교회의 이와 같은 태도는 기독교회가 비이성적·비애국적 집단이라는 오해를 초래하고 있다. 이것이 선교 측면에서 얼마나 부정적인 영향을 교회에 끼치고 있는지 모른다.

선민(천손) 한민족의 키워드 '알이랑'

'아리랑'은 우리 겨레의 영아기 때의 체험을 간직하고 있는 민족의 역사노래인 동시에 현존하는 인류 최고(最古)의 찬송가로서, 한국인이 처음부터 창조주 하느님을 섬긴 욕단의 후손, 즉 이 땅위에 존재하는 또 하나의 선민이라는 사실을 규명해 준다. 그러므로 '알이랑'은 선민 한민족의 키워드(keyword)이다. 바로 이것이 아리랑의 비밀이다.

한국인의 선조인 욕단 족속은 하느님을 섬기는 일신신앙을 갖고서 (알이랑) 동방 산악 지대를 넘어서(고개를) 극동의 이 땅까지 찾아왔다. 그리고 백두산과 그 변두리를 근거지로 배달나라를 세웠다. 이와 같은 역사적 사실이 단군신화에 나오는 태백산 천손강림(天孫降臨)의 모티브가 된 것이다.

그 나라 백성은 하느님의 백성답게 모두가 흰 옷을 입고 살았고, 오직 제천의식을 성대히 거행하여 유일신 하느님만을 섬겼다. 그래서 배달나라를 고대에 신시(神市), 곧 '하느님의 도성(City of God)'이라고 했다! 이것이 우리 한민족의 참모습이다!

알이랑! 그것은 우리 배달겨레의 근본사상이요 뿌리 정신이다. 그것은 '하느님 중심 사상'이요 '신본주의 정신'이니, '알이랑'은 '하느님과 함께(With God)'라는 뜻이기 때문이다. 즉, 우리는 여호와 하느님을 섬기는 유일신 신앙으로 민족사를 시작한 천손민족이라는 사실이 민요 '알이랑'으로 말미암아 입증되고 있는 것이다.

실로 '알이랑'은 욕단 계열의 선민이 단군의 후손인 한국인이라는 사실을 확인시켜 주는 아주 분명한 '물증'이다. 그리하여 우리 겨레는 나라꽃까지 무궁화, 곧 '샤론의 장미(The Rose of Sharon)'인 것이다(무궁화의 국제적 이름은 한영사전에도 나와 있듯이 'The Rose of Sharon'이다).

그러나 우리는 너무도 긴 세월을 자신의 정체성을 상실한 채 고난 받으며 자기비하(自己卑下) 속에 살아왔다. R A 토레이(예수원 설립자 * 대천덕)는 이렇게 말한다:

> "내가 보기엔 한국은 자신의 참모습에 대한 기억을 잃어버린,
> 흡사 기억상실증 환자와 같은 인상을 준다.
> 만일 우리가 진정 하나님을 믿는다면
> 하나님께서 한국 백성에게 공동의 선(善)에 기여할 수 있도록
> 어떤 특별한 역할을 부여하셨다는 사실을 모를 리 없다.
> 그러니만큼 한국으로서의 가장 긴급한 과제는
> 스스로를 재발견하고 본연의 모습을 회복하는 일이다."
>
> (대천덕, '기독교는 오늘을 위한 것', 「생명의 샘터」, 1987, 70쪽)

그렇다! 우리 겨레는 자신의 참모습에 대한 기억을 잃어버리고 집단적 기억상실증에 걸려있는 것이다. 그러므로 우리는 스스로를 재발견하고 본연의 모습을 속히 회복해야 하겠다. 실로 그것은 새 천년을 맞이한 우리 겨레의 가장 긴급한 과제이다.

알이랑! 그것은 우리 한민족의 원형과 정체가 무엇인지를 명확히

알려 준다. 알이랑! 그것은 곧 우리 자신이다. '알이랑'으로 민족사를 시작한 우리는 '알이랑'으로 살아왔으며, 앞으로도 영원히 '알이랑'으로 살아갈 것이다.

알이랑! 그것은 전 세계에서 가장 긴 역사를 가진 '찬송가'이다. 그러므로 '알이랑'은 세계무형문화유산이다. 우리는 이 귀한 노래 '알이랑'을 시편 삼아 함께 자주 불러야 한다. 우리 겨레에게 이 노래가 있는 한 여호와 하느님은 우리와 영원히 함께 하실 것이다.

동방의 선민 배달겨레여! 이제 스스로를 자각하고 다시 일어나라! 알이랑 민족 본연의 모습을 회복하라! 민족의 주로 예수를 믿고 민족의 하느님으로 여호와를 섬기는 복음의 나라를 건설하라! 그래서 이 땅으로 다시 신시(神市), "하느님의 도성(City of God)"이 되게 하라! 우리는 여호와 하느님께서 나중에 쓰시려고 동방의 땅 끝에 감추어 두신 또 하나의 선민 알이랑 민족이다!